河南省文物考古研究院学术文库　乙种第 38 号

GUCHENGZHAI YIZHI FENTU LIXUE XINGZHUANG DE
GANSHI XUNHUAN XIAOYING YU CHENGQIANG XIANGYING TEZHENG

古城寨遗址粉土力学性状的干湿循环效应与城墙响应特征

任克彬 著

科学技术文献出版社

·北京·

图书在版编目（CIP）数据

古城寨遗址粉土力学性状的干湿循环效应与城墙响应特征/任克彬著. —北京：科学技术文献出版社，2025.5. -- ISBN 978-7-5235-2272-1

Ⅰ.K878.04

中国国家版本馆CIP数据核字第2025J97Y71号

古城寨遗址粉土力学性状的干湿循环效应与城墙响应特征

| 策划编辑：钱一梦　　责任编辑：李　鑫　　责任校对：宋红梅　　责任出版：张志平 |

出 版 者	科学技术文献出版社
地　　　址	北京市复兴路15号　邮编 100038
编 务 部	（010）58882943，58882087（传真）
发 行 部	（010）58882868，58882870（传真）
官 方 网 址	www.stdp.com.cn
发 行 者	科学技术文献出版社发行　全国各地新华书店经销
印 刷 者	北京时尚印佳彩色印刷有限公司
版　　　次	2025年5月第1版　2025年5月第1次印刷
开　　　本	787×1092　1/16
字　　　数	202千
印　　　张	11.75
书　　　号	ISBN 978-7-5235-2272-1
定　　　价	88.00元

版权所有　违法必究

购买本社图书，凡字迹不清、缺页、倒页、脱页者，本社发行部负责调换

前　　言

　　文物作为国家的"金色名片",承载灿烂文明、传承历史文化、维系民族精神,是中华文明源远流长与生生不息的实物见证,更是传承弘扬中华优秀传统文化的历史根脉。土遗址作为以土为主要建筑材料的古文化遗存,兼具历史、科学与文化价值,其本体及赋存环境深刻凝结着中国古代政治制度、经济形态、营造技艺及科技艺术等多元信息,是历史馈赠中国乃至全人类的不可再生资源。党的十八大以来,习近平总书记对文化遗产保护高度重视,多次前往山西、陕西、河南等文化遗产积淀丰厚的省份考察调研,并就文化遗产保护作出重要指示批示,2025年考察河南时强调"着力推动文化繁荣兴盛",要求加强文化遗产整体性、系统性保护,推进文旅产业高质量发展,将文旅产业真正打造为支柱产业、民生产业、幸福产业。《古城寨遗址粉土力学性状的干湿循环效应与城墙响应特征》正是响应"全面提升遗产保护能力"的实践探索,本专著聚焦土遗址本体的环境应力响应机制,旨在为遗址结构稳定性评估及预防性保护提供科学依据,助力文化遗产保护传承与活化利用的深度融合。

　　由于长期暴露于自然环境且与土体直接相连,土遗址普遍存在掏蚀、坍塌及裂隙等病害,部分遗存甚至面临消亡风险。土遗址病害的形成主要源于赋存环境因素与遗址本体土性。中原地区土遗址的赋存环境与西北干旱地区存在显著差异:地处暖温带－亚热带、湿润－半湿润季风气候区,多位于黄河流域中下游,其主要由黄河冲积粉土夯筑而成,且多邻近水域或农田环绕。粉土特殊的颗粒级配特征使其具有显著的毛细作用与强水敏性;降雨及农田灌溉的积水加剧了遗址根部区域的毛细水干湿循环效应。以根部掏蚀为例,该病害在中原地区土遗址中普遍存在。尽管短期内掏蚀可能不影响土遗址整体稳定性,但显著改变土遗址形态;长期发展下,在特定外营力作用下,掏蚀区可诱发局部坍塌乃至整体失稳。本质上,掏蚀是环境因素驱动下土遗址本体力学性能持续劣化与损伤累积的结果。因此,深入研究中原地区赋存环境下根部掏蚀的形成机制,并据此开展遗址稳定性评估,对土遗址保护工程与评价具有关键意义。

基于上述背景与问题导向,笔者在充分调研中原地区典型土遗址病害特征及保护现状的基础上,以该区域常见的根部掏蚀病害演化机制为核心切入点。本书首先从夯筑工艺出发,系统探讨制样条件(制样方法、干密度及含水率)对遗址粉土力学特性的影响规律,重点分析静力压实与动力击实方法对强度及变形特性的影响及其微观机制;其次,结合中原地区环境与建筑形制特点,以新密古城寨夯土古城墙为典型研究对象,设计模拟赋存环境的试验装置与方法,通过控制干湿循环次数与幅度进行室内宏微观试验,深入揭示遗址土体在干湿循环作用下的劣化过程;最终,建立适用于中原地区土遗址赋存环境的本构模型,将其数值化并验证合理性,进而揭示中原地区土遗址掏蚀病害机制。

期望本书提出的系统方法与取得的研究成果,为土遗址保护实践提供科学依据与技术支撑,为深化保护理论认知与推动关键技术发展奠定学术基础。

目　　录

第一章　绪论 1
1.1　选题背景及研究意义 1
1.2　国内外研究现状 6
1.2.1　制样方法对土体力学特性的影响 6
1.2.2　干湿循环作用对土体力学特性的影响 7
1.2.3　微观结构特征对土体力学特性的影响 11
1.2.4　土的非线性强度特征描述 13
1.3　主要研究内容与技术路线 15
1.3.1　主要研究内容 15
1.3.2　技术路线 16

第二章　古城寨遗址粉土基本物理力学特性与制样方法评价 18
2.1　引言 18
2.2　粉土基本物理性质 19
2.3　试样制备及试验方法 26
2.3.1　直接剪切试样制备方法 26
2.3.2　三轴试样制备方法 27
2.3.3　压汞试验原理及步骤 29
2.3.4　扫描电镜试验步骤 31
2.3.5　试验方案 32
2.4　直接剪切试验结果与分析 32
2.4.1　应力–位移关系 32
2.4.2　抗剪强度与强度参数 36

2.5 三轴剪切试验结果与分析 38
2.5.1 应力-应变关系曲线 38
2.5.2 剪切强度 42
2.5.3 强度参数 44
2.6 不同制样条件下粉土的孔隙分布特性 45
2.7 粉土力学特性的影响机制 48
2.8 本章小结 52

第三章 遗址粉土力学特性的干湿循环次数效应 54
3.1 引言 54
3.2 河南地区典型土遗址赋存环境 54
3.3 土柱制备及试验方法 56
3.3.1 土柱制备 56
3.3.2 干湿循环过程 58
3.3.3 土柱分层取样 59
3.3.4 试验仪器及方法 61
3.4 三轴剪切试验结果分析 61
3.4.1 应力-应变关系曲线 61
3.4.2 轴向应变-体变关系 67
3.4.3 土的变形特性 69
3.4.4 土的剪切强度特性 71
3.5 不同干湿循环次数下遗址粉土的孔隙分布特性 75
3.5.1 压汞试验结果分析 75
3.5.2 核磁共振试验原理及结果分析 78
3.6 遗址粉土力学特性的干湿循环次数效应机制分析 80
3.7 本章小结 82

第四章 遗址粉土力学特性的干湿循环幅度效应 83
4.1 引言 83

4.2 试验方案设计 84
4.2.1 土柱制备 84
4.2.2 干湿循环过程 84
4.2.3 干湿循环幅度的确定 85
4.2.4 试验方案 87

4.3 三轴剪切试验结果与分析 88
4.3.1 围压对应力 – 应变关系的影响 88
4.3.2 干湿循环幅度对应力 – 应变关系的影响 90
4.3.3 体变 – 应变关系 94
4.3.4 抗剪强度变化规律 95
4.3.5 强度参数变化规律 99

4.4 不同干湿循环幅度下粉土的孔隙分布特征 103
4.4.1 压汞试验结果分析 103
4.4.2 核磁共振试验结果分析 106

4.5 遗址粉土力学特性的干湿循环幅度效应机制分析 107

4.6 本章小结 111

第五章 基于非线性强度准则的遗址粉土 Duncan-Chang 模型 113

5.1 引言 113
5.2 非线性强度准则 113
5.3 建立基于非线性强度准则的遗址粉土 Duncan-Chang 模型 118
5.3.1 模型简介 118
5.3.2 模型参数的确定 121

5.4 本章小结 129

第六章 城墙干湿循环效应数值分析与根部掏蚀病害机制探讨 130

6.1 引言 130
6.2 UMAT 子程序开发 131
6.3 模型程序验证 134

  6.3.1 有限元模型建立 134
  6.3.2 计算结果分析 135
 6.4 古城寨城墙变形响应分析 137
  6.4.1 有限元模型建立 137
  6.4.2 计算结果分析 139
 6.5 掏蚀病害演化机制初探 143
 6.6 本章小结 146

第七章 结论与展望 147
 7.1 主要结论 147
 7.2 创新点 150
 7.3 展望 150

参考文献 152

附录 UMAT 子程序 167

图表目录

图 1-1　我国各省份古遗址类全国重点文物保护单位数量分布（不含港澳台地区数据） 2
图 1-2　河南主要古城遗址城垣残存高度比例 3
图 1-3　河南典型土遗址周边环境 4
图 1-4　河南土遗址典型病害类型 6
图 1-5　技术路线 17
图 2-1　土遗址病害与现场夯补 19
图 2-2　土遗址修复现场 19
图 2-3　新密古城寨轮廓 20
图 2-4　塑性图 23
图 2-5　击实曲线 26
图 2-6　压实样、击实样 27
图 2-7　压样时间与压力关系 28
图 2-8　击实次数与含水率关系 28
图 2-9　三轴试样 29
图 2-10　真空冷冻干燥仪 30
图 2-11　压汞仪 31
图 2-12　扫描电镜备样 32
图 2-13　直接剪切应力 – 位移关系曲线 35
图 2-14　抗剪强度变化规律 37
图 2-15　黏聚力和内摩擦角变化规律 37
图 2-16　应力 – 应变关系曲线 40
图 2-17　压实度为 90% 的剪切破坏照片 41
图 2-18　压实度为 96% 的剪切破坏照片 41
图 2-19　压实度为 90%、含水率为 14% 的粉土试样饱和后照片 42
图 2-20　粉土抗剪强度 43
图 2-21　不同含水率试样孔径分布密度关系曲线 46
图 2-22　土的各类孔隙体积比例 47
图 2-23　土样扫描电镜测试结果 48
图 2-24　制样过程中土颗粒调整情况 49
图 2-25　土中颗粒的排列与抗滑力 51
图 3-1　新密古城寨遗址断面含水率分布 55

图 3-2	土柱试验装置	57
图 3-3	土柱击实过程影响深度	57
图 3-4	土柱吸脱湿过程	58
图 3-5	土柱干湿循环过程含水率变化	59
图 3-6	土柱分层取样过程	59
图 3-7	土柱不同位置干密度与含水率分布	60
图 3-8	核磁共振分析仪	61
图 3-9	应力–应变关系曲线	64
图 3-10	试样剪切破坏形态	65
图 3-11	不同干湿循环次数作用下土的应力–应变关系曲线	66
图 3-12	不同干湿循环次数作用下土的轴向应变–体变关系曲线	69
图 3-13	切线模量 E_i 与干湿循环次数的关系	70
图 3-14	切线模量 E_i 与围压的关系	71
图 3-15	抗剪强度与干湿循环次数的关系	72
图 3-16	不同干湿循环次数土的强度包络线	73
图 3-17	抗剪强度参数与干湿循环次数关系	74
图 3-18	进汞体积与压力关系曲线	75
图 3-19	土的孔径分布曲线	77
图 3-20	不同干湿循环次数作用下土的各类孔隙体积	77
图 3-21	不同干湿循环次数下饱和土 T_2 分布曲线	80
图 3-22	不同干湿循环次数下土颗粒调整过程	80
图 3-23	不同干湿循环次数下土的微观结构	81
图 4-1	土柱模型	84
图 4-2	收缩曲线	86
图 4-3	土柱不同高度处含水率分布	87
图 4-4	干湿循环幅度	87
图 4-5	典型干湿循环幅度下土的应力–应变关系曲线	89
图 4-6	干湿循环幅度 1%～11% 的应力–应变关系曲线	89
图 4-7	不同干湿循环幅度粉土的应力–应变关系曲线	93
图 4-8	不同干湿循环幅度粉土的体变–应变关系曲线	95
图 4-9	低应力下粉土抗剪强度	96
图 4-10	常规应力下粉土抗剪强度	96
图 4-11	不同干湿循环幅度粉土强度损伤度	97
图 4-12	粉土强度劣化度与土柱高度的关系	98
图 4-13	K_f' 线	98
图 4-14	不同干湿循环幅度粉土的强度包络线	101
图 4-15	黏聚力变化规律	102
图 4-16	内摩擦角变化规律	102
图 4-17	累积进汞曲线	104

图 4-18	不同干湿循环幅度下土样的孔径密度分布曲线	105
图 4-19	不同干湿循环幅度下粉土的各类孔隙体积	106
图 4-20	不同干湿循环幅度下土样的 T_2 分布曲线	107
图 4-21	土柱高度范围内干密度分布	108
图 4-22	土样的吸脱湿土水特征曲线	109
图 4-23	Boom clay 吸力与饱和度关系	109
图 4-24	粉土样孔隙及微裂隙发展示意	110
图 5-1	干湿循环作用下遗址粉土非线性强度包络线	116
图 5-2	拟合参数 A 与干湿循环次数 N 的关系	118
图 5-3	Duncan-Chang 模型	119
图 5-4	试样中一点极限平衡状态时的应力莫尔圆	120
图 5-5	三轴剪切实测值与模型拟合曲线	123
图 5-6	K 值与干湿循环次数的关系	125
图 5-7	K_b 值与干湿循环次数的关系	128
图 6-1	子程序计算流程	132
图 6-2	Newton 迭代法计算流程	133
图 6-3	模型边界条件	134
图 6-4	不同干湿循环次数下应力–应变关系曲线的计算值与试验值	137
图 6-5	古城寨城墙	138
图 6-6	古城寨典型断面	138
图 6-7	有限元几何模型与网格划分	139
图 6-8	坡顶考察点总位移与干湿循环次数关系	139
图 6-9	干湿循环 15 次后模型总位移矢量	140
图 6-10	断面 1 不同干湿循环次数下模型总位移云图	140
图 6-11	断面 2 不同干湿循环次数下模型总位移云图	141
图 6-12	断面 1 不同干湿循环次数下模型拉应变云图	142
图 6-13	断面 2 不同干湿循环次数下模型拉应变云图	143
图 6-14	遗址形态改变演化机制	144
图 6-15	遗址浅层滑塌演化机制	145
表 1-1	河南境内土遗址的典型病害类型和特征	4
表 2-1	颗粒组成	21
表 2-2	物理指标	21
表 2-3	黏性土和粉土鉴别方法	23
表 2-4	新密古城寨土性鉴别	23
表 2-5	遗址粉土矿物成分	24
表 2-6	不同制样条件遗址粉土试验方案	32
表 2-7	抗剪强度参数	45
表 3-1	典型遗址断面的易溶盐含量	56
表 3-2	干湿循环作用下土的 E_i 拟合参数	71

表 3-3	不同干湿循环次数下 T_2 分布曲线面积	79
表 4-1	试验方案	87
表 4-2	低应力下抗剪应力的实测值与对应计算值	99
表 4-3	峰值及对应的孔径	105
表 4-4	不同干湿循环幅度下土样的 T_2 分布曲线面积	107
表 5-1	广义幂函数强度准则拟合参数	117
表 5-2	Duncan-Chang 模型参数	124
表 5-3	干湿循环作用下土的 B、K_b、m 参数	127
表 6-1	模型计算参数	134

第一章 绪 论

1.1 选题背景及研究意义

文物承载灿烂文明，传承历史文化，维系民族精神，是国家的"金色名片"，是中华文明源远流长和生生不息的实物见证，是传承弘扬中华优秀传统文化的历史根脉，是加强社会主义精神文明建设的深厚滋养，是推动经济社会发展的优势资源。加强文物保护利用，让收藏在博物馆里的文物、陈列在广阔大地上的遗产、书写在古籍里的文字都"活"起来，对于坚定文化自信、增强中华民族凝聚力、满足人民群众精神文化需求、促进文明交流互鉴、实现中华民族伟大复兴的中国梦具有重要意义[1]。

土遗址是以土为主要建筑材料的具有历史、文化和科学价值的古遗址[2]。作为文化遗产的重要组成部分，其承载着我国历代政治、经济、艺术、建筑、科技等方面的重要信息，是历史留给中国乃至世界的无价瑰宝。中原又称中土、中州、华夏，是指以河洛为中心的黄河中下游地区[3-4]，主要是指今天的河南省，是中华文明、华夏历史最重要的发源地。河南历史悠久，且长期处于政治、经济及文化中心地位，分布着大量的古代聚落遗址、古城址。国家文物局统计数据显示（截至第七批全国重点文物保护单位实施期），河南省内古遗址类全国重点文物保护单位数量居全国之首，如图1-1所示。中原地区现存土遗址文化及社会价值巨大，做好土遗址保护工作的意义显而易见。

土遗址多为露天保存，易受阳光暴晒、降雨积水及冲刷、季节及昼夜温差等外部环境的影响[5]，其病害发育机制及保护方法受赋存环境影响最为直接和显著。目前，土遗址的保护研究主要集中于西北干旱－半干旱地区，取得了一系列研究成果[6-9]，对于土遗址保护具有重要的指导和借鉴意义。但河南处于湿润－半湿润地区，具有四季分明、雨热同期的气候特征[10-11]。土遗址与大地直接相连，由于土具有干燥状态下强度大、水稳定性差等特点，水的影响不容忽视。这使得该区域土遗址的赋存环境更加复杂，土遗址病害形成及发育机制、采取的保护措施等也与西北干旱地区相差很大[12-13]。

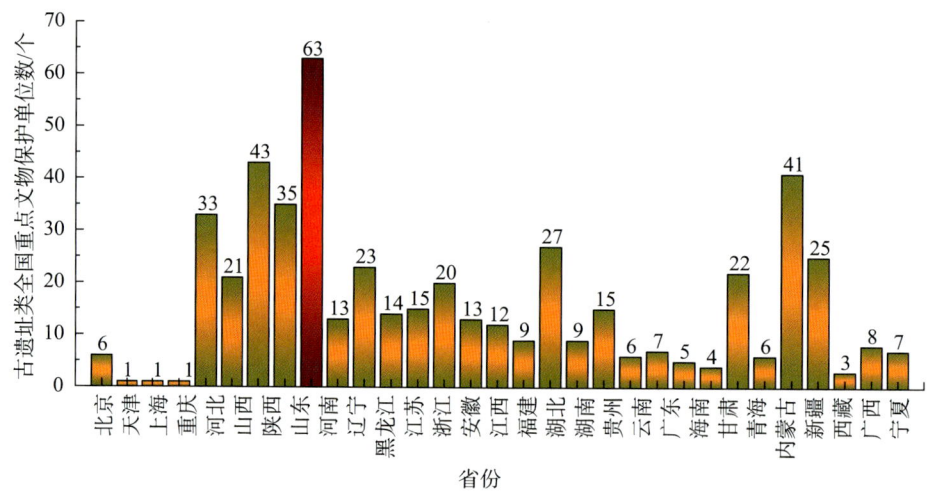

图1-1 我国各省份古遗址类全国重点文物保护单位数量分布（不含港澳台地区数据）

与此同时，河南地处黄泛区，表层多为第四系全新统冲积层粉土、粉细砂，所以境内土遗址多为粉土夯筑[14-15]。粉土具有特殊的级配特征，颗粒骨架结构稳定性差，毛细管路通畅，具有较强的水敏性。土遗址长期暴露于自然环境中，尤其是在夏季炎热多雨气候条件下，降雨、地下水及农田浇灌等反复作用，遗址本体力学性能的劣化效应明显，强度及变形参数衰减幅度较大[16]。

综上，河南地区土遗址保护中存在诸多问题，具体如下。

（1）保存现状不容乐观

土是由天然矿物颗粒组成的松散材料，对环境因子的敏感性强，因此土遗址较其他材质文物而言脆弱，易受水蚀、风蚀、冻融侵蚀及人类活动等作用影响而被损坏。西北干旱地区由于独特的干旱少雨气候，土遗址保存相对较好[17]。河南地区土遗址虽保存数量较多，但损毁较为严重。《河南省文物志》等相关资料[18]统计了河南省境内101处省级以上文物保护单位古城址城垣残存高度，如图1-2所示。

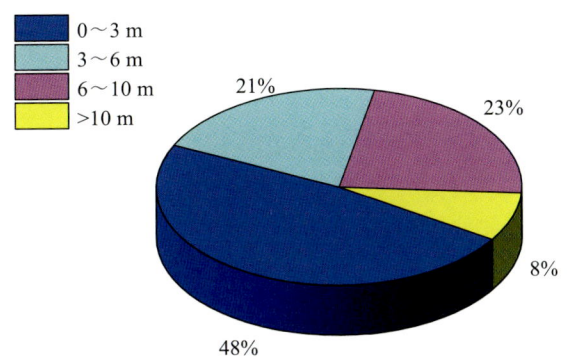

图1-2 河南主要古城遗址城垣残存高度比例

可看出，虽历史上曾多次维修，但河南境内古城遗址垣残存高度主要集中在0~3 m，占统计样本的48%，而城垣残存高度大于10 m的古城址仅占8%，多处遗址城垣完全损毁。更为严重的是，千百年来，部分土遗址正遭受毁灭性破坏甚至消失（如柘城故城、阳城故城、沈国故城及白公故城等）。而土遗址作为历史信息的载体，一旦被破坏，不可再造。因此，如何科学合理地对中原地区土遗址进行预防性保护和防护加固，是文化遗产保护面临的紧迫难题。

（2）室内制样方法与现场施工工艺不统一

从土力学角度，土遗址是为重塑土夯筑而成的构筑物。但研究表明[19-22]，重塑试样宏观力学性状受微观结构影响，而土样微观结构与制样方法紧密相关。目前国内外学者对不同制样方法下黏土和砂土力学特性及微观孔隙结构的变化规律进行了系统研究，取得了丰硕的研究成果[23-25]，但针对粉土的研究较少[26-27]。而中原地区土遗址多为粉土夯筑，其粉粒与黏粒同时存在，其微观结构及宏观力学参数的演变具有特殊性[28-31]。另外，对于重塑土填筑类工程，压实法和击实法是规范推荐的主要室内制样技术[32]，但常存在室内制样技术与现场施工工艺不一致的问题。例如，对于路基工程，其现场施工为压实法；对于土遗址修复工程则采用夯筑击实法，而室内土体力学参数的获取可能为压实制样或击实制样。目前，制样方法的不同造成粉土宏观力学参数的差异性缺乏系统定量的评价。因此，系统开展不同制样方法下遗址粉土的力学特性的研究有着重要的现实意义。

（3）难以准确获取符合赋存环境的遗址粉土力学参数

河南土遗址多为临水修建或周边遍布农田（图1-3），土遗址剥落、掏蚀、坍塌等病害多与降雨积水、地下水位的反复升降及遗址周边农田浇灌等所导致的干湿循环作用有关[33]。干湿循环对土体力学性能的影响主要表现为其强度及变形参数的劣化衰减（如抗剪强度、黏聚力、模量等）。因此，分析干湿循环作用下遗址粉土力学特性的衰变规律及其影响机制，可为土遗址的预防性保护和防护加固提供理论支持。

在土遗址修复工程中，须首先获得本体的力学参数。鉴于土遗址保护"最低限度干预"的原则，应尽量避免在本体上取大量原状土样进行室内试验[34]。目前，常利用墙体散落土重塑样进行相关室内试验，获得本体力学特性。但遗憾的是，土遗址本体经历多次干湿循环作用，直接利用重塑土样所得力学参数进行土遗址稳定性分析存在风险。同时，干湿循环参数（如干湿循环次数、幅度、速率等）不同，土体力学参数变化规律差异很大。对于土遗址而言，干湿循环过程所处环境应符合遗址粉土赋存环境。因此，研究室内较真实模拟土遗址实际干湿循环过程的试验方法，对于土遗址修复工程中力学参数的准确获得十分关键。

图 1-3　河南典型土遗址周边环境

（4）土遗址病害多样

遗存在河南境内的土遗址，在各种环境因子的作用下，病害类型多样。河南境内土遗址的典型病害类型和特征[35-36]如表 1-1 和图 1-4 所示。

表 1-1　河南境内土遗址的典型病害类型和特征

序号	病害类型	病害特征	参见图
1	根部掏蚀	受降雨和农田灌溉所致城墙根部积水影响，城墙根部出现的局部缺失现象，高度 30～50 cm，深度 20～30 cm	图 1-4（a）、图 1-4（b）
2	失稳坍塌	在自然或人为因素下完全倒塌，在地面上残留堆积散土	图 1-4（c）

续表

序号	病害类型	病害特征	参见照片
3	裂隙	因局部卸荷、收缩、变形、原初构造缝及外营力作用，土体结构出现的病害	图1-4（d）
4	冲沟	因土墙表面径流对土遗址表面及其载体造成的冲刷侵蚀破坏	图1-4（e）
5	植物根系造成的破坏	自然生长的灌木、乔木等的根系破坏城墙土体	图1-4（f）

调查中发现，根部掏蚀在河南地区土遗址病害中普遍存在。根部掏蚀虽短时间内不会对土遗址整体稳定性产生影响，但其对土遗址形态影响较大；随着时间推移，掏蚀区域形成后，在一定的外营力作用下也可能诱发遗址局部坍塌或整体失稳。掏蚀的形成是环境因素影响下的遗址本体力学性能劣化损伤累积的结果。因此，在系统掌握遗址粉土强度及变形特性的基础上，深入研究中原地区赋存环境下的根部掏蚀病害产生机制，进而开展科学合理的土遗址性能计算分析，对土遗址保护工程和评价具有重要的指导意义。

（a）根部掏蚀1　　　　　　　　　　（b）根部掏蚀2

（c）失稳坍塌　　　　　　　　　　（d）裂隙

| (e) 冲沟 | (f) 植物根系造成的破坏 |

图 1-4　河南土遗址典型病害类型

1.2　国内外研究现状

1.2.1　制样方法对土体力学特性的影响

土遗址在自然环境中容易产生剥落、掏蚀、坍塌及局部缺损等病害，根据文物保护"最低限度干预"及"不改变原状"的原则，如何沿用传统或同期的材料和工艺对土遗址进行夯补修复，使夯补加固体与原有土遗址具有相近的力学性能及表观形态，一直是文物保护工作者们研究的重点。

目前对于土遗址的夯补加固多延续古代夯筑筑墙施工工艺，对城墙局部缺失、垮塌部位进行夯补。近年来，研究者也针对土遗址的加固效果进行了深入的研究，如王思敬等[37]采用击实制样方法，评价了特定模数硅酸钾溶液（PS）渗透对非饱和土的增强效应；崔凯等[38]、张金风等[39]利用压实制样方法研究了土遗址盐渍带风蚀损耗效应的微观机制和河南清凉寺汝官窑遗址本体加固保护效果，这些研究推动了我国土遗址的保护发展，但由于现阶段仍缺乏统一的技术标准与规程，部分室内试验结果不能直接用于古城址保护的设计与施工，主要体现在室内获取力学参数的制样方法与遗址粉土现场施工的压密过程存在差异。

土遗址主要由其所在区域广泛分布的土质材料夯筑而成，对其工程加固及研究评价多采用室内重塑试样测定其物理力学参数。室内制样方法对土体力学特性的影响在很早便引起了工程及科研人员的注意。例如，Seed[40]研究发现，相同干密度和含水率条件下，采用揉捏压实和静力压实方法所得含砂黏土应力-应变关系发展趋势存在差异。Papadimitriou等[41]认为，干装沉积、湿装夯实、砂雨法、干装捣实4种制样方法对 Toyoura 砂的应力-应变关系及体变特征均具有一定影响。李广信[42]对砂土的研究也表明，敲击法与夯击法土样的三轴剪切力学特性存在较大差异。对于填筑类工程，压实法和击实法作为规范推荐的主要室内制样技术，应用十分广泛，国内外相关学者也对其进行了对比研究。例如，Sivakumar 等[43]、Ahmed 等[44]系统研究了静力压实和动力击实制样方法对白高岭土的湿化、固结及强度特性的影响，认为静力、动力制样方法对低制样含水率下土样的力学特性无影响；Ekwue 等[45]对 3 种黏土的研究也得到了类似结论；而 Kenai 等[46]对改性含砂黏土强度的研究发现，动力击实土样强度大于静力压实土样，制样方法的采取显著影响了土样强度；Seed[47]、Crispim 等[48]则认为静力压实黏土样的强度比动力压实样更大。国内学者刘延志等[27]对杭州粉土样的力学特性进行了对比分析，发现击实、压实粉土样抗剪强度不同，认为各向异性是其主要影响因素；李春清等[49]对黄土的研究结果表明，静压土样的抗拉强度明显大于击实土样的抗拉强度；左巍然等[50]对膨胀土的研究发现，击实土样的抗剪强度及黏聚力均大于压实土样。可见，受土性类别等影响，静力压实和动力击实对土样力学特性的影响规律不尽相同。

由此可见，目前国内外学者已经比较系统地分析了制样方法及含水率等因素对土样力学特性的影响规律，但研究对象以黏土和砂土为主，针对粉土尤其是中原地区区域性粉土的研究较少，且已有研究多以路基工程等为背景[51-54]。而中原地区土遗址多为粉土夯筑，颗粒级配及组成等较为特殊，其力学性能随制样条件的变化规律及影响机制不宜照搬砂土、黏土的研究成果，需进行有针对性的重点研究。另外，室内制样方法与现场施工工艺间的协调问题也十分重要。

1.2.2　干湿循环作用对土体力学特性的影响

在水对土遗址力学性状的影响研究方面，目前研究者[55-58]已经从土遗址赋存环境判定、病害特征与分类、病害机制等方面展开了深入研究，为进一步认识土遗址病害与赋存环境的关联性提供了有利借鉴，也为后期的土遗址预防性保护提供了重要参考。分析认为，我国目前对于土遗址的保护理念及保护对策已积累了一定的实践经验，重视程度也在逐步提升，尤其是对西北干旱-半干旱地区土遗址的研究，已经从最初的直观观察、定性描述发展到结合内、外因素综合定量评价土遗址的病害机制[59-61]，研究方法从现场观摩到病害发育全过程遗址粉土的宏微观试验与数值分析逐渐丰富[62-63]，总结出了水、盐、风等主要因素对遗址粉土的破坏机制[64-66]。然而，对于中原地区湿润－半湿润气候条件下土遗址的病害特征描述、影响因素和破坏机制等方面的研究较少，尤其是结合中原地区环境特点，分析土遗址本体力学性能劣化规律与其病害特征的关联性的研究较为鲜见，与中原地区古遗址的大量遗存不匹配。另外，目前关于室内模拟土遗址水分迁移的研究仅针对土遗址内部水分迁移规律的描述[67-69]，缺乏对土遗址本体性能劣化机制的深入分析，所以对于真实应力状态下土遗址本体性能衰变与其病害发展的关系仍需进一步探究。

（1）干湿循环次数对土体力学特性的影响

干湿循环作用对土体力学特性影响显著，对于中原地区土遗址而言同样如此。河南作为华夏文明和中华民族的发源地之一，目前保存的古城址有320多座[18]。河南境内土遗址多为粉土夯筑，其力学性能受水影响较大。河南地区土遗址多为临水修建或周边遍布农田，土遗址根部在积水、地下水位波动及高温蒸发等环境作用下，其力学性能的干湿循环效应明显，主要表现在强度及变形参数的衰减[5, 70]。而土遗址的抗害能力与其强度及变形参数密切相关，如抗剪强度参数是土遗址抗滑塌和坍塌能力的重要表征参数[71]；黏聚力值可间接反映土的抗拉强度，是反映土遗址抗掏蚀病害能力的主要指标[72]；变形参数可反映土遗址整体沉降及局部非均匀沉降的差异，是评价变形及卸荷裂隙产生与发展的重要参数[73]。所以有必要针对其赋存环境，研究干湿循环作用下遗址粉土力学特性的演化规律，分析土遗址力学特性的衰变机制，为土遗址的预防性保护和防护加固提供理论支持。

干湿循环作用下土的力学性能研究一直是国内外学者关注的重点，研究者也证实了经历干湿循环作用后，土的微观结构会发生调整，力学性质也会发生不可逆的转变[19-21]。就干湿循环方法而言，研究者在探索吸湿－脱湿路径下土样力学特性时多采用三轴或环刀试样，其中"干"过程均为105 ℃或考虑当地气候环境极端气温下烘干，且烘干为三向蒸发（侧向与两端）过程，"湿"过程则以水膜转移法或真空饱和法为主，干湿循环周期较短，干湿循环过程剧烈。但中原地区土遗址根部掏蚀等病害区的干湿循环过程则有所不同，主要体现在：①自然气候条件下现场土体干湿循环周期较长；②吸湿－脱湿路径不同，吸湿过程以毛细水作用为主，脱湿过程则以侧向蒸发为主。而孔令伟等[74]、张家俊等[75]的研究表明，蒸发路径与吸脱湿速率对土体裂隙展布及其强度与变形特性的影响显著。

由于土的物理性质、制样方法、应力条件及干湿循环过程等方面的差异，土的性能衰变规律差异较大。例如，崔凯等[70]、张涛等[76]研究发现，随着干湿循环次数的增加，重塑粉土的抗剪强度逐渐降低。而张虎元等[16]对新疆交河故城重塑生土试样的试验却得到了与之截然相反的结论。孟庆明等[77]研究表明，重塑福建土楼试块的抗压强度随干湿循环次数的增加呈现先增大后减小的趋势，研究结论与上述结论也存在一定差异。所以探究遗址粉土力学特性的干湿循环效应时，应考虑土遗址的水环境特点及其内部水分的迁移规律，较真实地模拟遗址粉土的干湿循环过程。分析发现，现有研究成果多采用三轴或环刀试样的干湿循环过程模拟土的基质吸力循环加卸载作用，难以真实反映土遗址的水环境特点，且粉土在干湿循环过程中容易破坏损伤，存在经历相同干湿循环工况下的平行样间可比性差、离散性较大等问题，导致试验结果不准确。故有必要继续探讨干湿循环过程的试验模拟方法，分析遗址粉土力学性状的演化规律。

（2）干湿循环幅度对土体力学特性的影响

遗址根部土体经历了反复的饱和－非饱和过程，但不同高度及深度遗址粉土的含水率有所不同。因此，研究中原地区土遗址根部掏蚀病害发育机制需考虑不同含水率变化幅度下粉土力学特性的干湿循环效应。自19世纪50年代对土体的干湿循环试验研究开始，国内外学者在干湿循环过程对于土体力学特性影响方面的研究成果已十分丰硕，且以研究非饱和土体力学特性尤其是强度特性为主。例如，Lu等[78]、Tse等[79]、Sun等[80]、龚壁卫等[81]研究发现，相同吸力条件下吸湿与脱湿路径土体强度存在差异；张俊然等[82]研究则表明，由于吸力历史的影响，相同基质吸力条件下吸湿路径的抗剪强度高于脱湿路径；而Melinda等[83]研究发现，由于土体滞回效应的影响，脱湿路径下土的抗剪强度大于吸湿路径下的。上述研究结论的差异性与土样经历不同的干湿循环应力历史有关，经历不同水力路径或含水率变化路径后，土样的微观结构发生了变化。因此，探索符合实际工程应用环境的吸湿－脱湿路径下土体力学特性变化规律十分重要。

目前对土体干湿循环过程中非饱和力学特性的研究主要集中于1次干湿循环过程[84-85]，对于经历多次干湿循环后土的饱和强度变化规律的研究也逐渐受到重视。例如，张芳枝等[86]利用非饱和三轴仪对珠江三角洲低液限黏土进行了反复干湿循环试验，发现吸脱湿过程会对其孔隙结构产生影响，进而影响其持水特性及力学参数，证明了其力学特性的转化具有不可逆性。刘文化等[87]则通过三轴不排水剪切试验研究了不同干燥应力历史对饱和状态下粉土力学特性的影响，发现干燥应力历史会对土体的不可逆体积压缩和微裂隙产生影响，进而影响土的饱和力学特性。张俊然等[88]通过对土体在多次干湿循环后的持水特性研究，指出吸力平衡干湿循环方法与常规烘干快速干湿循环方法可能存在差异，土水特征曲线与干湿循环次数相关。Romero等[89-90]对土水特征曲线的研究表明，在多次干湿循环过程中，大吸力部分吸湿－脱湿曲线基本重合，而其差别主要体现在低吸力范围；Sun等[91]进一步研究表明，该界限在残余含水率附近。由此可见，多次干湿循环后土体力学变化规律与1次干湿循环的明显不同。土遗址历经多年风侵、雨淋等自然环境因素影响，其根部掏蚀区域土体受多次干湿循环作用。因此，研究多次干湿循环作用后粉土力学特性的变化规律对于揭示土遗址根部掏蚀区域形成机制具有重要意义。

土体经历不同的吸力历史，其力学特性会出现显著差异。以往针对不同干湿循环幅度土体强度及变形特性的研究[92-96]主要集中于干燥－饱和状态，或者以最优含水率为中间值分别向两侧增减一定含水率幅度后，其吸湿多采用水膜转移法或浸水饱和法，脱湿采用三向烘干法；而对于中原地区土遗址而言，在降雨或地下水位的影响下，土遗址本体含水率自根部向上呈梯度变化。已有研究表明[74, 97-98]，吸脱湿速率及路径对土体力学特性的影响显著。含水率的梯度变化与土体的干湿循环幅度相对应，含水率的变化速率与吸脱湿方法相对应。就吸湿－脱湿路径而言，土遗址根部掏蚀区为竖向吸湿，侧向蒸发脱湿。显然，已有干湿循环方法与土遗址本体实际经历的吸湿－脱湿过程存在差异。因此，进行剪切试验时土样制备过程中吸湿－脱湿方法尚需进一步改进。

另外，土遗址构筑物与边坡及路基构筑物在形态上具有相似角度的临空面，赋存环境及应力状态较为相似[99-100]。相关研究证实了浅层滑塌是边坡及路基破坏的重要表现形式[101-103]。在低应力条件下描述土的力学特征较为合理，所得到的抗剪强度参数与实际工况更相符。相比而言，土遗址的掏蚀病害主要发生在土遗址的浅层部位，此时其上部土体实际土压力较小。而在室内三轴剪切试验中，多采用50 kPa以上围压获取强度参数，这与实际土体受力状态显然不符。并且土的抗剪强度包络线多呈非线性特征，低应力条件下土的抗剪强度较常规应力时明显偏低[104]。常规应力条件下土的性能参数难以真实反映浅层土遗址本体的强度及变形特性，开展低应力条件下土遗址力学特性的研究对于合理解释掏蚀等浅层病害十分必要。

1.2.3 微观结构特征对土体力学特性的影响

（1）制样条件影响方面

追本溯源，土的宏观力学特性是由其结构联结、颗粒组成和孔隙分布等要素综合决定的，不同制样方法及制样条件下土体所表现出的物理力学性质差异主要由其微观结构的差异所致。近年来，大量研究者也通过宏微观试验验证了土体宏观力学特性与其微观结构特征参数的相关关系。例如，吕海波等[105]研究认为微观结构变化是决定土体结构强度改变的重要因素，提出了利用孔隙结构参数确定结构性损伤模型参数的方法。穆彦虎等[106]、何伟朝[107]通过对压实土进行冻融循环试验及微观结构特征分析，证实了土的孔隙比例调整是其力学特性改变的重要因素，土的宏观力学参数与微观结构参数存在密切的关联性。Griffiths等[108]、张先伟等[109]通过压汞（MIP）试验证实了不同类别土样固结特性与孔隙特征的关系。沙爱民等[110]、雷胜友等[111-112]、谷天峰等[113]通过对黄土进行CT-剪切试验、扫描电镜（SEM）及循环加卸载试验，分析了黄土剪切破坏、湿陷及经历动循环荷载作用前后的微观结构及孔隙的结构特性，并分析了其关联性。吴凯等[114]、徐世民等[115]也做了类似的研究。欧阳慧敏等[116]研究了软土固化后的无侧限抗压强度和微结构特征，并探讨了土的宏观力学性质与微结构特征之间的关系。所以，采用宏微观结合的方法对土的力学特性及其演化机制进行分析可合理地诠释土的力学性能衰变规律，该方法已得到广大研究者的认可。

对于土质构筑物而言，土的重塑过程中成样含水率的差异不仅会影响土颗粒向稳定趋势排列的难易程度，对土样微观结构及力学特性也存在显著影响。例如，Delage等[28]、Oualmakran等[117]通过对不同含水率条件下的击实粉土进行压汞试验，分析了制样含水率对土样孔隙分布特征的影响。Magistris等[118]研究发现，在相同的试验条件下，含水率对Metramo粉砂土样应力-应变关系的影响主要集中在小应变段，对其抗剪强度的影响可忽略；而王海礁[119]对粉土土体的研究结果表明，敲击法和夯击法制备的土样应力-应变关系曲线在较大应变时差异仍十分显著；Lambe[120]认为干侧（低于最优含水率）制样时黏土样多呈絮凝结构，湿侧（高于最优含水率）时则定向排列性较强；而Seed[40]对不同含水率粉质黏土的研究发现，湿侧压实土样更易呈分散结构。同时，孙德安等[121]通过压实样和预固结样试验研究了不同制样方法对土样持水特性和内部孔隙结构分布的影响。陈宝等[122]采用各向等压和K_0压缩两种方法制备体积变化率相同的土样，分析了制样方法及制样压力对试样孔隙结构形态及土颗粒排列方式的影响；申爱琴等[123]、谈云志等[124]研究分析了不同初始含水率下粉土的压实特性及力学特征，发现含水率对粉土应力-应变关系曲线及抗剪强度等均有较大的影响。

由此可见，相同控制条件下试样的宏观力学特性及其孔隙分布特征受制样过程影响显著，室内制样技术应参考工程设计及施工的实际条件，选取合理的试样制备方法。目前，国内外对于粉土（粉质黏土）制样方法的研究主要集中在击实功、固结方式及含水率等因素，对于土遗址保护工程所涉及的与室内设计及现场施工对应的击实、压实制样方法及其微观机制的研究还不够充分。因此，有必要针对土遗址保护工程的实际特点，深入分析制样方法对土样力学特性及孔隙分布的影响。

（2）干湿循环影响方面

干湿循环对土体性状的影响主要是破坏了土的天然或初始微观结构，改变了土的孔隙分布特征，使土的力学性质发生不可逆的转变。但由于土的物理性质、应力条件及干湿循环过程等方面的差异，土的性能衰变规律差异较大。采用宏微观结合的试验方法分析干湿循环对土体力学特性的影响机制较为合理[125-127]。例如，Aldaood等[128]、吕海波等[93]通过压汞或扫描电镜试验探究了干湿循环后土样孔隙分布或颗粒排列特征改变对其宏观力学特性的影响。Nowamooz等[126]、Hossein等[129]采用吸力控制方法对干湿循环过程中不同初始密度下的膨润土及膨润土和粉土混合物吸力进行了分析，并结合压汞与氮吸附试验方法比较了不同干湿循环次数下相同吸力时刻的孔径分布特征。赵立业等[130]分别对3种干密度的低液限和高液限压实黏土开展经历干湿循环过程的渗透试验，利用其孔隙结构特征参数的变化对其渗透性能演化机制进行了合理的解释。对于膨胀土、红黏土及残积土等水敏性土，干湿循环过程中土的微观结构发生明显改变是其力学性能衰减的主要原因。对此，彭小平等[131]、Kay等[132]、朱建群等[133]通过对干湿循环作用下红黏土进行三轴试验、回弹模量试验、固结试验及收缩试验研究了红黏土力学特性衰减规律及收缩特性，并从微观结构及孔隙特征角度分析了红黏土力学特性的衰减机制。姚志华等[134]通过对膨胀土进行CT-三轴浸水试验，发现无约束条件下的膨胀土试样吸湿和干燥都能引发裂隙的产生和闭合。谈云志等[135]对泥岩开展了干湿循环与上覆荷载共同作用下的压缩特性试验，探究了孔隙结构特征对泥岩压缩特性的影响规律。尹松等[127]通过对不同干湿循环次数下花岗岩残积土进行共振柱试验，研究了炎热多雨气候影响下残积土的小应变下的刚度特性，并从微观角度对残积土刚度特性的干湿循环效应给予解释。张祖莲等[136]研究了干湿循环作用下库岸红土的抗剪强度及其微观结构的变化规律,探究了干湿循环作用下土的强度衰减机制。

近年来,核磁共振(NMR)技术因可通过测试孔隙水的分布间接反映土样的孔隙特征,具有测试速度快、土样无损伤、试样体积样本大(32 cm³)及制样过程扰动小等优势,在岩土工程领域得到了推广和应用,效果较好。尤其对于黏性较弱及其他易扰动土样,试样容易松散破坏,采用核磁共振试验方法分析土样的孔隙特征可有效避免制样过程对样品的扰动,分析结果较为准确。对此,Kong 等[137]、陈留凤等[138]对干湿循环后的土样进行核磁共振试验,分析了孔隙分布对土样持水特性的影响机制。江强强等[139]通过核磁共振试验分析了干湿循环下滑带土强度特性弱化机制。Tian 等[140]则利用核磁共振技术分析了压实黏质砂土脱湿过程的影响机制。可见,采用核磁共振试验对土的孔隙结构特性进行分析能够合理解释土样宏观力学特性的变化规律,分析结果较为理想。

1.2.4 土的非线性强度特征描述

Mohr-Coulombs 强度准则在岩土工程领域有着重要的作用和地位,不仅能够反映土体抗压强度不同的 S-D 效应(strength difference effect)及对静水压力的敏感性,而且简单实用,土体抗剪强度参数 c、φ 值均易测定。但研究表明,对于几乎所有土类,破坏包络线均呈曲线形态,尤其是在低应力范围更加显著[141-146]。但由于岩土体成因复杂,天然结构性及颗粒组成差异较大,不同应力状态下将呈现出明显的强度非线性,较低或较高应力状态下 Mohr-Coulombs 强度准则难以准确计算土体屈服时的大主应力[143]。相关研究者考虑土体强度的非线性,也常采用多段式直线拟合方法对土的强度进行拟合[144]。但随着全球基础设施的不断建设和发展,岩土体所涉及的应力范围在不断扩大。相关领域对各种应力状态下岩土体的性能参数的准确度的要求在不断提高,土的非线性强度准则便逐渐引起工程界的重视。

多位学者提出不同的非线性强度准则(莫尔包络线),如 Lefebvre[145]提出的双折线方程,Mello[146]提出的三折线方程等。随着研究的深入,越来越多的学者如 Mello[146]、Charles 等[147-148]、Collins 等[149]、Maksimovic[103]、Perry[150] 等认为对于岩土体的非线性强度准则以幂函数形式为主。其中,Perry 等针对土的非线性特征,提出幂函数强度准则,如式(1-1)所示;Baker[151]在对大量三轴试验数据进行分析和验证的基础之上，提出了广义幂函数强度准则，如式（1–2）所示，并验证了其合理性。在不考虑土的黏性项时，Baker 强度准则可退化成式（1–1）中的 Perry 强度准则。

$$\tau = M_f \sigma^n, \tag{1–1}$$

$$\tau = S_{\mathrm{NL}}(\sigma \mid A, n, T) = P_a A \left(\frac{\sigma}{P_a} + T \right)^n. \tag{1–2}$$

式中，τ 为抗剪强度；P_a 为大气压力；A 为控制抗剪强度大小的尺度参数；$P_a A$ 为与函数有关的抗拉强度；n 为控制包线的曲率；σ 为围压或竖向应力；$S_{\mathrm{NL}}(\sigma \mid A, n, T)$ 为非线性强度函数。

众多学者针对不同类别土样，通过大量三轴试验及理论分析验证了土的非线性。例如，罗汀等[152]研究认为冻土物理力学性质受温度影响明显，其强度特性存在明显的非线性，并通过大量冻土三轴试验结果验证了广义非线性强度准则对于冻土材料的适用性。肖杰等[153]在不同初始条件下，对经历无荷和有荷干湿循环作用的重塑及原状膨胀土试样开展不同应力条件的饱和慢剪和三轴固结排水试验，发现不同试验条件下土的抗剪强度包络线均呈非线性特征，可用广义幂函数很好地拟合。朱建明等[154]基于广义非线性强度准则及平面强度理论，推导得到了平面应变破坏条件，并通过地基承载力实例计算验证了该条件。何利军等[155]采用 SMP 强度准则，基于 FLAC^{3D} 进行黏弹塑性本构模型的二次开发，通过实例计算，验证了该强度准则的适用性。

通过上述分析认为，土的强度非线性已被岩土工程领域所公认。在相关理论分析及计算中也着重考虑了其对计算结果及工程参数选取的影响，计算结果较为理想。例如，张晓曦[156]采用 Baker 非线性破坏准则，基于极限分析上限定理，研究了静、动荷载下边坡的稳定性，通过实例分析了非线性破坏准则参数对边坡稳定与屈服加速度系数的影响。吕玺琳等[157-158]考虑城市固体废弃物抗剪强度的非线性，建立了基于幂函数形式的强度准则，并将其转换为线性 Mohr-Coulombs 强度准则时的摩擦角变化规律；通过构建塑性势函数，建立了非相关联流动法则的固废弹塑性本构模型。Baker 等[159]、Zhang 等[160]在变分原理基础上，利用非线性破坏准则研究了边坡上的条形基础地基承载力，推导出地基承载力的微积分控制方程，给出了边坡在各种坡角下的稳定性系数。方薇[161]针对土的强度非线性关系及摩擦角随基质吸力改变呈非线性变化，提出非饱和土的非线性抗剪强度包络壳模型，并据此给出了基于土水特征曲线参数的非饱和土非线性抗剪强度计算方法。李丽民等[162]根据非线性破坏准则，利用多切线法相关参数的转化，对刚性挡土墙上的被动土压力进行上限分析。孙玉进等[163]采用幂律型广义非线性强度准则，通过有限元强度折减法计算了土工结构的安全系数。

对于中原地区土遗址而言，其破坏多在距坡面较小厚度范围内（如浅层滑塌、掏蚀等），此时采用常规应力范围下的直线破坏准则所得黏聚力 c 值明显偏大，从而导致计算安全系数较大，影响土遗址的安全性。研究表明，土的强度包络线呈曲线形式，在进行土遗址浅层病害机制及计算分析时，必须考虑抗剪强度的非线性特性。另外，土遗址历经风雨，多次干湿循环下其力学特性的非线性特性如何变化，对土遗址浅层安全性有何影响不得而知。此外，不同的土样物质组成、结构类型等有较大差别。因此，对于具体场地的土体类型需具体问题具体分析。开展考虑干湿循环作用的遗址粉土强度非线性特性研究，既有理论意义也有实际工程价值。

1.3 主要研究内容与技术路线

1.3.1 主要研究内容

在充分调研河南地区典型土遗址病害特征及保护状况的基础上，以中原地区土遗址常见的掏蚀病害演化机制为着眼点，首先，系统研究了制样条件（制样方法、干密度及含水率）对遗址粉土力学特性的影响规律，重点评价了静力压实与动力击实制样方法对遗址粉土强度及变形特性的影响，并探讨了其微观机制；其次，结合中原地区土遗址赋存环境及建筑形制特点，以典型土遗址（新密古城寨）为研究对象，设计符合中原地区土遗址赋存环境的试验装置及方法，进而对遗址本体材料进行考虑干湿循环次数和幅度的室内宏微观试验，深入探讨遗址粉土体在干湿循环作用下的劣化机制；最后，建立符合中原地区土遗址赋存环境的本构模型，将其数值化并验证其合理性。研究可为中原地区土遗址的掏蚀病害机制分析提供理论依据，为土遗址预防性保护和防护加固提供技术支持。具体研究内容如下。

①阐述研究背景及研究意义，综述制样条件、干湿循环等对土体力学特性影响的相关研究现状，指出目前研究存在的不足，提出研究内容和技术路线。

②以中原地区典型遗址粉土为研究对象，采用静力压实法和动力击实法制备不同干密度和初始含水率的直剪和三轴试样并进行排水剪切试验；并通过压汞试验分析两

种制样方法所得土样的微观孔隙特征，探究制样条件（制样方法、干密度及含水率）对粉土力学特性的影响机制。

③研发可分层取样土柱试验装置，设计符合土遗址赋存状态的毛细水作用干湿循环方法，通过反复烘干（45 ℃）–吸水过程模拟土遗址的干湿循环作用，对相应循环次数和幅度土柱进行取样；结合病害部位的实际应力状态，对经历不同干湿循环次数和幅度夯实遗址粉土试样（循环土柱装置内土样）进行三轴剪切试验；进而对部分土样进行压汞、核磁共振及扫描电镜等试验，探究毛细水干湿循环作用下遗址粉土的微观结构变化规律，分析遗址粉土力学特性与孔隙特征的关联性。

④通过对不同干湿循环作用下围压 10～400 kPa 遗址粉土的应力–应变关系进行整理分析，选取 Baker 非线性强度破坏准则，考虑遗址粉土的干湿循环效应，建立基于非线性强度准则的遗址粉土邓肯–张（Duncan-Chang）模型，并确定模型参数。

⑤基于 ABAQUS 有限元软件，利用 Visual Studio 开发工具平台，采用带误差控制的改进 Euler 积分算法，对考虑 Baker 非线性强度准则的邓肯–张模型进行数值化，并对其进行验证。并对土遗址根部掏蚀形成机制进行探讨。

⑥结论与展望。对研究工作进行总结，结合研究中存在的不足对今后的研究工作提出展望。

1.3.2　技术路线

通过室内试验、理论分析和数值模拟相结合的方法，对干湿循环作用下遗址粉土的宏微观力学特性、本构模型及城墙响应特征进行研究，具体技术路线如图 1-5 所示。

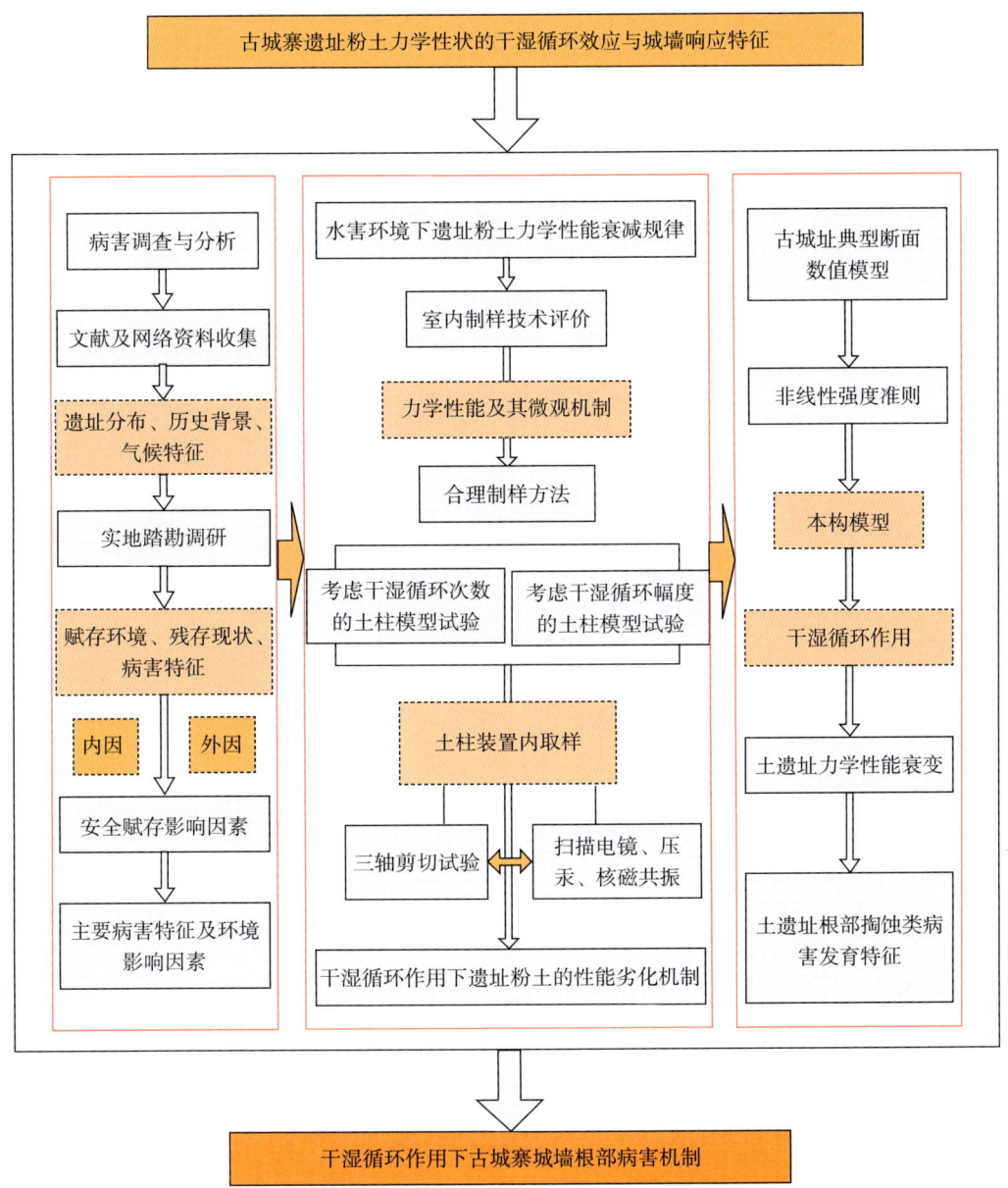

图 1-5 技术路线

第二章 古城寨遗址粉土基本物理力学特性与制样方法评价

2.1 引言

土质材料在工程建设中应用广泛，工程应用及研究评价多采用室内重塑试样测定其物理力学参数。重塑试样的力学特性除受有效应力、干密度等宏观参数影响外，还与其颗粒排列、颗粒组成和孔隙分布等微观结构要素紧密相关，而土样微观结构受制样条件控制。因此，研究不同制样条件下土样力学特性的变化规律及其微观机制具有重要意义。

目前，对于古城墙遗址局部缺失及垮塌部位多采用夯补方法进行修复。由于现阶段缺乏统一的技术标准与规程，对于土遗址的修复工程设计多通过室内压实样获取其力学指标；而实际施工时，考虑到对文物的保护和施工条件限制，常采用夯实方法施工（图2-1、图2-2），施工过程类似于室内击实法制样。例如，焦作府城遗址、新密古城寨及苑陵故城均对根部掏蚀、局部坍塌部位进行夯实补筑。但制样方法不同时，粉土力学特性如何变化不得而知，从而导致土遗址本体评价及修复施工时，或偏于保守，或偏于危险。另外，粉土本身粉粒含量高、粒径均匀、毛细孔隙发达，易受水的影响，而施工时常常出现夯筑土含水率控制不够精准的情况，易导致施工过程夯实功难以得到充分利用，造成试验设计效果评价可比性差，施工质量可靠度低的后果。例如，图2-1所示的某古城墙在加固修复后，部分土体由于压实度未达标出现局部垮塌病害。所以有必要针对土遗址保护工程的设计及施工特点，通过相关试验方法系统评价制样条件对遗址粉土力学特性的影响规律。

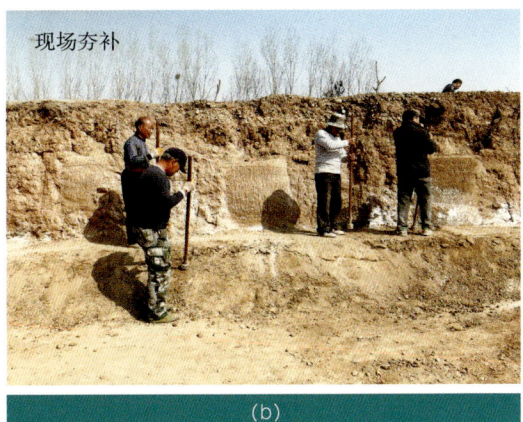

图 2-1　土遗址病害与现场夯补

图 2-2　土遗址修复现场

土遗址保护过程中，其本体及修复夯筑体参数的获取常参考填筑工程相关规范[164]，其推荐采用的重塑土制样方法有击实法和压实法。为系统研究制样方法对粉土力学特性的影响规律，以河南地区典型土遗址新密古城寨的预防性保护为背景，以遗址粉土为研究对象，利用动力击实法和静力压实法制样后，分别开展考虑 4 个固结应力、3 个制样含水率及 3 个压实度的直接剪切试验和三轴剪切试验研究，分析不同制样条件下粉土力学特性的演化规律，探讨其内在机制，为土遗址保护及修复等提供理论依据。

2.2　粉土基本物理性质

新密古城寨位于新密市曲梁乡大樊庄村溱水东岸，城址面积约 17 万 m²，2001 年，被公布为第五批全国重点文物保护单位,是中原地区目前发现规模最大、墙体保存最好的龙山时代晚期城址,为研究我国文明起源与国家形成提供了重要依据。2002年,该城址被列入"中华文明探源工程",成为我国重点保护的古代大遗址项目之一[18]。

该城址建于溱水东岸的河旁台地上,形制为东西长、南北短的长方形,如图2-3所示。目前,城址的内部多为农田,部分地段有建筑物。现存北、南、东3面城墙和南北相对的2座城门缺口,城墙高7.0~16.5 m。由于受溱水河的冲刷及毛细水劣化影响,西墙已基本不存在。现北、南、东3面城墙的地面以上部分保存较好。为系统分析3面城墙本体的基本物理性质,南面和东面城墙分别取2个断面的散落土及其本体土样,北面城墙取3个断面的散落土及其本体土样,进行室内颗分试验、液塑限试验、干密度及含水率试验,试验结果如表2-1和表2-2所示。其中,南1-s为南面城墙1#断面散落土,南1-b表示南面城墙1#断面本体土样,以此类推。

从颗粒级配表2-1中可发现,城墙断面土体颗粒中砂粒含量很少,为5.1%~16.1%,黏粒含量占9.4%~16.6%,以0.005~0.075 mm粉粒为主,占比为74.5%~81.4%,粒径较均匀。

图2-3 新密古城寨轮廓

表 2-1 颗粒组成 单位：mm

编号	砂粒			粉粒		黏粒
	0.5~2.0	0.25~0.50	0.075~0.250	0.050~0.075	0.005~0.050	<0.005
南 1-s	0.8%	0.3%	9.4%	28.3%	48.6%	12.6%
南 1-b	0.9%	0.2%	10.7%	31.8%	45.9%	10.5%
南 2-s	1.2%	0.3%	7.9%	23.7%	50.8%	16.1%
南 2-b	0.0	0.5%	6.7%	35.1%	48.4%	9.3%
北 1-s	0.0	0.0	5.1%	34.2%	48.1%	12.6%
北 1-b	0.0	0.7%	9.1%	28.9%	51.2%	10.1%
北 2-s	0.0	0.5%	8.0%	29.2%	52.9%	9.4%
北 2-b	0.0	0.9%	10.3%	28.1%	50.9%	9.8%
北 3-s	0.0	1.0%	15.1%	35.2%	39.3%	9.4%
北 3-b	0.0	0.8%	13.3%	33.6%	41.2%	11.1%
东 1-s	0.9%	0.2%	10.4%	26.8%	45.9%	15.8%
东 1-b	1.4%	0.5%	9.5%	26.1%	45.9%	16.6%
东 2-s	0.8%	0.4%	11.7%	27.9%	46.7%	12.5%
东 2-b	0.6%	0.6%	10.7%	28.9%	48.7%	10.5%

注：①东城墙遗址本体中含有部分浆石，表中所列数据为 2 mm 以下颗粒分析数据。
②波浪线表示的数据含后者不含前者。

表 2-2 物理指标

编号	含水率	湿密度/(g/cm³)	干密度/(g/cm³)	土粒比重	液限	塑限	塑性指数(I_P)	塑性图法	I_P法
南 1-s	9.2%	1.74	1.59	2.64%	28.2%	17.3%	10.9	低液限黏土	粉质黏土
南 1-b	9.2%	1.70	1.56	2.64%	26.6%	16.6%	10.0	低液限黏土	粉土
南 2-s	8.2%	1.85	1.71	2.65%	25.9%	15.7%	10.2	低液限黏土	粉质黏土
南 2-b	14.2%	1.74	1.52	2.64%	25.4%	18.1%	7.3	低液限粉土 低液限黏土	粉土
北 1-s	11.4%	1.75	1.57	2.64%	27.2%	16.9%	10.3	低液限黏土	粉质黏土

续表

编号	含水率	湿密度/(g/cm³)	干密度/(g/cm³)	土粒比重	液限	塑限	塑性指数(I_P)	塑性图法	I_P法
北1-b	11.4%	1.61	1.45	2.66%	28.2%	17.2%	11.0	低液限黏土	粉质黏土
北2-s	11.0%	1.85	1.67	2.64%	26.9%	15.3%	11.6	低液限黏土	粉质黏土
北2-b	11.0%	1.57	1.41	2.66%	27.7%	15.9%	11.8	低液限黏土	粉质黏土
北3-s	11.8%	1.75	1.57	2.65%	26.3%	17.1%	9.2	低液限粉土 低液限黏土	粉土
北3-b	11.8%	1.75	1.57	2.64%	27.2%	16.7%	10.5	低液限黏土	粉质黏土
东1-s	9.8%	1.48	1.35	2.66%	26.3%	16.6%	9.7	低液限粉土 低液限黏土	粉土
东1-b	11.8%	1.85	1.65	2.65%	25.5%	16.6%	8.9	低液限粉土 低液限黏土	粉土
东2-s	9.8%	1.77	1.61	2.64%	25.7%	15.8%	9.9	低液限粉土 低液限黏土	粉土
东2-b	9.8%	1.77	1.61	2.64%	25.5%	14.8%	10.7	低液限黏土	粉质黏土

根据我国的土分类标准，关于黏性土和粉土的分类界限，存在不同的分类定名标准。以常用的《土工试验规程》[164]和《岩土工程勘察规范》[165]为例，其分别采用塑性图分类系统和塑性指数分类系统。在塑性图（图2-4）分类系统中，A线以上的土定名为黏性土，A线以下的土定名为粉土。当塑性指数I_P=6~10时为过渡区，即由低液限粉土（ML）过渡为低液限黏土（CL）。在按塑性指数分类的系统中，粒径大于0.075 mm的颗粒质量不超过总质量的50%、塑性指数等于或小于10的土定名为粉土；塑性指数大于10的定名为黏性土（表2-2）。但从所取城墙断面液塑限试验结果来看，其处于粉质黏土和粉土两类土的搭接边界。另外，高国瑞[166]发现对于粉土，由于毛细水弯液面张力促成"假塑性"产生，且没有分散的集成体内部孔隙的惰性水虽未参与土-水相互作用，但在含水率测定时将其计算在内，造成液塑限含水率数值存在偏差。高大钊[167]建议对于界限上的土类，当试验指标确定存在争议时，可用目力判别方法得出结论。Leonards[168]也建议对黏土和粉土采用目力鉴别的方法，并对其特征

进行了精辟分析。我国《岩土工程勘察规范》规定，可通过目力鉴别描述土的摇振反应、光泽反应、干强度和韧性，以对粉土和黏土进行判别（表 2-3）。综合分析液塑限指标及目力鉴别指标后认为，新密古城寨遗址土为粉土（表 2-4）。

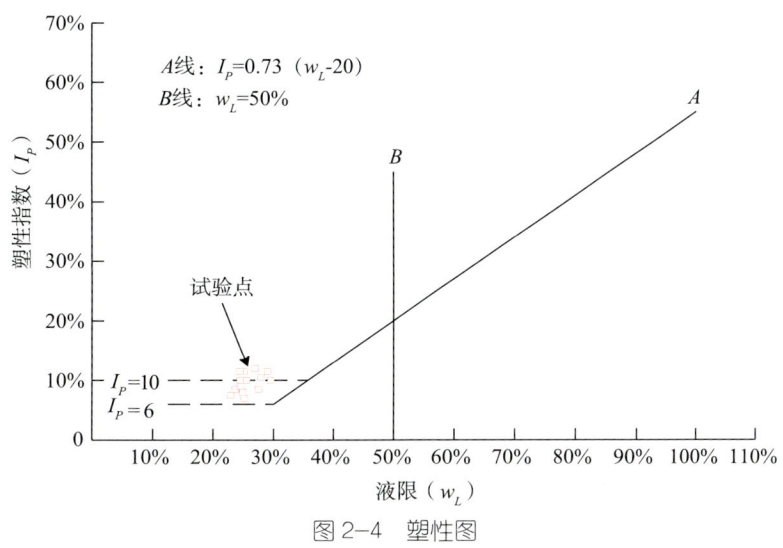

图 2-4　塑性图

表 2-3　黏性土和粉土鉴别方法

鉴别项目	摇振反应	光泽反应	干强度	韧性
粉土	迅速、中等	无光泽	低	低
黏性土	无	有光泽、稍有光泽	高、中等	高、中等

表 2-4　新密古城寨土性鉴别

取样位置	摇振反应	光泽反应	干强度	韧性
南 1-s	中等	无光泽	中等	低
南 1-b	迅速	无光泽	低	低
南 2-s	中等	无光泽	中等	低
南 2-b	迅速	无光泽	低	低
北 1-s	中等	无光泽	中等	低
北 1-b	迅速	无光泽	低	低

续表

取样位置	摇振反应	光泽反应	干强度	韧性
北 2-s	中等	无光泽	中等	低
北 2-b	迅速	无光泽	低	低
北 3-s	中等	无光泽	低	低
北 3-b	中等	无光泽	中等	低
东 1-s	迅速	无光泽	低	低
东 1-b	中等	无光泽	中等	低
东 2-s	迅速	无光泽	低	低
东 2-b	迅速	无光泽	低	低

从表 2-2 还可看出，新密古城寨遗址粉土的干密度最小值为 1.35 g/cm³，最大值为 1.71 g/cm³，分布较为分散。分析认为，这与筑墙版筑工艺有关。根据考古发掘成果[169]，筑墙过程中采用分排错列版筑，中间板块则分块填土夯打。此外，这与取土位置处于城墙本体外部风化层或内部夯实层也有关。

遗址粉土矿物分析采用 X 射线衍射分析方法，测试结果如表 2-5 所示。可以看出，其原生矿物含量高，原生矿物主要由石英、长石、云母等组成，平均占比为 67.4%。黏土矿物含量较低，平均占比为 18.7%。黏土矿物以伊利石和蒙脱石为主，约占黏土矿物的 78.8%，同时含有少量的高岭石和绿泥石。

表 2-5 遗址粉土矿物成分

样品编号	土样矿物成分及含量											
	原生矿物								黏土矿物			
	总量	石英	长石	云母	方解石	白云石	角闪石	辉石	蒙脱石	伊利石	高岭石	绿泥石
南 1-s	80%	30%	25%	10%	7%	5%	—	3%	28%	52%	10%	11%
南 1-b	75%	25%	25%	10%	7%	5%	—	3%	28%	53%	9%	12%
南 2-s	80%	30%	30%	10%	7%	3%	—	—	26%	53%	10%	12%
南 2-b	85%	30%	25%	10%	10%	5%	5%	—	26%	52%	10%	12%

续表

样品编号	土样矿物成分及含量											
	原生矿物								黏土矿物			
	总量	石英	长石	云母	方解石	白云石	角闪石	辉石	蒙脱石	伊利石	高岭石	绿泥石
北 1-s	78%	25%	28%	10%	7%	3%	5%	—	27%	50%	9%	11%
北 1-b	80%	28%	30%	10%	7%	5%	—	—	28%	48%	9%	13%
北 2-s	85%	30%	30%	10%	7%	5%	—	3%	28%	52%	9%	13%
北 2-b	83%	30%	28%	10%	10%	5%	—	—	26%	50%	—	14%
北 3-s	82%	30%	30%	10%	7%	5%	—	—	26%	52%	9%	13%
北 3-b	80%	28%	30%	10%	7%	5%	—	—	26%	53%	10%	12%
东 1-s	85%	30%	30%	10%	7%	5%	—	3%	26%	52%	10%	12%
东 1-b	83%	30%	28%	10%	10%	5%	—	—	27%	50%	9%	11%
东 2-s	82%	30%	30%	10%	7%	5%	—	—	28%	48%	9%	13%
东 2-b	80%	28%	30%	10%	7%	5%	—	—	30%	52%	10%	13%

由以上分析可知，新密古城寨遗址粉土矿物成分主要为石英、长石等原生矿物，次生黏土矿物相差不大。因此，可取典型断面散落土进行相关研究试验。在土遗址修复过程中，制样干密度和含水率为主要控制物理参数，强度及其参数则为主要控制力学参数。如前所述，对于填筑类工程，《土工试验规程》[164] 推荐用动力击实法和静力压实法制样获取其相关参数，但在实际工程应用中参数获取较为混乱，导致修复工程不安全或偏于浪费。

为系统分析不同制样条件下遗址粉土力学特性，取典型断面（北城墙 1# 断面）散落土，以制样方法、制样含水率 w 及制样干密度 ρ_d 为控制参数进行后续直接剪切试验和三轴剪切试验。通过室内击实试验，获得其最大干密度 ρ_{dmax} 和最优含水率 w_{opt} 分别为 1.78 g/cm³ 和 14%，如图 2-5 所示。在此基础上，后续直接剪切试验和三轴剪切试验中土样干密度分别取压实度 S 为 90%、93% 和 96%（1.60 g/cm³、1.65 g/cm³ 和 1.71 g/cm³），含水率以最优含水率为参考，分别选取 10%、14% 和 18%。

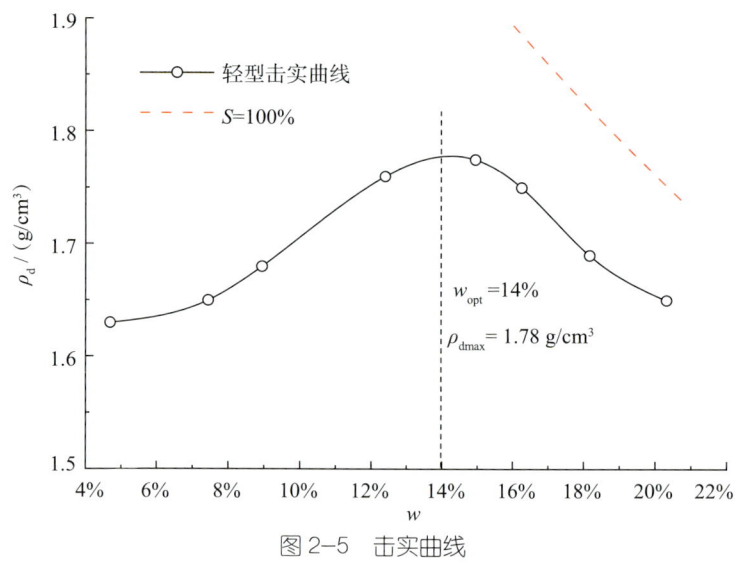

图 2-5 击实曲线

进行遗址粉土的击实试验时发现，当含水率较小时散土易从击实筒溅出，击实样难以成型。当含水率高于 20% 时，击实过程中有水从击实筒底部溢出，呈"橡皮土"现象，无法击实。肖军华等[170]也得到类似结论。

从击实曲线也可看出，以最优含水率为中心，其呈不对称形状，当含水率低于最优含水率时，干密度随含水率的增加较为缓慢，曲线呈平缓状上升，与砂性土类似；而当含水率高于最优含水率时，干密度随含水率的增加迅速下降，与黏性土相似。这也进一步说明了粉土具有特殊颗粒级配及其强水敏特性。

2.3 试样制备及试验方法

2.3.1 直接剪切试样制备方法

为了分析制样方法对土样力学特性的影响规律，选取室内制样常采用的静力压实法和动力击实法制样。

根据土工试验方法，将散落遗址粉土风干后置于橡胶板上，用木碾碾碎，然后过 2 mm 筛，测定其风干含水率。根据控制干密度和含水率确定取土量和加水量，将风干土平铺于钢制盘内，用喷壶喷洒预计水量，拌合后装入密封袋，置于保湿缸内 1 d。最后根据试样干密度和含水率称取湿土，分别制备压、击实样。

静力压实样：将湿土倒入预先装好环刀的模具内，抹平土样表面，以静压力匀速将土压入环刀内，压至环刀高度，静置 2 min 后卸去压力。

动力击实样：将湿土置于预制好的钢制模具中，利用击实器分 2 层制作圆柱形土样，最后利用环刀取样器取直径为 61.8 mm、高度为 20 mm 的试样。击实过程中，完成一次击实过程约 1 s。以压实度 93% 为例，w=10%、w_{opt}=14% 和 w=18% 的土样所需击实次数分别为 46 次、30 次和 15 次。

为检验两种制样方法的均匀性，分别取压实样、击实样各两个，对试样进行分区，如图 2-6 所示。采用蜡封法测定各区域干密度，分析发现，压实样、击实样与同试样不同区域间干密度差异较小，压实样各区域干密度差异≤1.5%，击实样各区域干密度差异＜2.4%，压实样、击实样及同种制样方法土样间平均干密度差异＜1%。

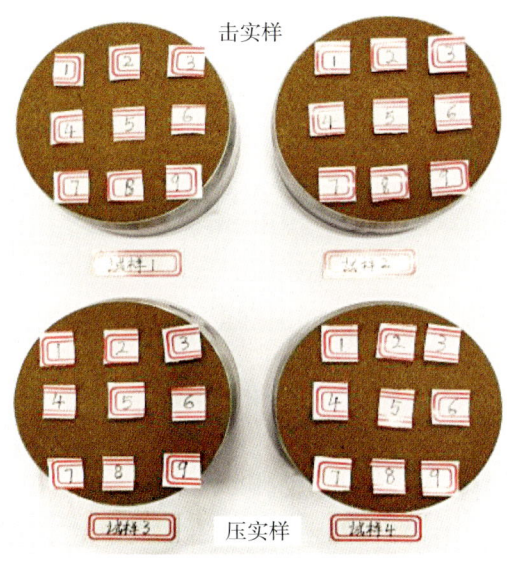

图 2-6　压实样、击实样

试样制备完成并采用真空饱和法后，采用 ZJ 四联直剪仪进行直接剪切试验。其中，剪切速率为 0.02 mm/min，固结压力为 50 kPa、100 kPa、200 kPa 及 400 kPa。

2.3.2　三轴试样制备方法

将试验用土进行风干、碾碎、过 2 mm 筛，测定其风干含水率。用喷雾法配置成不同的目标含水率（w=10%～18%），装入密封袋中，置于保湿缸内湿润 24 h，以使土中水分布均匀。根据控制干密度和预定的制样含水率计算单个试样所需湿土量，按下述过程分别制备静力压实样和动力击实样。

对于静力压实样，首先，将称好的湿土倒入内壁涂有凡士林的模具内，用橡胶锤轻微敲击振动钢膜，使模具内土样表面平整；然后，将垫块下表面涂抹凡士林并置于模具内，放在压力机上压实，压实速率为 1 mm/min，待上下垫块完全压入模具内稳压 2 min 后卸去压力。制样过程中，压样时间与压力关系如图 2-7 所示（以压实度 96% 为例）。可以看出，压样过程中随着制样含水率的增大，最大压力逐渐减小。

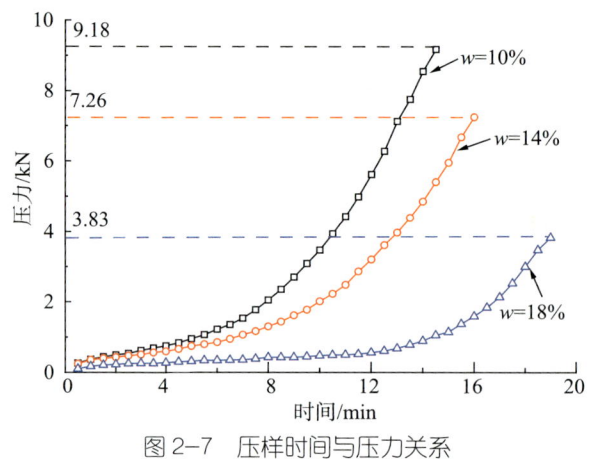

图 2-7　压样时间与压力关系

对于动力击实样，为避免出现土样上部密实下部松散现象，采用 Ladd[171] 提出的欠压密技术。首先，将称好的湿土按质量 3 等分，然后，将第 1 份湿土置于内壁涂有凡士林的击实器内，进行第 1 层击实。重复该过程完成另外两层湿土的击实。制样时各层接触面应刮毛。经多次试击后确定不同含水率粉土样击实次数，如图 2-8 所示（以压实度 96% 为例）。可以看出，击实过程中，第 1 层至第 3 层土样击实次数逐渐增多；随着制样含水率的增大，各层击实次数逐渐减少。

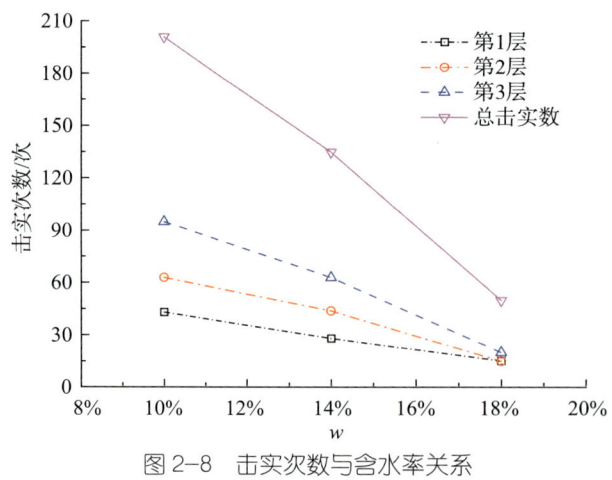

图 2-8　击实次数与含水率关系

同样，为检验两种制样方法所得土样的均匀性，压实法与击实法制样完成后，取土样上、中、下部位测试得到其干密度为 1.705~1.718 g/cm³，满足试验要求。

制备好的三轴试样如图 2-9 所示。制样完成并经真空饱和后，在全自动三轴仪上进行固结排水剪切试验。经测试，剪切速率为 0.073 mm/min 时土样中孔隙水压力可消散，固结应力为 50 kPa、100 kPa、150 kPa 和 200 kPa。

图 2-9　三轴试样

2.3.3　压汞试验原理及步骤

为了分析各种制样条件下遗址粉土孔隙的分布特征，采用压汞试验对不同制样方法及含水率条件下部分试样进行分析。

压汞试验是一种测定材料孔隙尺度及其分布较为准确有效的方法[109]。其测定的主要依据是非浸润性液体在没有压力作用时不会流入固体孔隙，将汞在一定压力下压入多孔体中，达到平衡时，作用在汞接触环截面法线方向的压力与同一截面上张力在该面法线上的分量等值反向[126]。假设孔隙为圆柱形，给定毛细孔的半径 r 和长度 l，则单位体积内压入汞的表面积 A 根据经典 Washburn 公式为：

$$A = 2\pi r l, \quad (2-1)$$

壁对汞的压力 W_1 为：

$$W_1 = -2\pi r l^{\sigma} \cos\theta, \qquad (2-2)$$

汞进入毛细孔后,外界对汞的压力 W_2 为:

$$W_2 = P\pi r^2 l, \qquad (2-3)$$

由 $W_1 = W_2$,可得:

$$Pr = -2^{\sigma}\cos\theta。 \qquad (2-4)$$

式中,P 为施加的压力;σ 为导入液体的表面张力,该试验取 480.00 dyn/cm;θ 为导入液体与固体材料的接触角,该试验取 140°。从压汞试验得到压力与汞压入的体积关系,通过压力 P 找到对应的当量直径 d,转换得到土中孔隙分布特征参数。

对于压汞试验,如何保证试样干燥而孔隙不发生收缩十分关键。液氮冷冻干燥相对于其他干燥方法,对土样的微观结构损伤较小,孔隙结构基本不发生变化,是解决该问题的公认方法。具体步骤为:将长、宽、高均为 2~3 mm 的小试样在 -196 ℃液氮中冷冻 20 min 左右,此时土样中水变为不具有膨胀性的非结晶态冰,然后通过真空冷冻干燥仪(图 2-10)抽真空 24 h 后,土中结晶态冰升华,土样得到干燥。

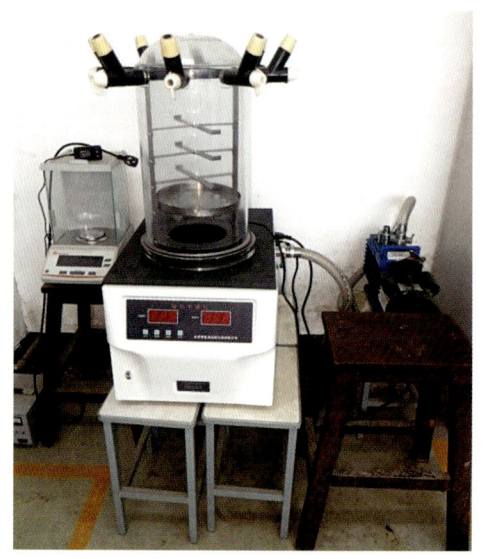

图 2-10 真空冷冻干燥仪

干燥完成并称取土样质量后,将土样慢慢倒入膨胀计头部,使用真空密封脂密封膨胀计,盖上盖子且套上密封卡套,利用特制扳手拧紧后再称土样和膨胀计的总质量。孔径测试过程分为低压段和高压段两部分:首先,在膨胀计杆外侧涂抹薄层硅密封脂后送入低压仓进行低压分析(0~30 psi);低压分析结束后取出膨胀计,擦干表面硅密封脂，再次称重后将膨胀计装入高压仓进行高压分析（30~60 000 psi）。压汞试验测试过程中孔隙分析软件自动记录每一级压力的进汞量，经公式换算后获得土体的孔隙分布结果。

试验采用美国康塔公司生产的 PoreMaster33GT 系列压汞仪（图 2-11），其孔径分布测定范围为 0.0064~950 μm。

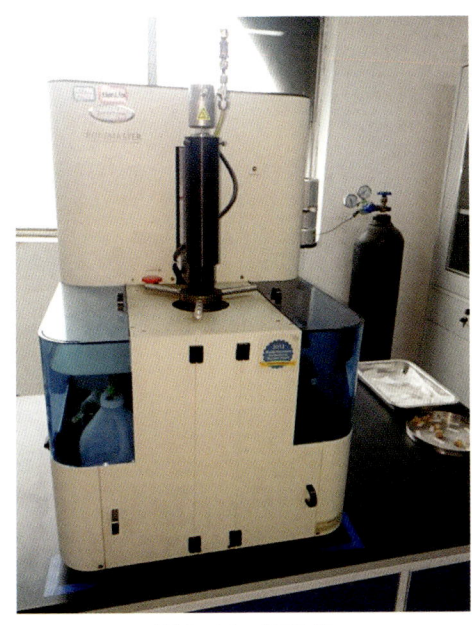

图 2-11　压汞仪

2.3.4　扫描电镜试验步骤

扫描电镜试验是土的微观结构研究中应用最普遍也是最重要的研究手段。因其具有足够的分辨率和富有立体感等优点，应用范围很广。测试对象为制备完成的部分粉土土样。其测试过程必须满足以下条件：样品必须干燥；样品要有良好的导电性能；制样过程不能破坏样品的微观结构。

基于以上测试要求，具体测试步骤为：

①试样冷冻干燥方法与压汞试验备样方法相同。

②土样干燥完成后，将干燥土样小心掰开，以获得未扰动的新鲜结构面；同时用小刀削平其他面，通过导电胶粘到扫描电镜专用金属基座上，如图 2-12（a）所示。

③将土样放入真空溅射镀膜机，使其表面充分镀金，如图 2-12（b）所示。

④将镀金土样放入扫描电镜样品室内，拍摄时从高倍向低倍过渡，选定代表性区

域。此次试验采用的放大倍数为2000倍。

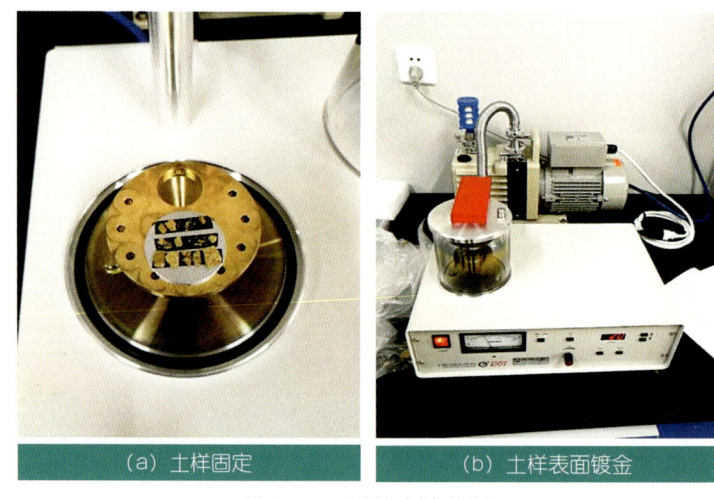

(a) 土样固定　　(b) 土样表面镀金

图 2-12　扫描电镜备样

2.3.5　试验方案

不同制样条件遗址粉土试验方案如表 2-6 所示。需要说明的是，表 2-6 中含水率为目标含水率，实测含水率误差在 0.3% 以内时方可进行后续试验。

为便于辨识，后续试验中试样编号 J、Y 分别表示动力击实和静力压实制样方法。例如，编号 Y-93-14-50 表示采用静力压实制样法制得的含水率为 14%、压实度为 93%、固结围压为 50 kPa 的试样。

表 2-6　不同制样条件遗址粉土试验方案

试验方法	制样方法	制样含水率	压实度
直接剪切试验 三轴剪切试验	击实法、 压实法	10%、14%、18%	90%、93%、96%
压汞试验 扫描电镜试验			

注：压汞试验、扫描电镜试验均为部分土样。

2.4　直接剪切试验结果与分析

2.4.1　应力 – 位移关系

用压实法与击实法所制粉土样的应力 – 应变关系曲线如图 2-13 所示。

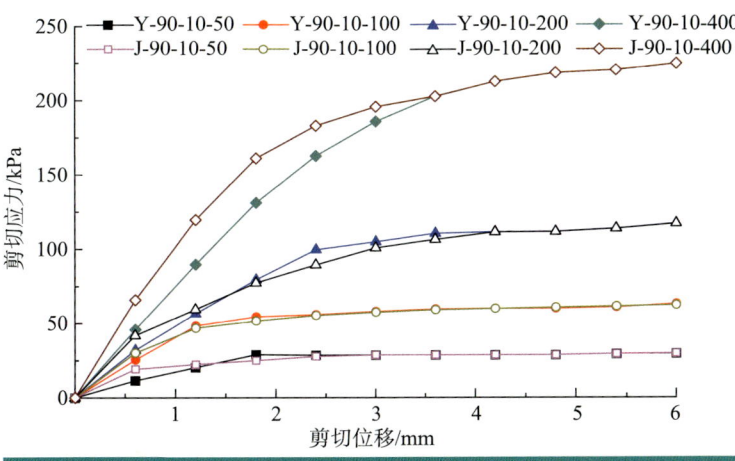

（a）压实度为90%，制样含水率为10%

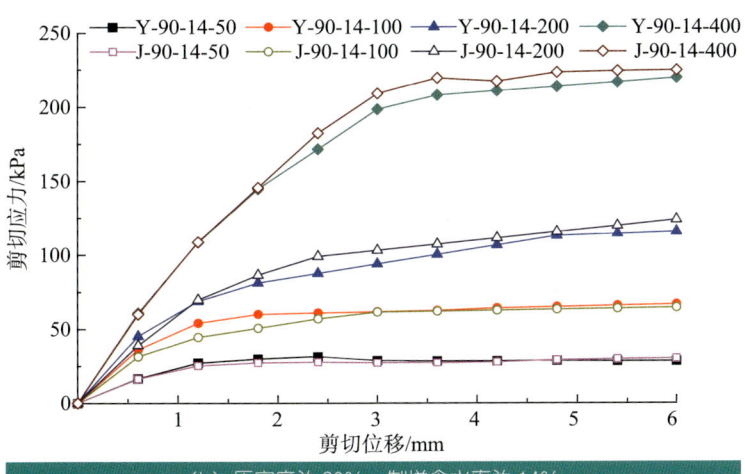

（b）压实度为90%，制样含水率为14%

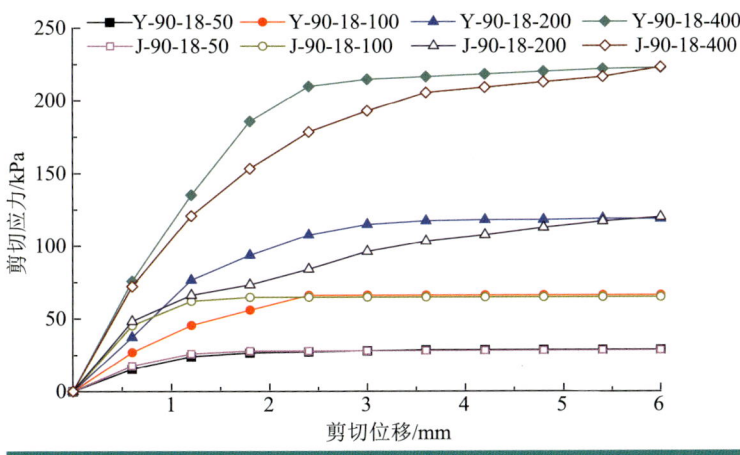

（c）压实度为90%，制样含水率为18%

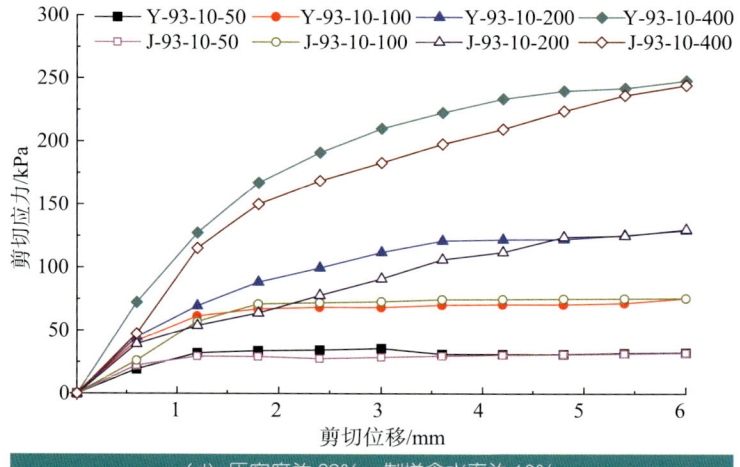

(d) 压实度为93%，制样含水率为10%

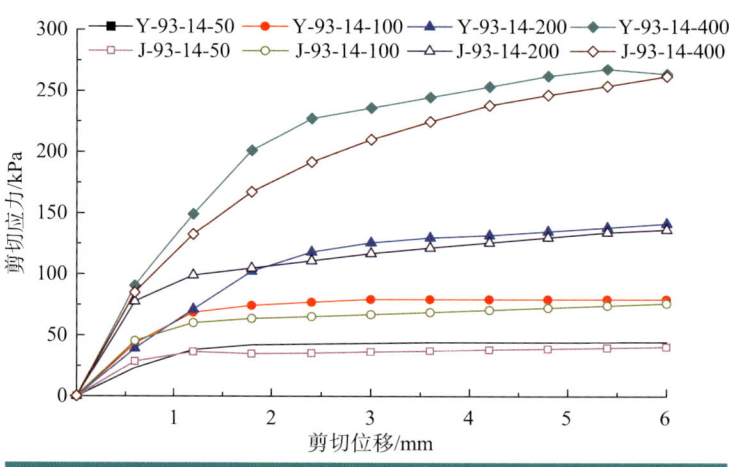

(e) 压实度为93%，制样含水率为14%

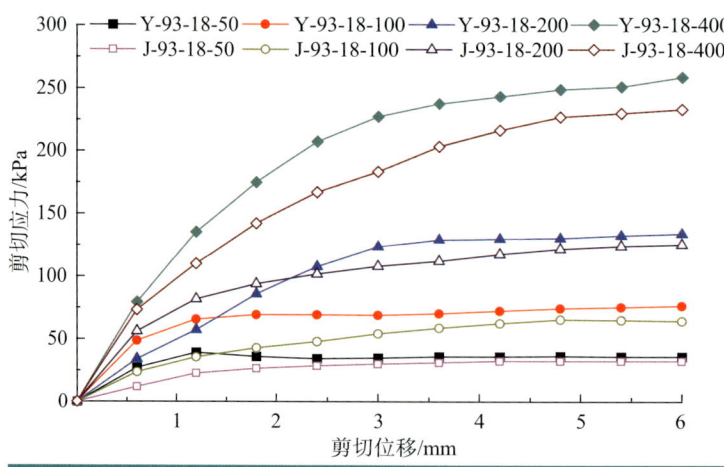

(f) 压实度为93%，制样含水率为18%

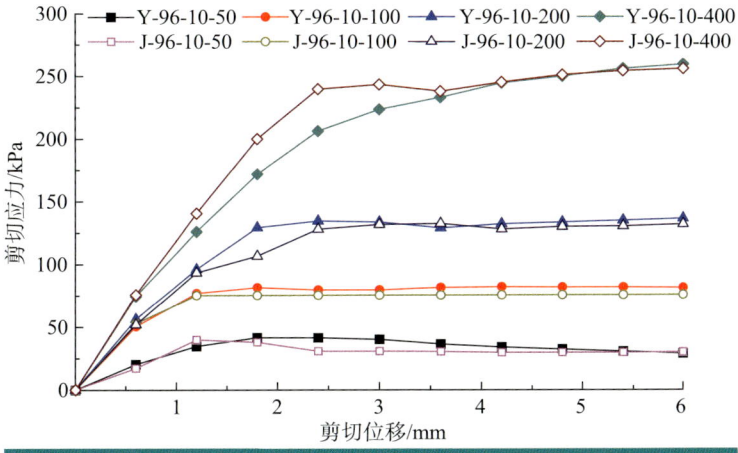

（g）压实度为96%，制样含水率为10%

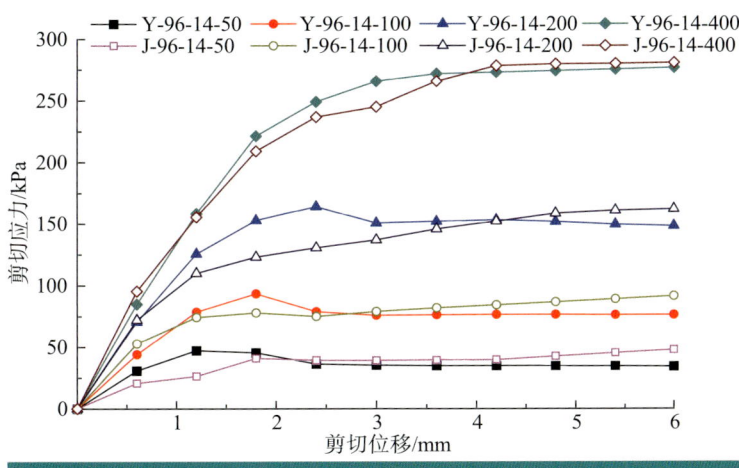

（h）压实度为96%，制样含水率为14%

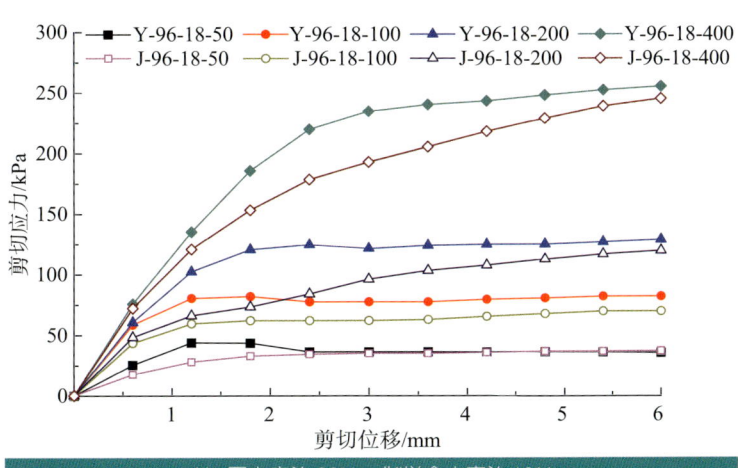

（i）压实度为96%，制样含水率为18%

图 2-13 直接剪切应力－位移关系曲线

从图 2-13 中可以看出，压实样整体上随着剪切位移的增大，其剪切应力呈增大趋势，但在压实度为 96% 时，击实样在低固结应力下呈现出弱软化型状态，产生微弱的剪胀性。在相同剪切位移下，压实样的剪切应力稍大于击实样。因此，在土遗址修复施工工艺为夯筑击实时，采用压实样进行室内直接剪切试验时所得剪切强度是偏于危险的。

从制样含水率的影响来看，在低制样含水率时，土样的应变软化性基本不存在，击实与压实土样的剪切应力-位移关系曲线均呈硬化型。究其原因，制样含水率的不同会对土颗粒的排布、孔隙分布等产生显著影响，这与 Zeh 等[172]对不同制样含水率细粒土力学特性的研究成果一致。

也就是说，在相同孔隙比、不同制样方法及制样含水率下，粉土样的剪切应力特性存在差异。分析认为，这可能与击实及压实制样过程中的颗粒移动及孔隙分布规律有关。

2.4.2 抗剪强度与强度参数

图 2-14 总结了制样方法与初始含水率对遗址土抗剪强度的影响规律。可以看出，在压实试样强度高于击实试样，且最优含水率下，试样抗剪强度差异最小。在压实度为 90% 时，两种制样方法所得强度差异较小；随着干密度的增大，动力击实样与静力压实样的强度差异增大。所以，为保证遗址夯土体的强度满足设计要求，需根据现场施工工艺选用合适的制样方法，准确控制施工含水率和干密度，充分发挥夯实功效。

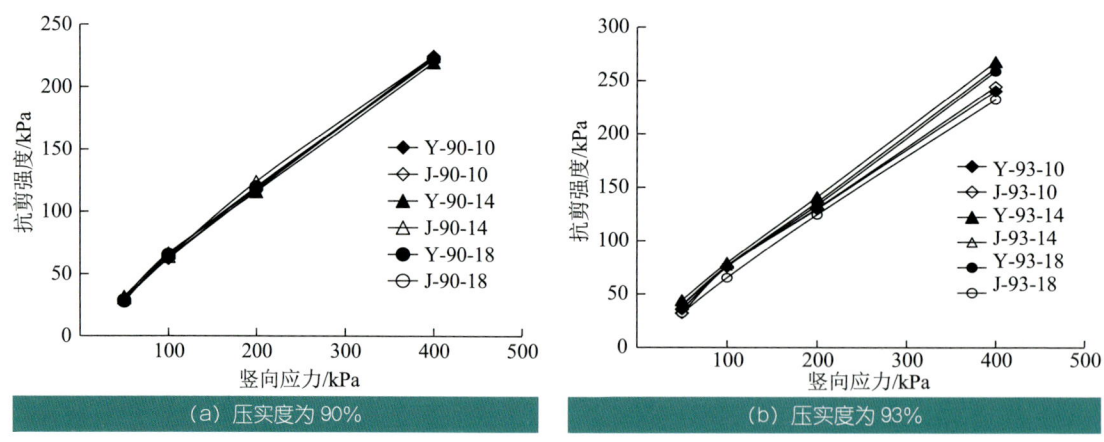

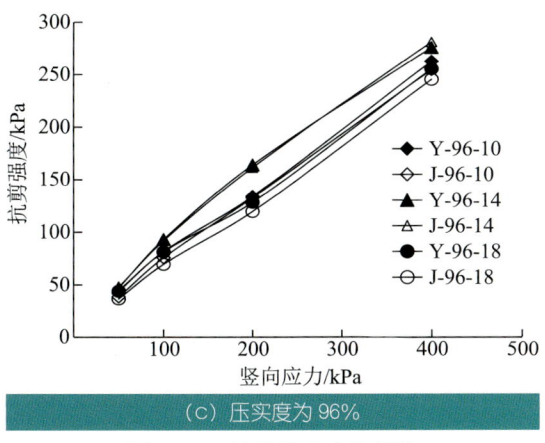

(c) 压实度为96%

图 2-14 抗剪强度变化规律

为更清晰地看出制样方法及含水率对粉土试样强度参数黏聚力 c、内摩擦角 φ 的影响规律，分别将不同制样条件的黏聚力和内摩擦角绘于同一图中，如图 2-15 所示。图 2-15（a）和图 2-15（b）分别为两种制样条件下黏聚力、内摩擦角与含水率的关系曲线。

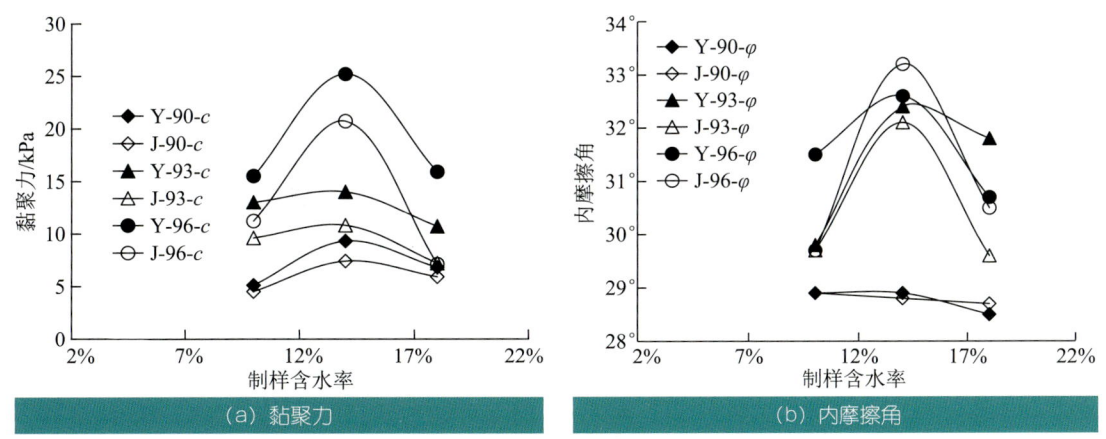

(a) 黏聚力　　　　　　　　　　　　(b) 内摩擦角

图 2-15 黏聚力和内摩擦角变化规律

可以看出，不同制样条件下的粉土，无论是黏聚力还是内摩擦角，均在最优含水率14%时最大。就制样方法对黏聚力和内摩擦角的影响而言，压实样黏聚力 c 均高于击实样，且变化幅度随压实度的增加而增加，如随着压实度的增加，90%、93%和96%压实度下，击实与压实方法所得黏聚力的变化幅度分别为18.1%、37.9%和61.4%；内摩擦角的变化规律则较为复杂。另外，随着含水率的增加，两种制样方法由于成样时间不同，试样内部水分迁移作用差异较大，所以试样密实过程中内部孔隙发展规律也不尽相同，这也是影响试样强度参数的重要因素。

2.5 三轴剪切试验结果与分析
2.5.1 应力-应变关系曲线

不同制样含水率（w=10%、14%、18%）下静力压实和动力击实试样的应力-应变关系曲线如图2-16所示。图2-17和图2-18为w=10%时两种制样方法土样的剪切破坏照片。图2-16中的50、100、150、200表示固结围压，如Y-90-14-50表示静力压实法制得的压实度为90%时w=14%的试样，固结围压为50 kPa。ε_1是轴向应变，$\sigma_1-\sigma_3$是偏应力值。

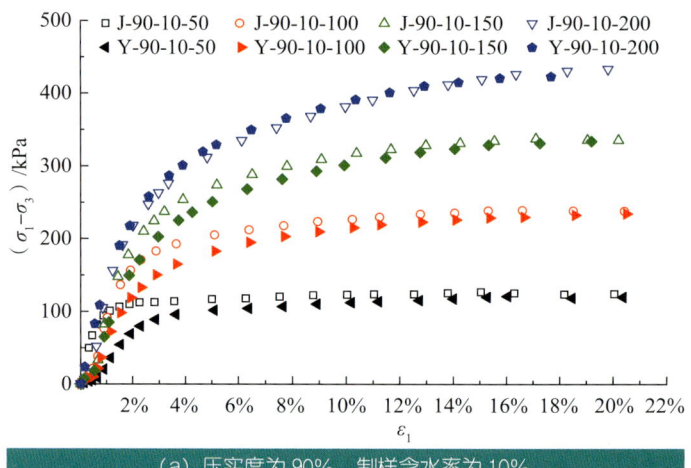

（a）压实度为90%，制样含水率为10%

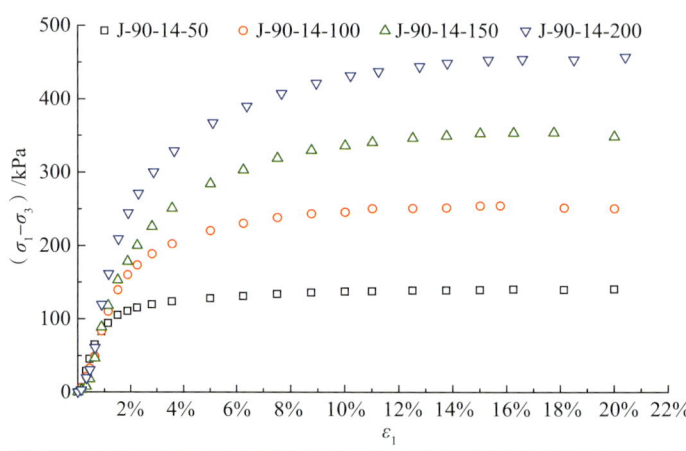

（b）压实度为90%，制样含水率为14%

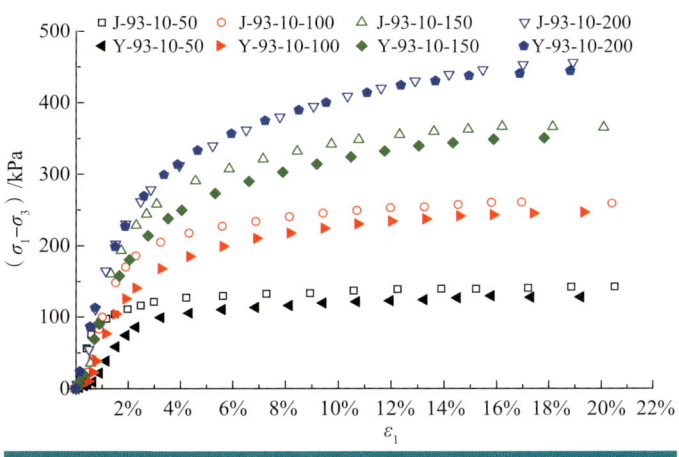

（c）压实度为93%，制样含水率为10%

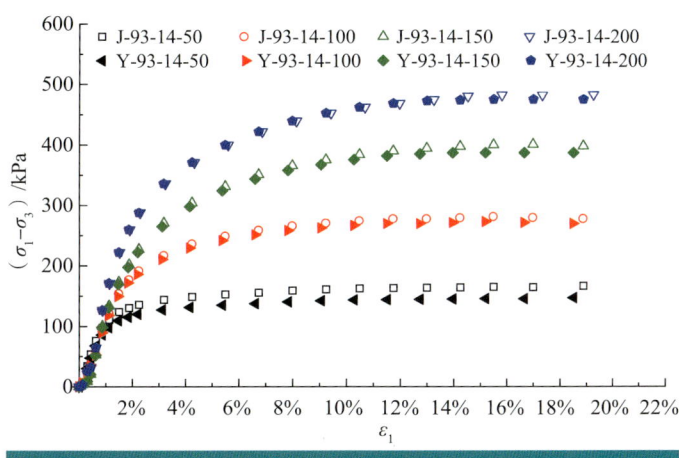

（d）压实度为93%，制样含水率为14%

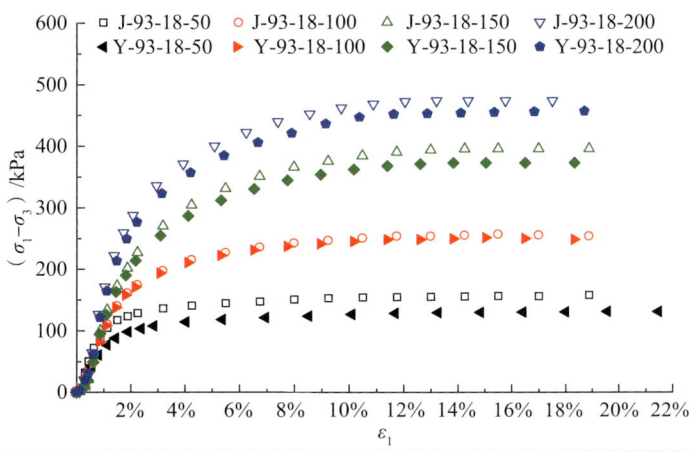

（e）压实度为93%，制样含水率为18%

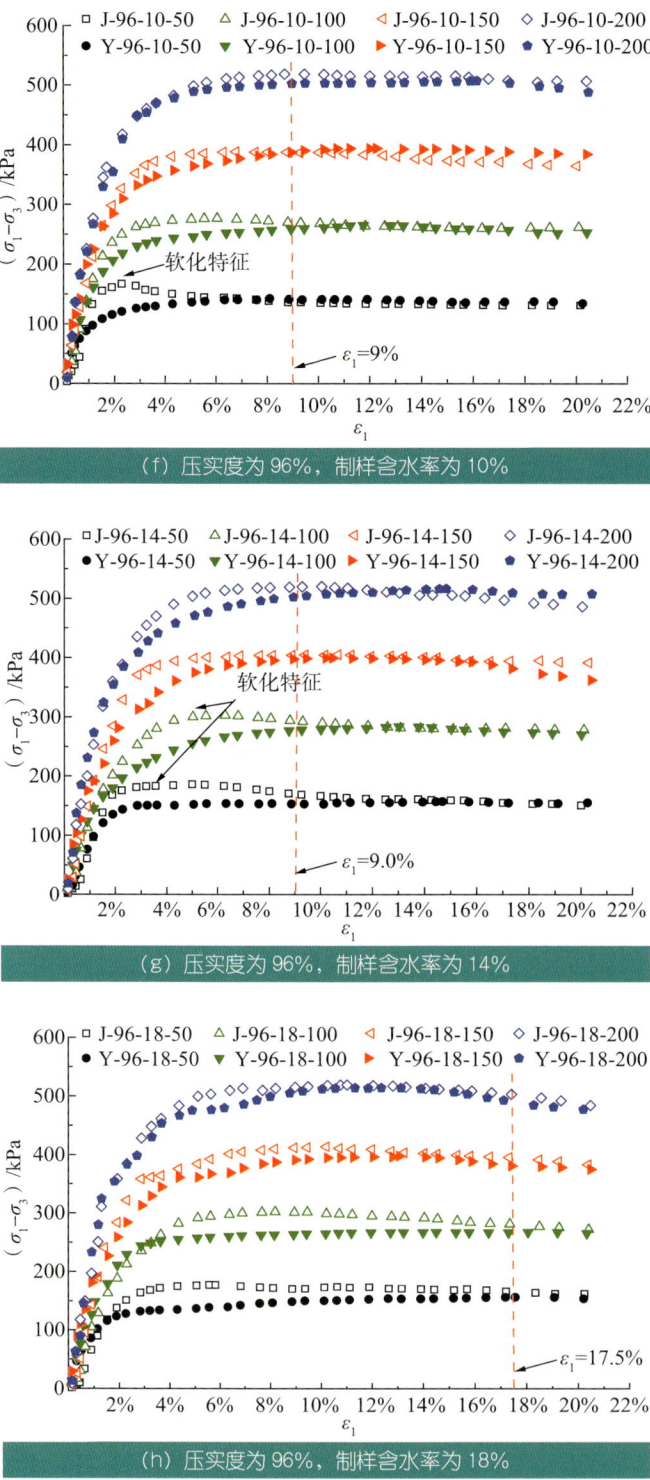

图 2-16 应力－应变关系曲线

图 2-17 压实度为 90% 的剪切破坏照片

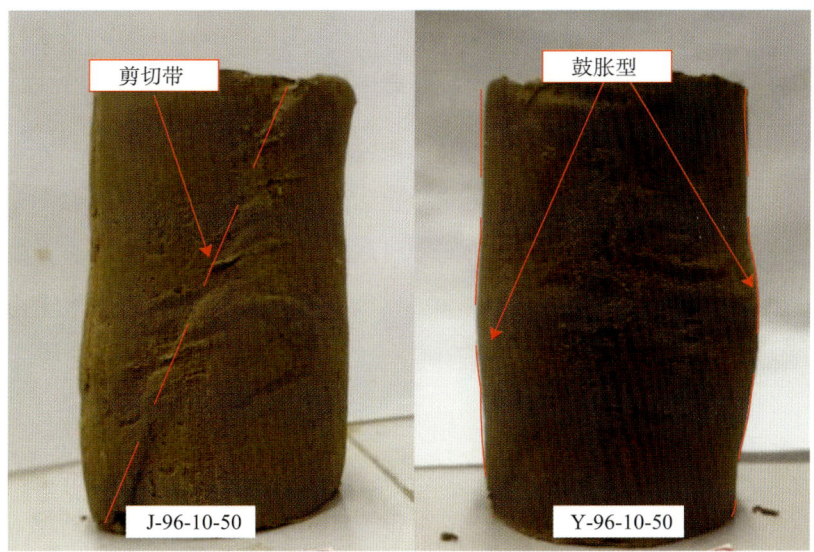

图 2-18 压实度为 96% 的剪切破坏照片

可以看出，在试验压实度范围内，制样方法对遗址粉土力学特性影响显著。以压实度 90% 为例，在制样含水率为 14% 时，击实样饱和后可进行后续三轴剪切试验，而压实样饱和后无法装样（图 2-19）。同时，粉土应力-应变关系曲线形态与干密度有关。当压实度为 90% 时，应力-应变关系呈应变硬化型，而当压实度增加至 96% 时，动力击实样则出现应变软化现象。由于压实度为 90% 时粉土三轴剪切试验结果不全面，压实度为 93% 和 96% 时粉土三轴剪切试验结果规律类似，下面以压实度为 96% 的粉土样三轴剪切试验结果为例着重进行分析。

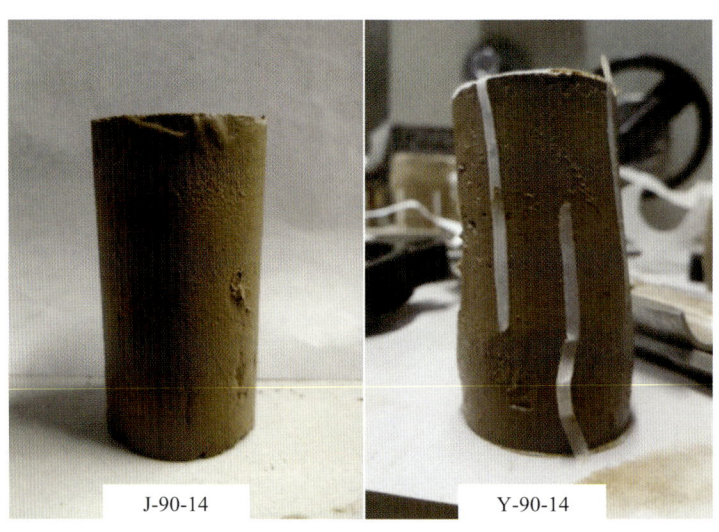

图 2-19 压实度为 90%、含水率为 14% 的粉土试样饱和后照片

击实和压实制样方法及制样含水率对粉土应力 – 应变关系曲线的影响与围压有关。具体表现为，在低围压时（50～100 kPa），击实和压实样应力 – 应变关系曲线形态差异明显，当 w=10%～14% 时，压实样应力 – 应变关系曲线表现出硬化型发展特征，呈鼓胀型破坏（图 2-18），为塑性破坏形式，而击实样应力 – 应变关系存在应力峰值，表现出一定的软化特征，剪切破坏时具有明显的剪切带（图 2-18），呈脆性破坏型；制样含水率增大至 18% 时，两种制样方法应力 – 应变关系曲线形态特征较为相似，均呈硬化型发展。在较高围压时（150～200 kPa），各制样含水率下击实和压实样应力 – 应变关系曲线均呈应变硬化型且基本重合。

相同含水率下，击实和压实制样方法对土样应力 – 应变关系曲线的影响均在一定轴向应变范围内。例如，当含水率 w=10% 或 14% 时，击实与压实制样方法对土样应力 – 应变关系曲线的影响主要集中于 ε_1＜9.0% 段，当含水率 w=18% 时，则集中于 ε_1＜17.5% 段。

另外，在相同轴向应变下，击实样偏应力稍大于压实样，但在图 2-16（h）中制样含水率为 18% 的土样在低围压及应变小于 1% 的范围内，击实样偏应力小于压实样。由此也可看出，粉土应力 – 应变关系曲线的演化规律较为复杂，其受制样方法和制样含水率的综合影响。

2.5.2 剪切强度

对图 2-16 中试样的应力 – 应变关系进行整理，当存在峰值时，取峰值应力为试样强度；当无峰值时，取 ε_1=20% 所对应的应力为试样强度。同时，取试样破坏后的强度稳定值为残余强度。后文中的三轴抗剪强度取值方法同上，后文不再赘述。压实度为 93% 和 96% 时不同制样条件下粉土的抗剪强度如图 2-20 所示，但由于压实度为 93% 的粉土应力 - 应变关系曲线仅在低围压下有软应变软化现象，峰值强度与残余强度基本相同，故仅列出压实度为 96% 时粉土的残余强度。

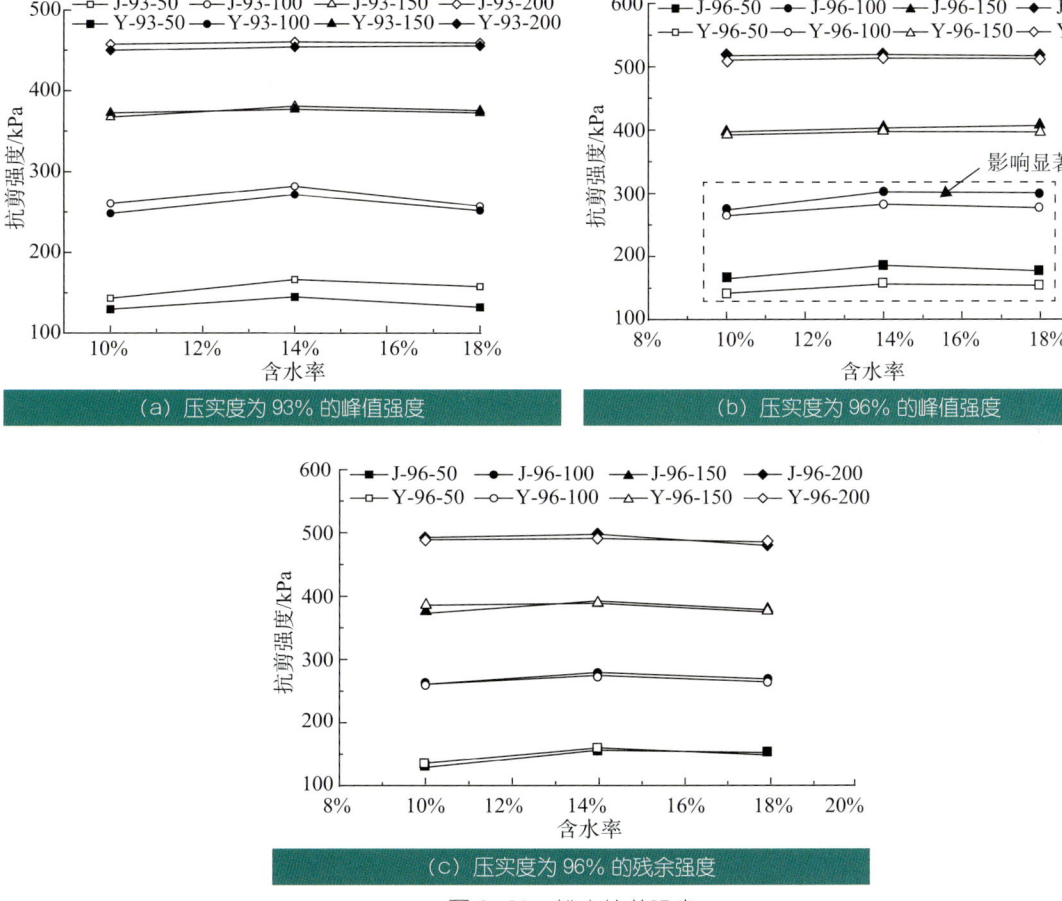

图 2-20 粉土抗剪强度

从图 2-20（a）和图 2-20（b）可以看出，在相同干密度条件、不同制样方法和制样含水率下，粉土抗剪强度有所不同，其影响主要集中于低围压（50~100 kPa）范围。以压实度 96% 为例，围压 50 kPa 以下，制样含水率为 10% 时，击实样偏应力峰值为 170.2 kPa，压实样为 139.8 kPa，降低约 17.9%。而 Magistris 等[118]的研究认为，制样方法及制样含水率对抗剪强度的影响可忽略，这与试验结果存在一定差异。分析其原因，与土样剪切前的固结应力大小有关。Magistris 等进行三轴剪切试验的固结应力为 98.1~392.4 kPa，而本书中最小固结应力为 50 kPa，且制样方法和制样含水率对

应力 – 应变关系及剪切强度的影响主要体现在围压 50 kPa 和 100 kPa 条件下。可以推测，由于制样条件（制样方法和制样含水率）不同所造成的粉土样孔隙结构差异，经较大围压（大于 150 kPa）固结后趋于相同[173]，而小围压、不同制样条件下土样孔隙特征存在差异。这也进一步说明，在粉土浅层填筑工程中，应注意室内制样方法及现场施工含水率条件对土体力学特性的影响。

在制样含水率由 10% 增大至 18% 时，粉土抗剪强度在最优含水率（$w=14\%$）时达到最大值。具体表现为，含水率由 10% 增加至 14% 时，含水率的影响较大，而含水率由 14% 增加至 18% 时，其影响较小。制样含水率的影响主要体现在 10%～14% 的范围内。例如，对于压实度为 96% 的土样，固结围压为 50 kPa 的静力压实土样，制样含水率由 10% 增加至 14% 时，其抗剪强度增加约 11.3%，而含水率继续增大至 18% 时，其抗剪强度则仅变化 1.6%。就强度特性而言，现场施工中粉土可采用稍大于最优含水率的土料进行填筑。

图 2-21（c）为压实度为 96% 时不同制样条件下土样的残余强度。可以发现，击实和压实制样方法对残余强度的影响可忽略；制样含水率在围压为 50 kPa 时对残余强度有一定影响，但随着围压增大，影响幅度变小。

2.5.3 强度参数

表 2-7 给出了不同制样条件下试样的抗剪强度参数 c、φ 及残余强度参数 c_r、φ_r。由表 2-7 可看出，无论何种压实度，粉土强度参数与制样方法密切相关。具体表现为：

①粉土的黏聚力 c 值受制样方法及含水率影响均十分显著，而内摩擦角 φ 值受其影响较小。

以压实度 96% 为例，就制样含水率而言，两种制样方法所得试样黏聚力 c 值在最优含水率下最大，在 $w=18\%$，$w=10\%$ 时最小，击实和压实试样黏聚力 c 值因制样含水率所引起的最大差异值分别为 86.2%、62.3%，可见击实样受制样含水率的影响更为明显。就制样方法而言，$w=10\%$、14%、18% 时，击实样黏聚力 c 值均明显高于压实样，差异值分别为 69.1%、92.9% 及 115.9%。

②就残余强度参数而言，制样含水率的影响幅度高于制样方法。例如，压实度为 96% 时，相同制样含水率下，不同制样方法所得残余黏聚力差值最大为 0.7 kPa，残余内摩擦角差值最大为 0.9°；而相同制样方法下，不同含水率所得残余黏聚力和残余内摩擦角差值最大为 6.2 kPa 和 1.1°。还可看出，制样方法对粉土残余黏聚力和内摩擦角的影响均较小；而制样含水率仅对粉土残余黏聚力有较大影响。因此，制样方法等因

素对粉土强度参数的影响主要集中于一定应变范围内,当达到残余应变幅度时,其对强度参数的影响可忽略;而制样含水率对试验轴向应变范围内的力学特性均有影响。

③分析三轴剪切所得强度参数(尤其是黏聚力 c 值)与制样方法的关系,发现其与直接剪切所得规律相反,即击实样三轴剪切试验所得黏聚力 c 值大于压实样,而直接剪切试验结果表明,击实样黏聚力 c 值小于压实样。分析认为,这与制样过程所致土样的各向异性有关,这将在后文中详细讨论。

表 2-7 抗剪强度参数

压实度	w	黏聚力 /kPa		内摩擦角		残余黏聚力 /kPa		残余内摩擦角	
		J-c	Y-c	J-φ	Y-φ	J-c_r	Y-c_r	J-φ_r	Y-φ_r
96%	10%	11.6	6.9	32.6°	33.4°	4.2	4.5	31.8°	32.0°
	14%	21.6	11.2	31.6°	32.9°	10.4	9.7	31.9°	32.4°
	18%	19.0	8.8	32.1°	33.1°	8.7	8.3	32.2°	31.3°
93%	10%	12.5	8.9	30.8°	30.8°	—	—	—	—
	14%	17.9	11.0	31.3°	31.7°	—	—	—	—
	18%	13.4	8.1	31.5°	31.5°	—	—	—	—
90%	10%	8.6	6.2	30.2°	30.2°	—	—	—	—
	14%	11.3	—	30.8°	—	—	—	—	—
	18%	—	—	—	—	—	—	—	—

注:"—"为试验未得到相关数据。

2.6 不同制样条件下粉土的孔隙分布特性

图 2-21 给出了压实度为 96% 的不同制样含水率粉土样的孔径分布密度。

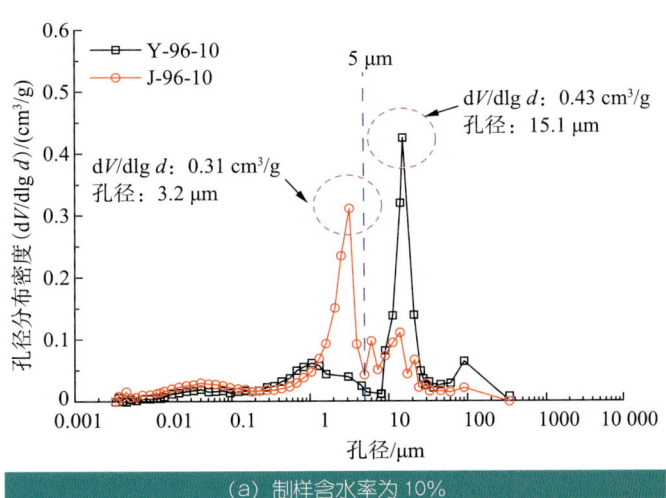

(a) 制样含水率为 10%

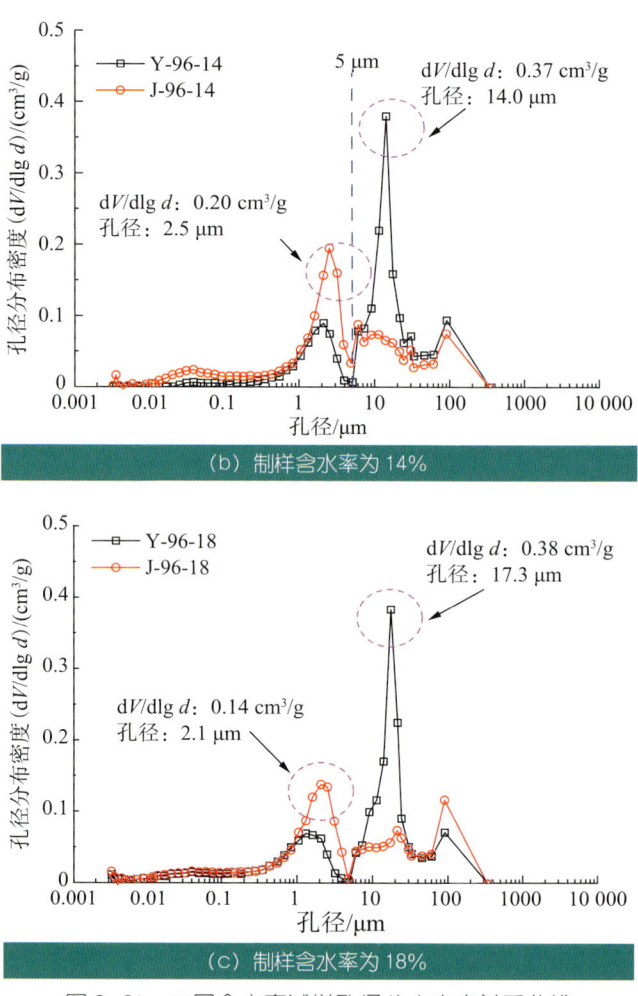

图 2-21 不同含水率试样孔径分布密度关系曲线

由图 2-21 可发现，击实和压实样的孔隙分布密度关系曲线虽整体呈 3 峰结构，但其结构形态及主要孔径分布范围均存在差异。主要表现为，与击实样相比，压实样的孔径分布密度关系曲线呈整体向右平移趋势，峰值孔径及分布密度增大。例如，制样含水率为 10%、14% 和 18% 时，击实样峰值孔径分别为 3.2 μm、2.5 μm 和 2.1 μm，而压实样则为 15.1 μm、14.0 μm 和 17.3 μm，且其分布密度也有所增大，由 0.31 cm³/g、0.20 cm³/g 和 0.14 cm³/g 增大至 0.43 cm³/g、0.37 cm³/g 和 0.38 cm³/g。

土的宏观力学特性不仅受土体孔径分布的影响，与相对孔径含量也联系紧密[174]。故根据试验所得孔隙分布特征，并参考 Shear 等[175] 的孔隙划分标准，将土的孔隙划分为 4 个类别，分别为团粒间孔隙（＞60 μm）、团粒内孔隙（5～60 μm）、颗粒间孔隙（0.4～5.0 μm）、颗粒内孔隙（＜0.4 μm）。据此，得到不同制样条件下各类孔隙体积比例，如图 2-22 所示。

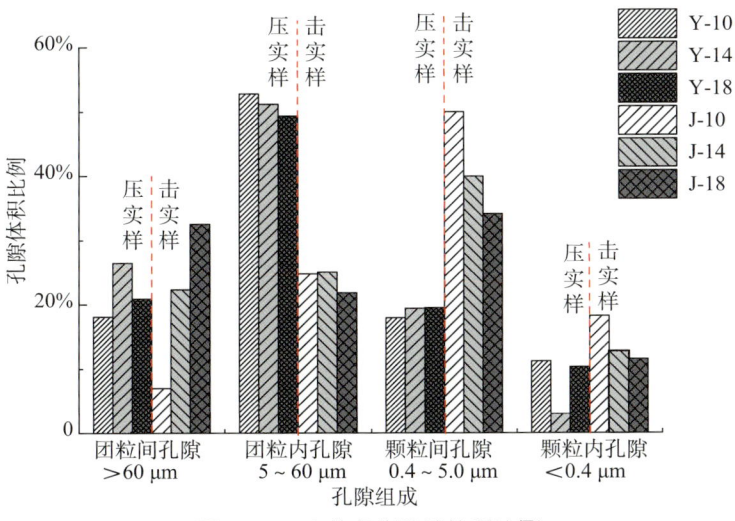

图 2-22　土的各类孔隙体积比例

结合图 2-21 和图 2-22 进行分析可知以下结论。

首先，制样方法对于土的各部分孔隙均存在影响。主要表现为，压实样主要孔径为团粒内孔隙（5~60 μm），占总孔隙比例的 50.2% 以上，击实样主要孔径则为颗粒间孔隙（0.4~5.0 μm）。结合图 2-20 和表 2-7 中各围压下试样的抗剪强度及黏聚力 c 值变化规律认为，虽然试样的控制干密度相同，但压实样的主要孔径及比例较击实样大，形成该部分孔隙的土颗粒间距增大会减少颗粒间的接触面积，从而影响颗粒间的连接强度，宏观表现为土的黏聚力变小，抗剪强度降低。

其次，制样含水率对击实土样孔径分布的影响大于对压实样的。主要表现为，对于击实样，小于 5 μm 孔径范围内孔径分布密度峰值随含水率的增加呈变小趋势，而大于 60 μm 孔径范围内孔径分布密度峰值呈增大趋势；对于压实样，不同制样含水率下土样孔隙分布密度关系曲线整体相似度较高，仅分布密度峰值略有差异，但主要孔径范围不变（5~60 μm）。值得说明的是，不同制样含水率压实样孔隙分布密度及分布比例基本相同，但表 2-7 中黏聚力却有较大差别，分析认为，这与具有特殊颗粒级配的粉土在压实过程中颗粒移动、调整幅度有关，这将在第 2.7 节详细讨论。

最后，初始剪切阶段土的应力－应变特性与团粒间孔隙有关。团粒间孔隙含量越大，初始剪切模量越小。对于压实样和击实样，w=18% 时其团粒间孔隙含量分别为 20.7% 和 32.4%，即压实样初始剪切模量大于击实样。这与图 2-17 中应力－应变关系曲线变化规律一致。

2.7 粉土力学特性的影响机制

室内试样制备过程中，不同的加载方式（静力、动力）会使土样具有不同的初始结构。Papadimitriou 等[41]在对砂土制样方法的研究中发现，相同的干密度下，不同制样方法所得试样孔隙分布及各向异性存在差异。贾敏才等[176]在对不同夯击次数下砂性土颗粒定向性进行研究后也认为，在夯击作用下，砂性土细观上呈颗粒无序排列到定向排列的变化过程。施斌[177]在对击实黏土微观结构的研究中发现，击实过程可使黏土颗粒发生定向排列。粉土介于黏土与砂土之间，在相同控制干密度和含水率条件下，静力压实和动力击实两种制样方法所得粉土样试验结果存在差异。这与粉土的孔隙分布及颗粒排列（各向异性）有关。

为分析制样条件对粉土结构的影响机制，首先对土样进行扫描电镜测试，如图2-23所示。在放大2000倍的情况下可明显看出此类粉土粒径较为单一，颗粒形态以圆形、椭圆形及扁平颗粒为主。根据高国瑞[166]对土结构类型的划分，粉土为粒状结构体系，粉粒为结构的骨架颗粒，部分黏粒填充或连接在颗粒间，部分黏粒则包裹在粉粒或碎屑颗粒表面形成微团聚体，结构连接形式以接触连接为主。

根据图2-23中粉土颗粒形态及接触状态，绘制静力压实和动力击实制样过程中土颗粒调整情况，如图2-24所示。下面以压实度为96%的粉土为例，从制样过程中土样的孔隙分布变化规律及颗粒排列调整两方面探讨不同制样条件下粉土力学特性演化的微观机制。

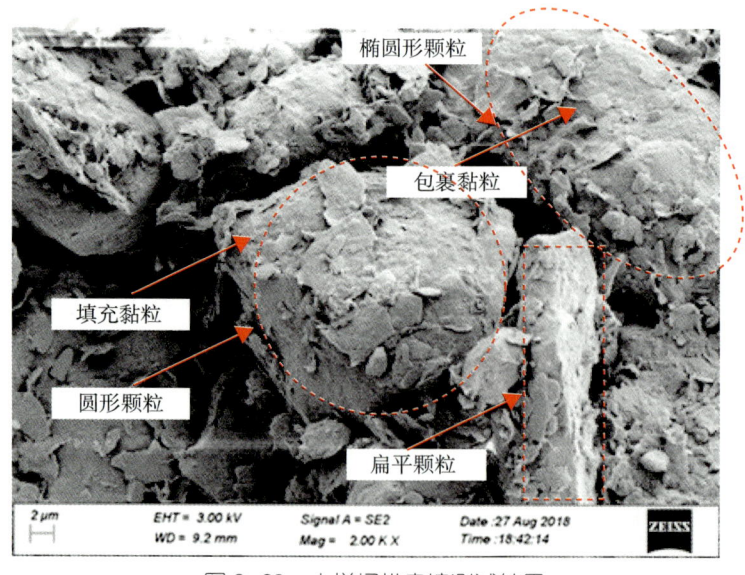

图2-23 土样扫描电镜测试结果

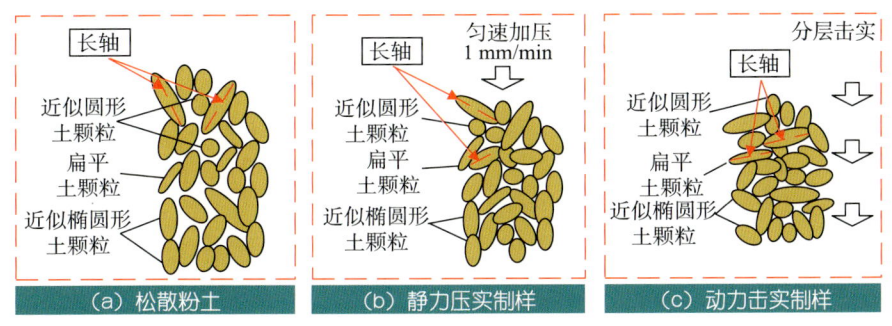

图 2-24 制样过程中土颗粒调整情况

对于动力击实法制样，在冲击荷载作用下，$w=10\%$ 时由于颗粒间水膜较薄，粒间引力较大，阻碍了颗粒的相对位移和定向排列。粉土颗粒表面片状黏粒很薄，冲击荷载易造成包裹在粉粒外的部分黏粒被破坏，进而粉粒与粉粒间接触点增多，在持续夯击作用下，这会产生一定的颗粒破碎现象，而破碎颗粒填充较大孔隙，这与刘先珊等[178]、商玉洁等[179]发现颗粒刚度较大时更易吸收外界荷载进而颗粒破碎的结论一致，同时这一点与图 2-22 中 $w=10\%$ 时击实样团粒间孔隙含量明显低于 $w=14\%$ 和 $w=18\%$ 试样，而颗粒间孔隙含量却高于二者相对应；而 $w=18\%$ 时，土颗粒表面包裹的黏粒水膜较厚，颗粒方向虽更容易发生改变，但由于团聚体中粉粒起主导作用，团聚体整体强度变化不大，其颗粒偏转仅限于包裹黏粒厚度范围，加上冲击荷载下颗粒及团粒间自由水及气排出受阻[10]，颗粒定向排列反而更加困难，较大孔隙含量增大，这也在图 2-23 中 $w=18\%$ 时击实样团粒间孔隙含量高于 $w=10\%$ 和 $w=14\%$ 试样的结论中得到了很好的反映。此外，施斌[177]认为击实法所得黏性土样，随含水率增加其各向异性排列更易实现，这与试验结论不一致，分析认为，这与粉土特殊的颗粒级配及组构特征有关。究其原因，黏性土在初始拌土制样时团聚体强度随含水率增加而显著衰减，即制样含水率越高，团聚体结构强度越弱，击实过程中黏粒定向排列越容易，黏性土微观结构的整体定向性充分显现[177]。对于粉土而言，粉粒含量高达 82.37%，不同含水率下其团聚体均呈松散状，且粉土样中粉粒为骨架结构，颗粒调整过程中粉粒占主导地位，从而导致击实作用下不同含水率下粉土的颗粒调整后其各向异性与黏土存在差别。

进一步分析发现，图 2-17 中粉土应力-应变关系曲线中的应变软化性主要体现在动力击实土样（低围压下）。在击实样制备过程中，每次锤击均为冲击荷载，在土样松散时，纵波起主要作用；当每层土样接近密实状态时，夯击产生的横波和表面波增加，此时，夯击作用主要消耗于剪切变形中[176]。也就是说，密实土颗粒在动力波的振动下不但颗粒间距缩小，而且由于动力剪切作用，颗粒的排列方式也将发生改变。此时，粉土样中的椭圆及扁平状颗粒容易向稳定趋势偏转，即夯锤下方土颗粒长轴方向偏于竖直方向的颗粒减少，偏于水平方向的颗粒增多[176-177]。由于击实样中更多的扁平及近似椭圆土颗粒呈现定向排列（图2-24），且竖向加荷方向与颗粒定向排列方向垂直，所以其抵抗外部荷载的能力增强，强度较压实样大，加之孔隙含量较压实样少，在剪切过程中应力-应变关系曲线更易出现应变软化特征。

而对于静力压实法制样，在压力机的缓慢上升（1 mm/min）过程中模具内部散土逐渐密实，由于静力压实过程较慢，团聚体间距调整时间较长，颗粒及团聚体间自由水及气易于消散，压实制样过程只是静态缩小了其间距，嵌固形式与初始散土颗粒接近，颗粒呈随机排列状态。因此，虽然不同制样含水率（w=10%、14%和18%）下粉土达到控制干密度时所需压力不同，但整体上颗粒调整幅度有限，土样中孔隙分布差异较小。但表2-7中静力压实样黏聚力变化幅度也高达62.3%，这看似与土样孔隙分布（图2-22）相矛盾，实则与压实过程中粉土颗粒定向排列程度有关。在静力压实法制样过程中，竖直方向大主应力作用可能会导致粒状结构体系粉土样中近似圆形、近似椭圆及扁平状团聚体/颗粒沿水平向定向排列（图2-24），但由于不同含水率下粉土颗粒移动、偏转难易程度有区别，压实粉土样中颗粒定向排列度存在一定差异。在最优含水率下，土颗粒表面水膜厚度适中，压实过程中土颗粒偏转较容易，进而造成颗粒水平向排列程度较高，其抗剪强度和黏聚力c最大。但由于其制样过程中竖向方向大主应力维持时间较短，整体定向排列程度与经历多次冲击荷载作用击实样的相比仍较弱（图2-24），因此，压实样应力-应变关系曲线均呈应变硬化型，且抗剪强度和黏聚力c小于击实样。

事实上，动力击实与静力压实制样方法所得土样力学特性变化规律受孔隙分布及土颗粒定向排列状态的综合影响。在击实和静压作用下，击实和压实样颗粒间距减小，并形成了不同颗粒定向排列程度的初始组构。就其对剪切过程的影响而言，在剪切初始阶段，制样方法所导致的团粒间大孔隙比例差异起主导作用，剪切应力尚不足以克服制样所致初始各向异性结构。即团粒间大孔隙比例越大，初始剪切模量越小，剪切初期相同轴向应变下其偏应力越小；随着剪切的进行，颗粒间错动、咬合及摩擦效应增大，此时，颗粒的定向排列程度逐渐开始发挥作用，定向排列程度强的击实土样偏应力迅速增大，伴随着剪胀作用的出现，应力-应变关系的软化特征逐渐显现，而颗粒定向排列相对较弱的压实土样偏应力随轴向应变的增加而增大，应力-应变关系呈应变硬化型发展；随着轴向应变的进一步增大，剪切破坏带（面）逐渐形成，此时，无论是击实样还是压实样，其抗剪强度完全由土颗粒间的摩擦作用承担，不同制样方法下其较大应变时的偏应力逐渐趋于相同。这与本书中图 2-16 和图 2-20 的研究结果相吻合。

三轴剪切试验与直接剪切试验所得强度及其参数的变化规律相反，这看似与上述机制分析相矛盾，实则很好地印证了击实过程可导致粉土样产生各向异性的推测。三轴剪切和直接剪切过程中土颗粒的排列及滑动过程如图 2-25 所示。

可以看出，直接剪切时，由于土样沿着水平面剪切并产生一定位移，剪切过程中破坏面固定。由于动力击实制样过程中，长轴水平向土颗粒较多，而直接剪切时恰好是其薄弱面，在剪切力作用下接触点合力的倾角较大，抵抗剪切分量小，故其抗剪强度较低。而压实样定向排列性较差，土颗粒排列方向呈随机状，颗粒间接应力的倾角较小，抵抗剪切分量大，直接剪切时土颗粒错动、攀爬等较为困难，故其直接剪切强度较击实样高。同理，对于三轴剪切试验，由于击实样水平向排列土颗粒较多，类似于原状天然沉积土，在剪切过程中其剪切面不固定，其沿着土样中最薄弱面产生破坏，如图 2-25 中 CD 所示，此时，在剪切力的作用下其颗粒间应力的倾角更小，抵抗剪切分量更大，剪切更加困难，抗剪强度更高。李广信等对天然沉积正常固结黏土沿不同方向切取土样进行剪切试验，结果表明，剪切面与试样沉积层面垂直时抗剪强度最高[42]。因此，在粉土类工程施工时，若采用压实制样直接剪切方法所得参数，而实际施工过程为击实时，偏于不安全；若采用三轴剪切参数，则偏于浪费。同理，若室内采用击实制样而实际施工为压实过程时，规律则相反。故在土遗址修复工程设计施工中，需根据其可能出现的破坏形式及现场施工方法综合确定粉土强度参数。

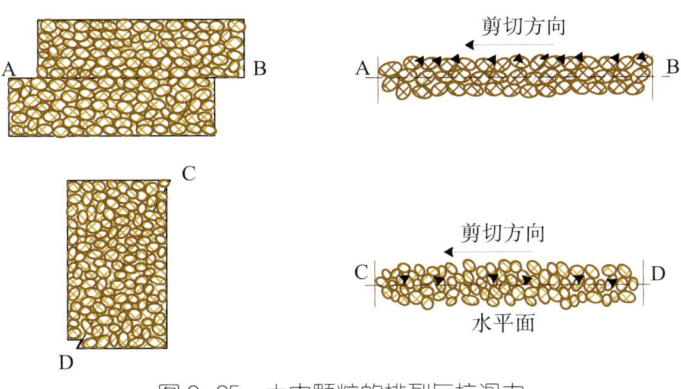

图 2-25　土中颗粒的排列与抗滑力

2.8 本章小结

以中原地区典型遗址粉土为研究对象，采用静力压实法和动力击实法制备不同初始含水率的直接剪切和三轴剪切试样并进行剪切试验，结合压汞及扫描电镜试验分析两种制样方法所得土样孔隙特征，探究制样方法、含水率及干密度对粉土力学特性的影响机制。主要结论如下：

①直接剪切试验结果表明，压实试样抗剪强度高于击实试样，且最优含水率下，试样抗剪强度差异最小；随着制样含水率的提高，其对土样强度的影响也逐渐增大。不同制样条件下的粉土，无论是黏聚力还是内摩擦角，均在最优含水率14%时最大。就击实和压实制样方法的影响而言，黏聚力 c 均为压实样高于击实样，且变化幅度随干密度的增加而增加。

②三轴剪切试验结果表明，在制样干密度范围内，静力压实和动力击实两种制样方法对粉土力学特性均有显著影响。静力和动力制样方法及制样含水率对土样应力-应变关系的影响与围压有关。低围压及低含水率下的动力击实土样应力-应变关系曲线多呈应变软化型和脆性破坏，而静力压实土样则在试验围压范围内均呈应变硬化型和塑性破坏；较大围压时其应力-应变关系曲线则基本重合。制样方法和制样含水率对粉土抗剪强度的影响主要集中于低围压（50~100 kPa）范围。在试验含水率范围内，粉土抗剪强度在最优含水率（w=14%）时达到最大值。

制样方法和制样含水率均对其抗剪强度参数影响显著。各制样含水率下击实样 c 高于压实样；两种制样方法所得试样的黏聚力 c 均在最优含水率（w=14%）时最大。制样方法对粉土残余黏聚力 c_r 的影响可忽略，而制样含水率对残余黏聚力 c_r 有一定影响。各制样条件下土样的内摩擦角 φ 和残余内摩擦角 φ_r 均变化很小。

③压汞试验结果表明，制样方法对粉土样孔隙分布有一定影响。与动力击实样相比，静力压实样的孔径分布曲线呈整体向右平移趋势，峰值孔径及分布密度增大，其主要孔径范围由动力击实样的 0.4~5.0 μm（颗粒间孔隙）变化为静力压实样的 5~60 μm（团粒内孔隙）。

④制样条件除对土样孔隙分布有影响外，静力和动力加载方式还会影响不同含水率粉土中颗粒的定向排列程度。静力压实和动力击实粉土样力学性状差异受其孔隙分布与颗粒定向排列程度影响。这也是粉土力学特性变化规律复杂的原因之一，研究尤其有助于解释不同制样含水率下静力压实样黏聚力较大的变化幅度和动力击实样的应

变软化现象。

⑤直接剪切试验动力击实样的抗剪强度及参数比静力压实样小，而三轴剪切试验结果却截然相反，这可通过制样过程对土样各向异性产生了影响进行合理解释。在进行粉土填筑类工程施工时，就强度参数的选择而言，需结合现场施工方法及可能出现的破坏形式综合考虑。

第三章　遗址粉土力学特性的干湿循环次数效应

3.1　引言

土遗址由于长期暴露于自然环境中，土体性能劣化，加之外部因素触动使其逐渐产生剥落、掏蚀、坍塌等病害[22]。其中，遗址本体性能劣化是其病害产生及发展的主要原因，而毛细水的反复作用又是中原地区土遗址本体性能劣化的重要因素。雨季降雨积水、地下水位的反复升降及遗址分布区农田灌溉都会造成毛细水对土遗址的反复干湿循环作用，影响遗址粉土的力学特性及其微观结构，降低土遗址的抗风蚀、冻融侵蚀及温度变化的能力。已有研究结果表明，干湿循环过程中的吸湿－脱湿方法、温度控制、烘干－脱湿速率等对土力学特性影响较大。因此，针对中原地区土遗址赋存环境，设计符合其真实水环境的反复干湿循环试验方法，对于研究毛细水干湿循环作用下遗址本体强度及变形特性的演化机制，以及深入了解土遗址的灾变机制具有重要意义。

土的抗剪强度包络线多呈非线性特征，低应力条件下土的抗剪强度明显偏低。现有土遗址的抗剪强度研究以常规应力（50~400 kPa）范围为主[22, 179]，这将不利于工程安全。综上所述，以中原地区典型遗址粉土为研究对象，通过土柱模型的反复吸水－烘干（低温）过程模拟土遗址的毛细水干湿循环过程，对相应循环次数的土柱模型进行取样，完成围压 10~400 kPa 范围内的三轴固结排水剪切试验。通过压汞、扫描电镜及核磁共振试验对各循环次数下样品的微观结构进行分析，探究毛细水干湿循环作用下遗址粉土力学特性的演化机制。

3.2　河南地区典型土遗址赋存环境

土遗址从病害形成到完全消失都无法摆脱气候因素及本体材料特性的控制，因中原地区气候特征与西北干旱区干旱、少雨、多风和高蒸发量的气候特点有所不同，土遗址的赋存状态及病害发育机制也与西北干旱区域土遗址存在显著的差异[9]。本书对河南省境内新密古城寨、苑陵故城等5处典型土遗址进行病害特征调研与分析，发现根部掏蚀及其诱发病害在调研区域土遗址中普遍存在，病害发育特征较为相似，如图1-4（a）、图1-4（b）所示。分析其病害机制及发育过程需综合考虑土遗址本体的材料性能与主要环境因素，从内因和外因两个方面明确土遗址的赋存状态和破坏机制，进行系统的评价与论断。

河南省属暖温带 – 亚热带、湿润 – 半湿润季风气候，冬季寒冷雨雪少，夏季炎热雨丰沛，平均年降水量为500～900 mm，主要集中在夏季，常有暴雨[10]。而河南省地处黄泛区，表层多为第四系全新统冲积层粉土、粉细砂，所以境内土遗址多为粉土夯筑。粉土由于具有特殊的级配特征、颗粒骨架结构稳定性差、毛细管路通畅，因而具有较强的水敏性。土遗址长期暴露于自然环境中，尤其是在夏季炎热多雨气候条件下，降雨、地下水及农田浇灌等反复作用，遗址本体力学性能的劣化效应明显，强度及变形参数衰减幅度较大，容易引起土遗址的掏蚀、裂隙、坍塌等病害。

为了分析调研区域典型土遗址的病害影响因素，本书对新密古城寨遗址3个断面含水率随高度变化的关系进行了整理与分析，如图3-1所示。可以发现，土遗址城墙断面各高度处在1月含水率最低（$w=3.6\%～7.8\%$），其次为5月（$w=5.4\%～14.8\%$），在9月时含水率达到最高（$w=6.4\%～20.0\%$）。土遗址本体含水量在高度为0～30 cm范围内基本相同，在高度60～90 cm范围内有所减少，高于100 cm后含水率基本保持不变。根部掏蚀病害多发生在土遗址根部50 cm范围内，该区域在各月中均保持较高的含水率，在9月时土体近乎饱和。

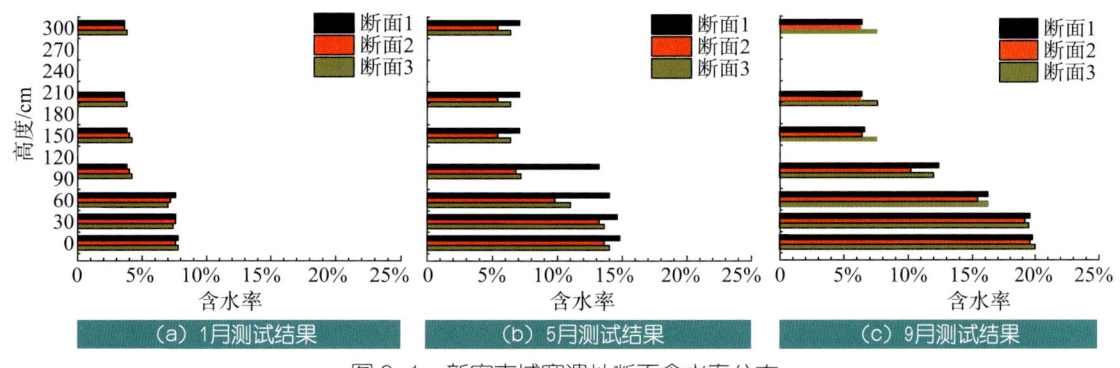

图3-1　新密古城寨遗址断面含水率分布

掏蚀病害是土遗址在风、雨、水、盐类活动等单独或组合作用下不断向遗址本体凹进形成的，是我国西北干旱区土遗址的一种典型病害，包括3种形式：酥碱、风力掏蚀和流水掏蚀[11]。其中，酥碱所造成的掏蚀主要是由于土遗址表面盐类溶出，聚集在墙体的表层和表面，在化学和物理的双重作用下，墙体逐层酥软脱落所致。对调研区域土遗址典型断面表面进行易溶盐分含量测试，如表3-1所示。为了便于比较，表3-1还列出了典型遗址断面的易溶盐含量[38, 59-60]。可以看出河南省内典型遗址的易溶盐含量较低，为0.05%～0.18%，远低于西北地区典型遗址断面的易溶盐含量。根据盐渍土的界定范围（易溶盐含量≥0.3%）及相关土遗址盐害阈值的研究成果（易溶盐含量为0.2%）[59]，可以认为盐害并非河南典型遗址掏蚀病害的主要诱发因素。对于西北干旱地区而言，风蚀和盐害是导致土遗址根部掏蚀的重要动力条件。但对于中原地区的土遗址，风力相对较小且有植被遮挡，不易对土遗址造成损坏。

表 3-1 典型遗址断面的易溶盐含量

分布区域	遗址名称	易溶盐含量	分布区域	遗址名称	易溶盐含量
西北地区	交河故城	5.1%	河南省	新密古城寨	0.18%
	西夏陵3号陵	3.8%		苑陵故城	0.05%
	锁阳城	3.6%		郑韩故城	0.12%
	西夏陵4号陵	3.5%		府城遗址	0.16%
	高昌故城	3.2%		荥阳故城	0.15%

因此，认为影响中原地区土遗址根部掏蚀的是降雨蒸发及温度作用，也就是土工试验中的干湿循环及冻融循环作用。另外，河南省冬季干燥，降雨量小（约占年总降水量的4.0%[10]），土遗址本体含水率低，此时冻融循环作用的影响相对较小；但其夏季降雨量大（占全年总降水量的50%以上[10]），且雨热同期，遗址根部土体易经受饱和-风干极端干湿循环过程，其对土体力学性能影响较大。结合区域赋存环境可知，中原地区典型土遗址的掏蚀病害主要是由于遗址粉土较强的毛细吸力，在富水环境下粉土本体性能易劣化，材料性能参数大幅衰减，在外营力作用下逐层脱落所致。因此，有必要针对河南省的环境特点，模拟真实应力条件下土遗址的水分迁移规律，定量分析干湿循环对土遗址本体性能的劣化规律和影响机制。

3.3 土柱制备及试验方法

3.3.1 土柱制备

为较真实模拟土遗址根部土体的干湿循环过程，自制可分层取样土柱试验装置，该装置采用 8 组高 10 cm、直径 20 cm 的半圆形带孔有机玻璃组块通过螺栓拼装而成，总高度为 40 cm，如图 3-2 所示。装置第 1 层为 10 cm 厚的碎石和粗砂，并在底部铺设土工布用于防止材料撒落。土柱中心设置开孔通气管并与开孔底板相连接。

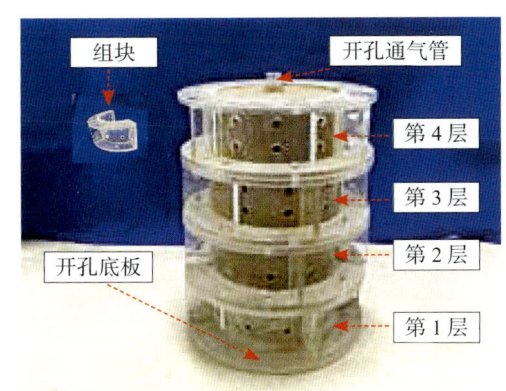

图 3-2　土柱试验装置

考虑到在土遗址保护加固工程设计中，夯补部分干密度不得小于未风化本体干密度[34]，所以经有关部门同意，从土遗址上获取了少量原状样。室内试验表明，其干密度为 1.63～1.71 g/cm^3，离散性较大，故以干密度 1.71 g/cm^3 进行试验。

土柱试验装置组装完成后，利用分层击实的方法进行制样，共 4 层，每层控制高度为 10 cm。考虑到在动力波的传播作用下，击实过程会对该层以下土体产生压密作用，采用试击的方式调整每层实际击实次数。为观察试击过程中各层土的下降高度，每层间隔 90°设置标尺。图 3-3 给出了每层 4 处控制点的最大、最小及平均下降高度值。

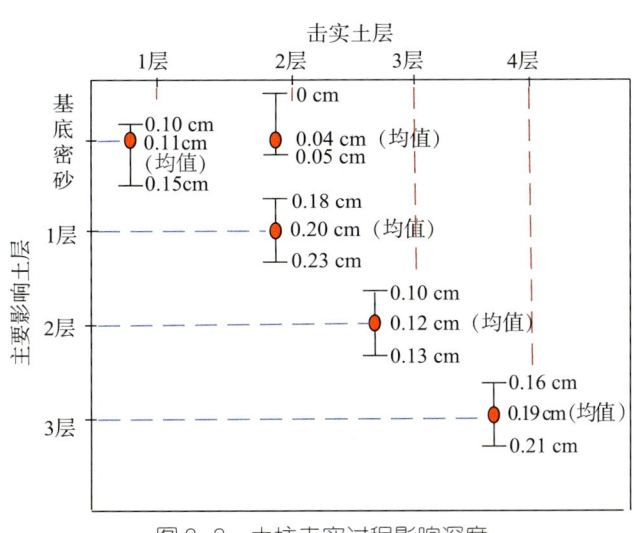

图 3-3　土柱击实过程影响深度

可以看出，击实第 2 层时，基底密砂下降高度均值为 0.11 cm；击实第 3 层时，影响区域主要为第 2 层和基底密砂，下降高度均值分别为 0.20 cm 和 0.04 cm；击实第 4 层时，影响深度主要为第 3 层，下降高度均值为 0.19 cm。据此，确定第 2～4 层的击实次数分别为 60 次、70 次和 60 次，最后实测其平均干密度为 1.69~1.71 g/cm³，满足试验要求。需要说明的是，第 4 层土柱并不用于后续三轴剪切试验，其主要作用为避免第 3 层土柱顶面直接与空气接触，保证下层（第 3 层）土柱的均匀性，从而使第 2 层和第 3 层土柱（取样层）的干湿循环过程基本相同，以减小试验误差。

3.3.2 干湿循环过程

土遗址根部积水后，在毛细水作用下产生竖向吸水增湿作用；进而，在太阳辐射作用下，城墙根部土体劣化区域（如掏蚀区等）产生侧向蒸发脱湿。为模拟现场环境条件下的吸脱湿作用，土柱干湿循环过程如图 3-4 所示，具体如下。

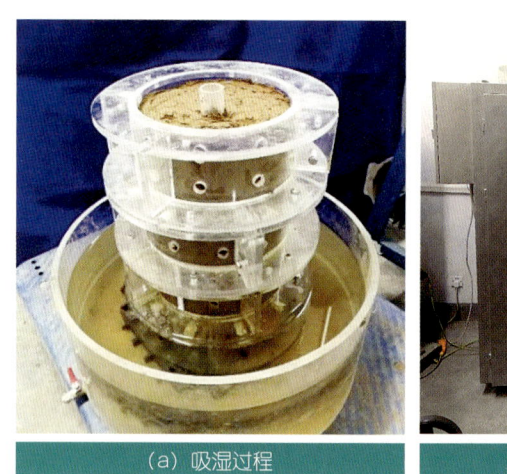

(a) 吸湿过程　　　　(b) 脱湿过程

图 3-4　土柱吸脱湿过程

吸湿过程：将土柱放入水槽内，水槽内水位与土柱底部碎石粗砂层齐平，通过毛细作用使土柱达到稳定含水率。吸湿过程中每天对水槽进行补水。由于土柱质量较大，考虑到称重过程对土柱的影响，1 天或 2 天对土柱进行 1 次称重，并记录土柱平均含水率。

脱湿过程：由于河南省郑州市历史最高气温达 43 ℃[180-181]，所以为较真实模拟土遗址现场气候条件，取烘干脱湿温度为 45 ℃，并采用定制大型烘箱进行烘干。土柱烘干过程中，取样层上下表面不与空气接触（第 3 层顶面与第 4 层土柱相连，第 2 层底面与土工布及第 1 层顶面相连），取样层外侧面直接与空气接触，以较真实模拟城墙本体受太阳辐射干燥作用。这里土柱平均含水率记录过程与吸湿过程类似。

经历 15 次干湿循环的土柱含水率变化过程如图 3-5 所示。可以看出，1 次干湿循环过程约需 1 个月。土柱首次吸湿稳定含水率达到最大值 19.8%，随后呈下降趋势，

9~15 次干湿循环作用时基本稳定，稳定值约为 17.6%。

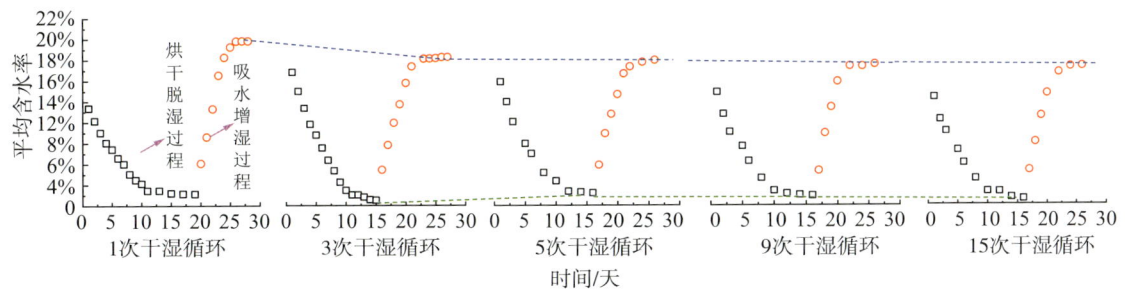

图 3-5　土柱干湿循环过程含水率变化

这可由 Kelvin 模型毛细方程进行解释[85]。

$$u_a - u_w = \frac{2T_s}{R_s}, \quad (3-1)$$

式中，$u_a - u_w$ 为基质吸力；T_s 为水的表面张力；R_s 为曲率半径。式（3-1）表明，水分迁移过程与毛细管液面曲率半径 R_s 有关。干湿循环作用使土柱产生微裂隙，且随着干湿循环次数的增加，微裂隙会扩展，造成颗粒孔隙增大，曲率半径增大，使得毛细水上升动力减弱，土柱吸湿稳定含水率下降。当干湿循环达到一定次数后，土柱逐渐形成新的稳定孔隙结构，其含水率趋于稳定。

3.3.3　土柱分层取样

土柱分层取样过程如图 3-6 所示。在满足设定干湿循环次数要求后，首先对湿土柱分层拆模；其次将 2~3 层土柱均分为 5 块，分别为位置 1~5，其中 4 块用于制备三轴试样，1 块用于核磁共振试验；最后将样品用保鲜膜包裹封存，放入保湿缸内。

图 3-6　土柱分层取样过程

为检验干湿循环后土柱干密度与含水率的均匀性,在取样过程中沿土柱高度方向 0 cm、5 cm、10 cm、15 cm 和 20 cm 高度(以第 1 层土柱顶部为基准),且每一高度取 5 处(图 3-6)进行干密度(蜡封法)和含水率测试。由于试验结果变化幅度类似,以 1 次干湿循环后土柱为例进行说明,干密度和含水率测试结果如图 3-7 所示。可以看出,无论是在相同高度处 5 个不同位置还是不同土柱高度处,其干密度均为 (1.70 ± 0.03) g/cm³,含水率为 (19.75 ± 0.22)%,均匀性良好,满足试验要求。

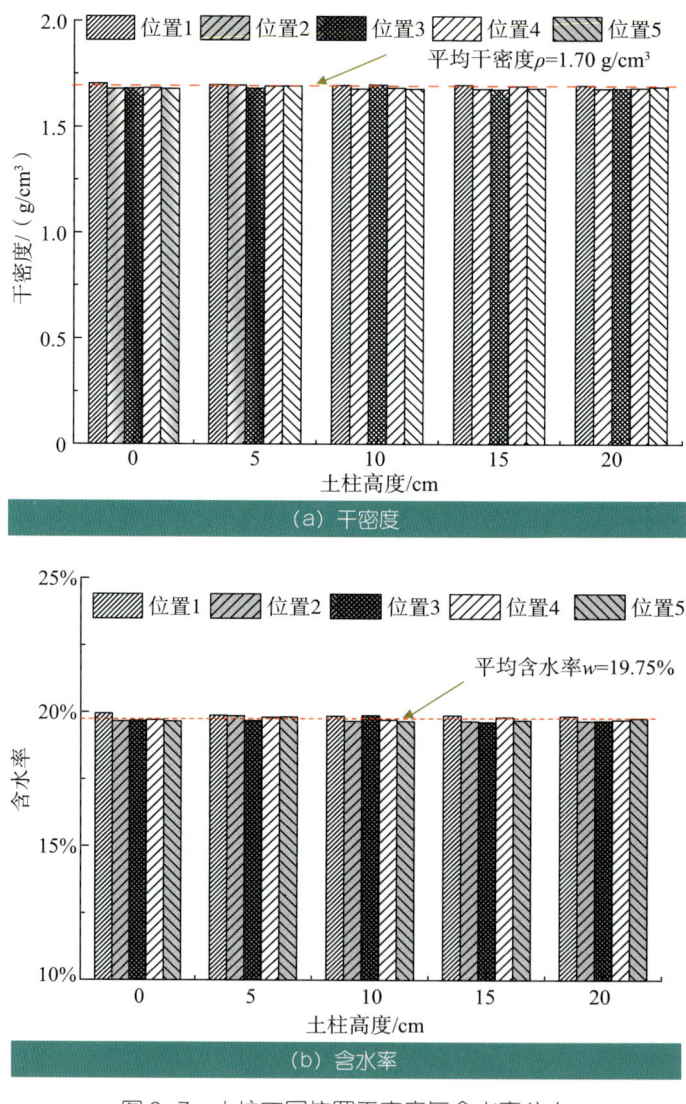

图 3-7 土柱不同位置干密度与含水率分布

3.3.4 试验仪器及方法

三轴剪切试样尺寸为 ϕ39.1 mm × H80 mm，试验仪器为 TSZ-2 型全自动应变控制式三轴仪。将制备好的试样进行抽真空饱和，饱和后在 10 kPa、20 kPa、30 kPa、40 kPa、100 kPa、200 kPa、300 kPa 和 400 kPa 围压下固结，待固结稳定后进行排水剪切试验，剪切速率为 0.073 mm/min，直至轴向应变达到 20% 时终止。

干湿循环作用下土的微观结构通过压汞、扫描电镜及核磁共振试验进行测定。其中压汞试验与扫描电镜试验设备同 2.3.3 节和 2.3.4 节。核磁共振试验采用苏州纽迈公司研制的 PQ-001 Mini NMR 核磁共振分析仪对不同干湿循环次数下的粉土样进行测定，分析干湿循环过程引起的孔隙分布变化规律。相关测试参数分别为：永久磁体磁场强度为 0.52 T（特斯拉），磁体温度维持在 (32±0.01)℃，试样管的有效测试区域为 ϕ60 mm × H60 mm，试样尺寸为 ϕ39.1 mm × H60 mm，如图 3-8 所示。

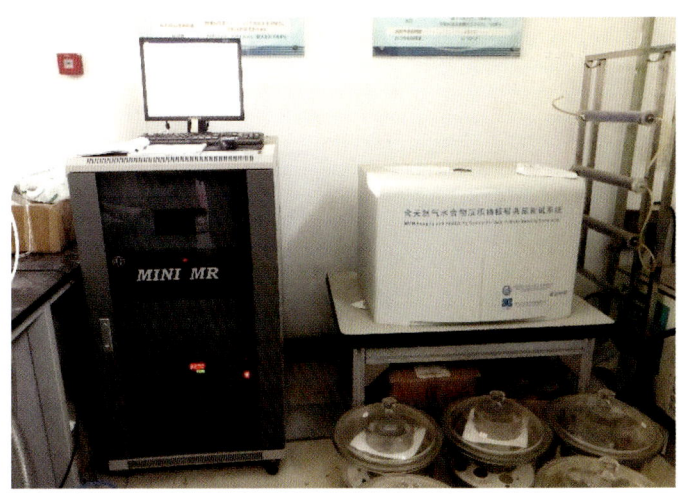

图 3-8　核磁共振分析仪

3.4　三轴剪切试验结果分析

3.4.1　应力–应变关系曲线

对 0~15 次干湿循环试样在 10~400 kPa 围压水平下进行三轴排水剪切试验，应力–应变关系如图 3-9 所示。当存在峰值应力时，取峰值应力为试样强度；无峰值时，取 ε_1=20% 所对应的应力值为试样强度。

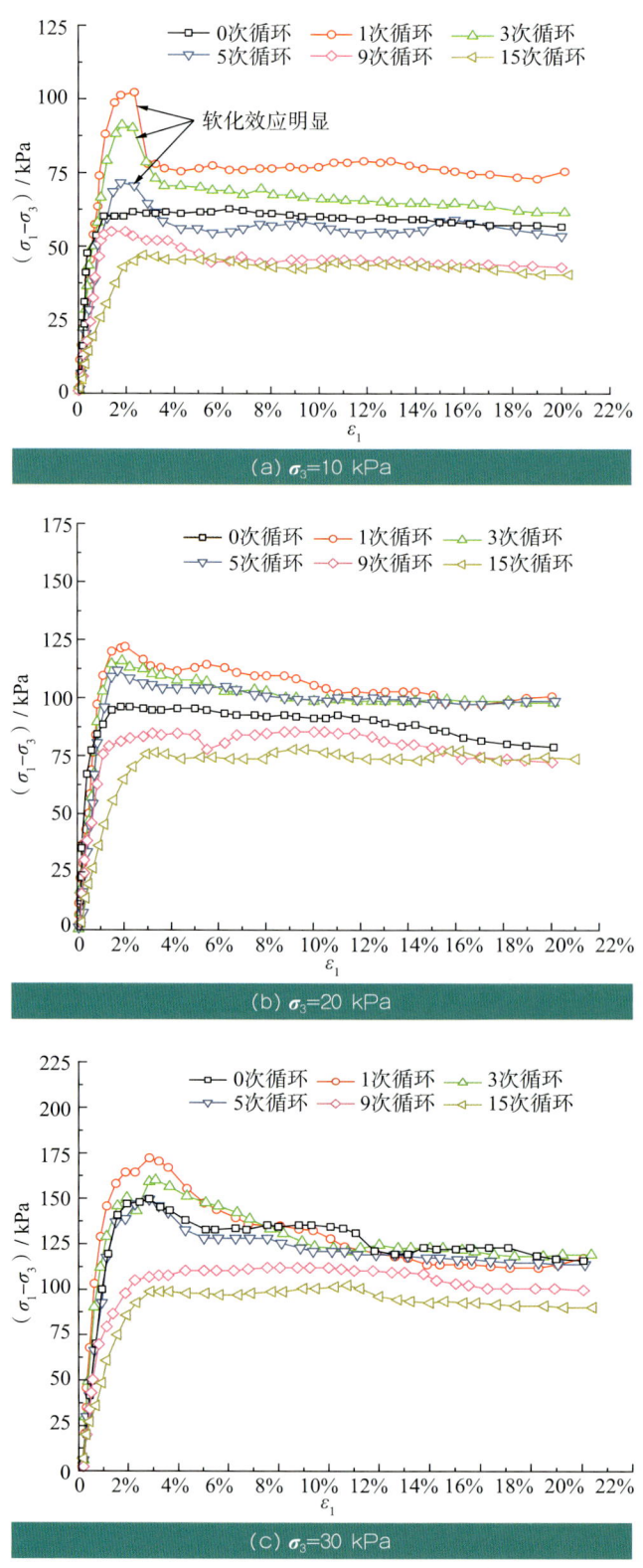

(a) σ_3=10 kPa

(b) σ_3=20 kPa

(c) σ_3=30 kPa

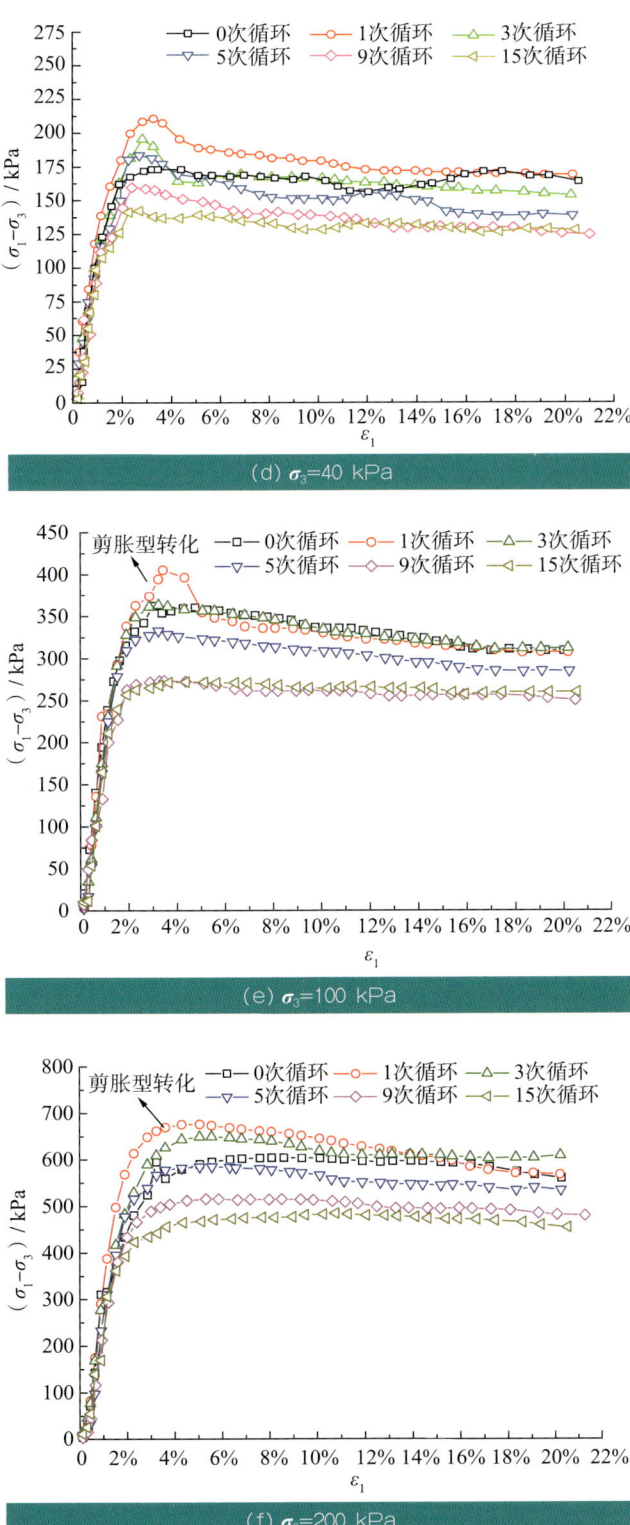

(d) σ_3=40 kPa

(e) σ_3=100 kPa

(f) σ_3=200 kPa

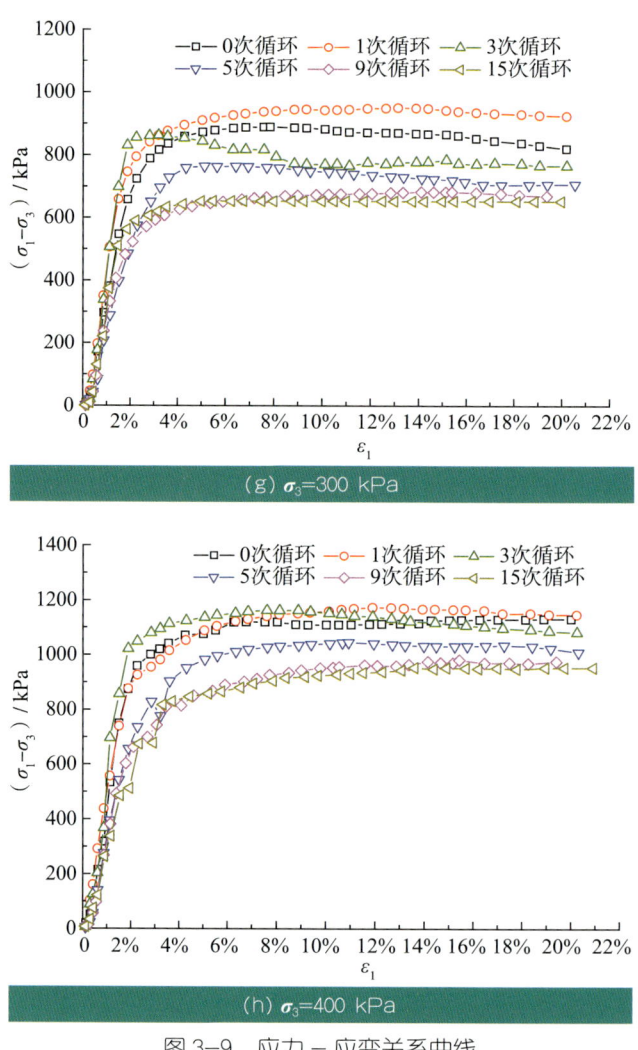

图 3-9 应力-应变关系曲线

由图 3-9 可以看出，干湿循环前后土的应力-应变关系曲线形态差异明显，循环前土的应力-应变关系曲线为应变硬化型或弱应变软化型；当围压为 10~200 kPa 时，1 次干湿循环后，应力-应变关系曲线存在明显的应力峰值，软化性显著增强，随着干湿循环的继续作用，软化性逐渐减弱，9 次循环后软化特征已不再明显。刘文化[182]也通过研究得到了类似结论。当围压为 300~400 kPa 时，土的固结效应明显，部分孔隙在此阶段已发生调整或闭合，应力-应变关系曲线形态的干湿循环效应不明显。从图 3-10 中的试样剪切形态也可看出，当围压为 10~200 kPa 时，0 次、1 次、15 次干湿循环后试样剪切破坏后均有剪切带产生，且以 1 次循环后试样剪切带最为明显；围压为 300~400 kPa 时，试样的剪切形态以类似"鼓状"为主，与应力-应变关系曲线形态的变化规律相吻合。

图 3-10 试样剪切破坏形态

另外，通过应力-应变曲线可发现，1次干湿循环后土的强度明显提高，随着干湿循环次数的增加强度逐渐降低，9次循环后强度低于未经历干湿循环的土样。干湿循环作用使得土体经历了强度先增大后逐渐减小至稳定的过程，但稳定值低于初始土样。对比发现，文献[94]中红黏土试样在经历干湿循环前后应力-应变关系均呈硬化型，而文献[182]中粉质黏土在经历6次干湿循环后应力-应变关系由硬化型向强软化型转变，与研究结论均存在一定差异。说明了土的干湿循环效应受土样性质及试验方法等诸多因素影响，试验设计应尽量结合区域土性及环境特点。干湿循环过程中土颗粒存在不断向稳定趋势调整的过程，土的微观结构发生改变，抵抗外部荷载的能力也产生了一定差异，水环境的反复作用最终使土遗址的强度劣化，工程设计与评价时应予以重视。

为了分析不同干湿循环次数作用下围压效应对土样应力-应变关系的影响，图3-11给出了0次、1次、5次、15次干湿循环作用下土的应力-应变关系。

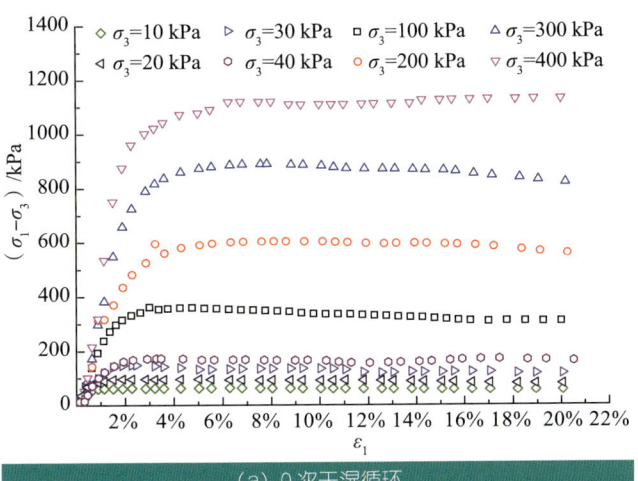

(a) 0次干湿循环

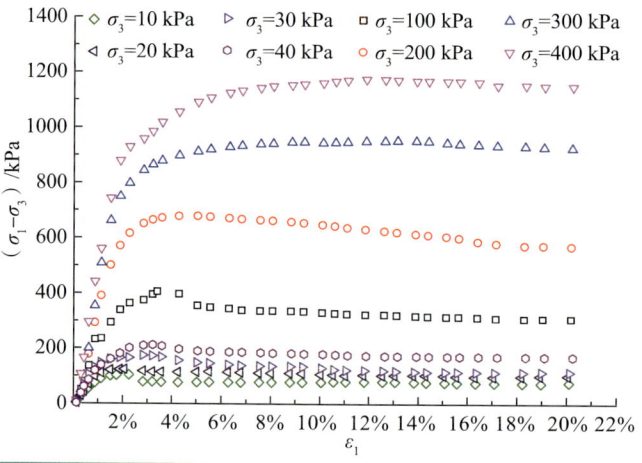
(b) 1次干湿循环

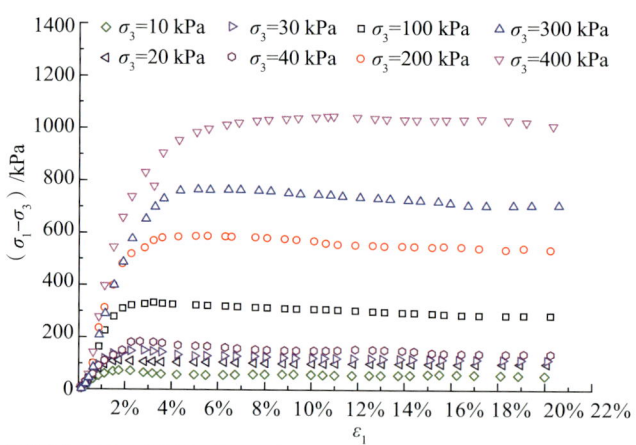
(c) 5次干湿循环

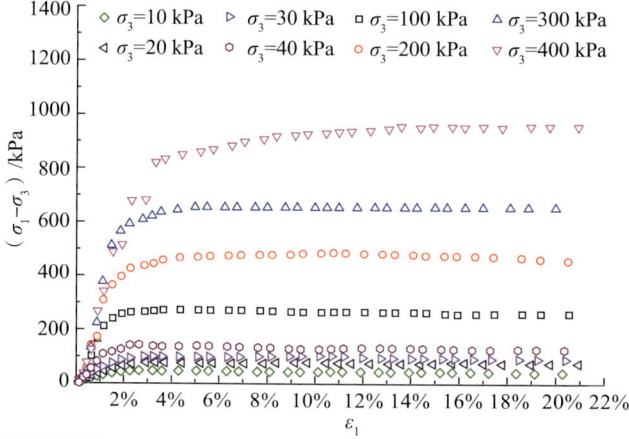
(d) 15次干湿循环

图 3-11 不同干湿循环次数作用下土的应力-应变关系曲线

可以看出，0次干湿循环即初始土样应力-应变关系受围压影响较小，土样基本呈应变硬化型发展；经历1次干湿循环后，土体应力-应变关系围压效应明显，应力-应变关系随围压增大软化性逐渐减弱，当$\sigma_3 > 200$ kPa时应力-应变关系呈硬化型发展；随着干湿循环的继续作用，应力-应变关系的围压效应又逐渐减弱，15次干湿循环后，土的应力-应变关系曲线形态基本不受围压影响，均呈硬化型发展。

3.4.2 轴向应变-体变关系

图3-12给出了不同干湿循环次数作用下土柱试样的轴向应变-体变关系。可以看出，各干湿循环次数下试样体变较小，体缩或体胀均小于3%。整体而言，剪切过程中未经历干湿循环试样体变较大，1次干湿循环后试样体变最小，之后随着循环次数增加，试样剪切体变呈增加趋势，但仍小于未经历干湿循环试样。土的轴向应变-体变关系受围压影响较为明显，当围压为10~200 kPa时，试样体变均随着轴向应变的增加呈现先增大后减小的趋势，即整体呈现先体缩后体胀，剪切破坏后试样的剪切带主要由剪切后期的剪胀现象所致；当围压大于300 kPa时，试样多呈剪缩发展趋势。各试样轴向应变-体变关系基本与其应力-应变关系曲线相对应，能够反映试样的剪切特性。

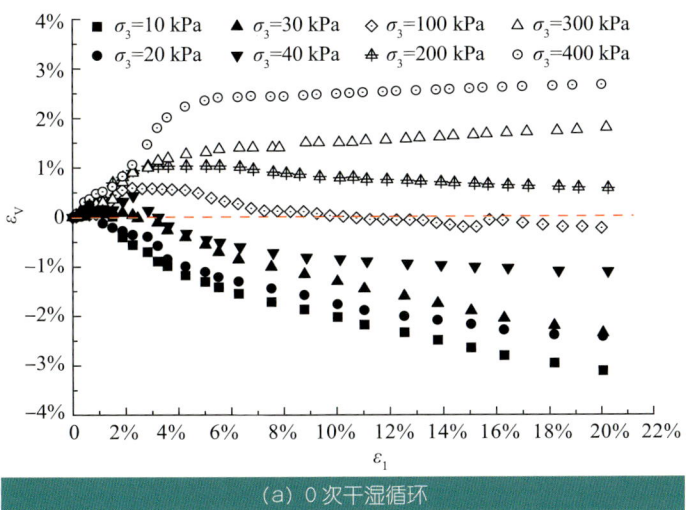

(a) 0次干湿循环

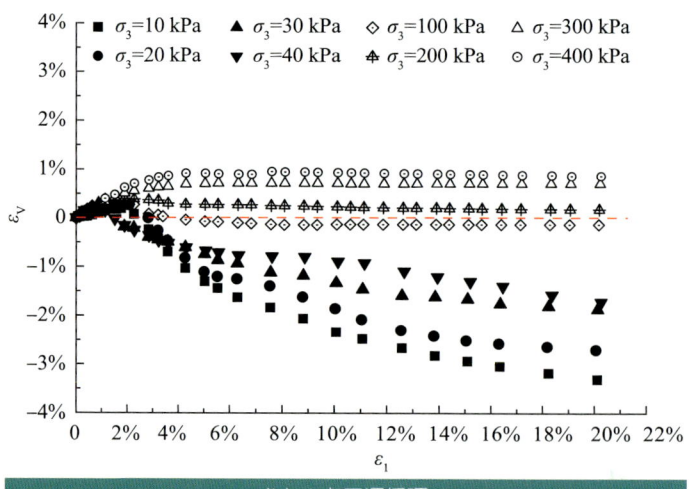

(b) 1 次干湿循环

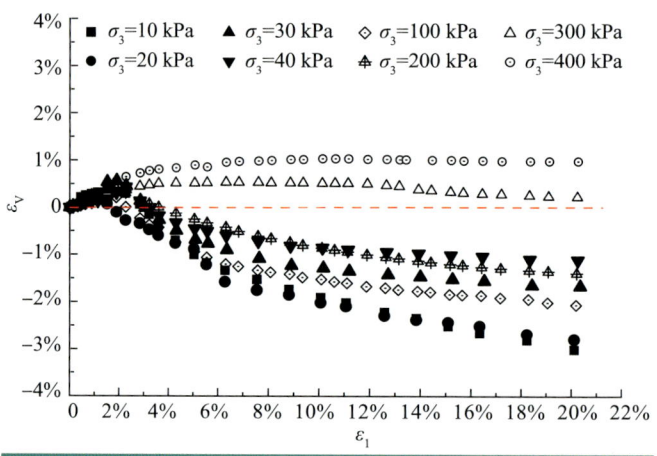

(c) 3 次干湿循环

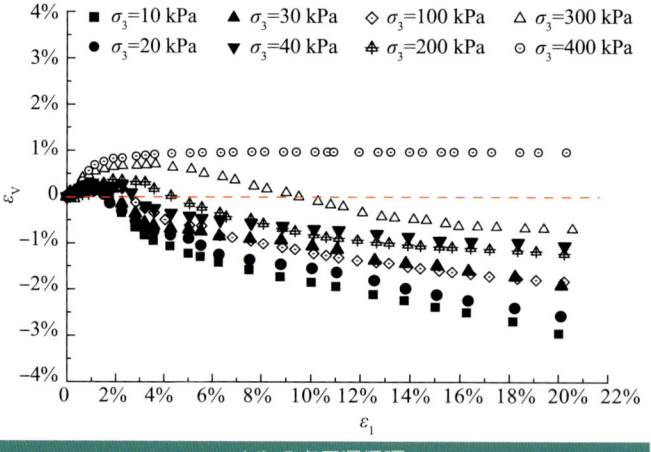

(d) 5 次干湿循环

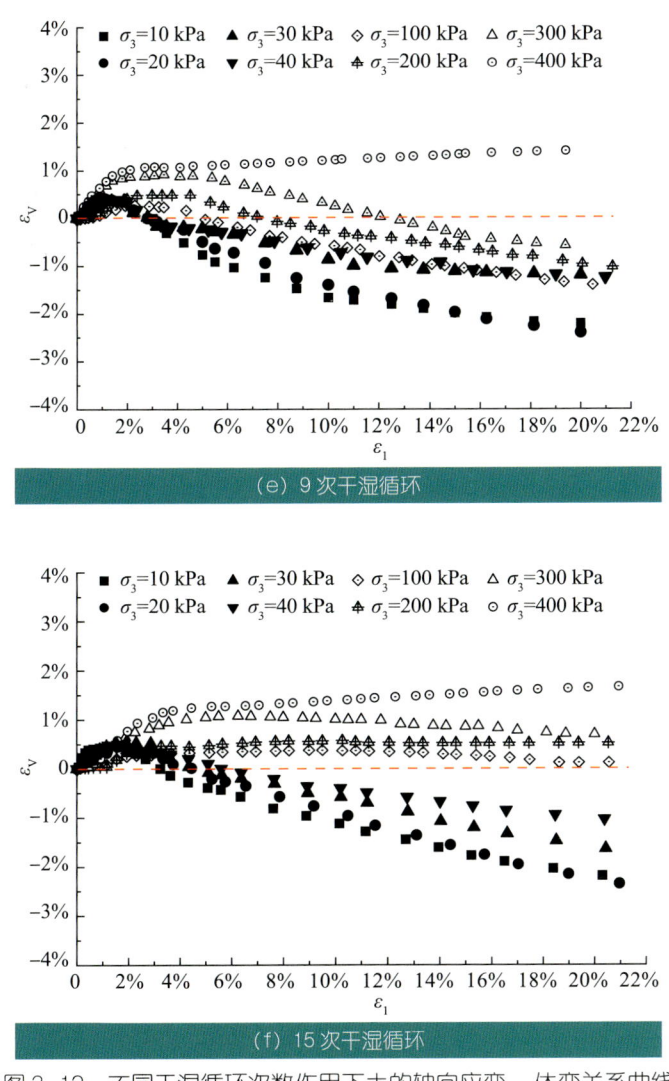

图 3-12 不同干湿循环次数作用下土的轴向应变－体变关系曲线

分析认为，土的力学特征主要由其微观结构控制，经历干湿循环作用后，试样的应力－应变关系曲线形态及体变特征改变主要是由于干湿循环效应改变了土的颗粒排列方式及孔隙结构特征，后续章节将对此进行深入探讨。

3.4.3 土的变形特性

初始切线模量可反映土遗址总体变形及局部非均匀沉降的差异，是评价变形裂隙产生与发展的重要参数。遗址粉土应力－应变关系呈应变硬化型及弱应变软化型，如图 3-9 和图 3-11 所示。而邓肯－张模型能够较好地描述应变硬化型及弱应变软化型应力－应变关系[183]，采用式（3-2）对应力－应变关系进行拟合，所得干湿循环作用下土的切线模量 E_i 变化规律如图 3-13 所示。

$$\frac{\varepsilon_1}{\sigma_1-\sigma_3}=a+b\varepsilon_1, \quad (3-2)$$

式中，$\sigma_1-\sigma_3$ 为偏应力；ε_1 为轴向应变；a、b 为拟合参数。其中，$1/a$ 为初始切线模量 E_i。

从图 3-13 可以看出，各围压下切线模量 E_i 的变化分为上升、下降及平稳 3 个阶段。1 次干湿循环后，土的 E_i 明显上升，随后逐渐下降，9 次循环后趋于稳定，稳定值低于未经历干湿循环土的模量值。围压为 10～400 kPa 时，模量稳定值较未经历干湿循环试样衰减幅度为 16.4%～41.4%。因此，对土遗址进行局部夯补时，应考虑新夯补土体在干湿循环作用下的强化和衰减效应，防止产生因新旧土体刚度差异所导致的变形裂缝。

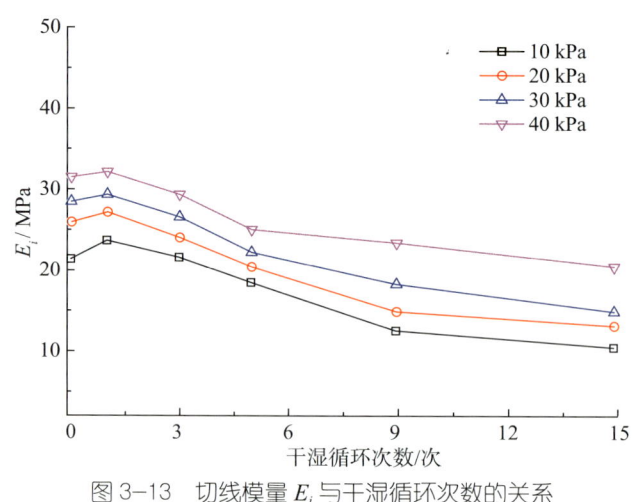

图 3-13 切线模量 E_i 与干湿循环次数的关系

另外，工程实践中，对土遗址进行夯实补筑时应参考原有遗址粉土的刚度参数，而现场原位取样不符合文物保护要求，可采用常用的双对数模型[183]，如式（3-3）所示，对不同围压土的 E_i 值进行预测。拟合结果如图 3-14 所示，拟合参数如表 3-2 所示。

$$E_i=KP_a(\sigma_0/P_a)^\eta, \quad (3-3)$$

式中，σ_0 为有效围压；P_a 为大气压力；K 为 σ_0 等于 P_a 时的 E_i/P_a；η 为直线斜率。

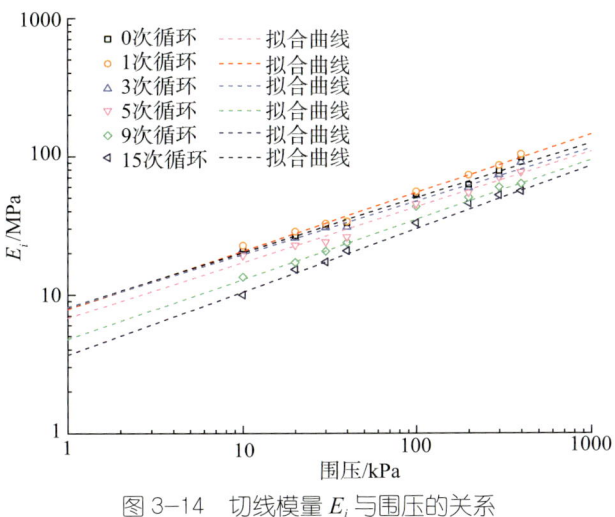

图 3-14 切线模量 E_i 与围压的关系

可以看出，双对数模型能较好地反映各干湿循环次数下 E_i 随 σ_0 的非线性递增趋势，拟合相关性较好。分析拟合参数可知，K 值随着干湿循环次数的增加逐渐下降；而 η 值则受干湿循环作用影响较小。

表 3-2 干湿循环作用下土的 E_i 拟合参数

干湿循环次数 / 次	拟合参数		相关系数 (R^2)
	K	η	
0	0.495	0.445	0.99
1	0.548	0.466	0.99
3	0.469	0.415	0.98
5	0.418	0.413	0.98
9	0.353	0.439	0.98
15	0.313	0.448	0.97

3.4.4 土的剪切强度特性

不同围压和干湿循环次数下粉土的抗剪强度如图 3-15 所示。

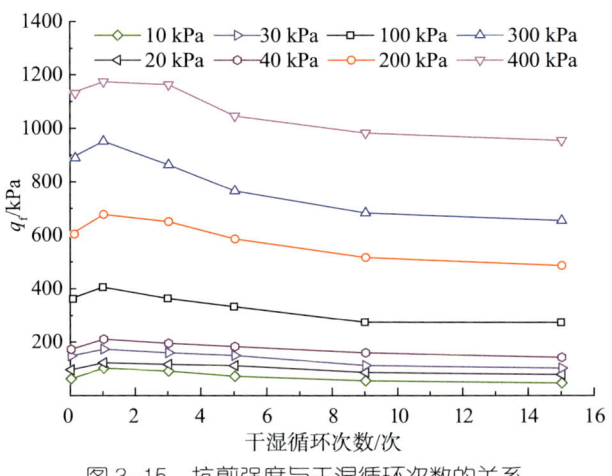

图 3-15 抗剪强度与干湿循环次数的关系

从图 3-15 可以看出，与切线模量 E_i 的变化规律相似，各围压下抗剪强度随干湿循环次数的增加同样呈上升、下降及稳定 3 个阶段。即 1 次干湿循环后土的抗剪强度上升，随后逐渐下降，9 次循环后趋于稳定。这与穆坤等[94]、万勇等[184]对黏土干湿循环下剪切强度呈单调衰减变化规律的研究结果不同，这可能是由于粉土中颗粒调整过程与黏土不同所导致的。

另外，围压为 10～400 kPa 时，强度稳定值较未经历干湿循环试样衰减幅度分别为 15.6%～31.3%，衰减幅度较大。因此，对土遗址受水影响区域进行局部夯补加固时，应考虑本体及新夯补土体在干湿循环作用下的强度衰减效应，合理设计材料强度参数。

由试样应力-应变关系曲线的峰值强度或应变为 20% 所对应的偏应力值，得到了典型循环次数下各围压范围内土柱试样的强度包络线及各循环次数的强度参数，如图 3-16 和图 3-17 所示。

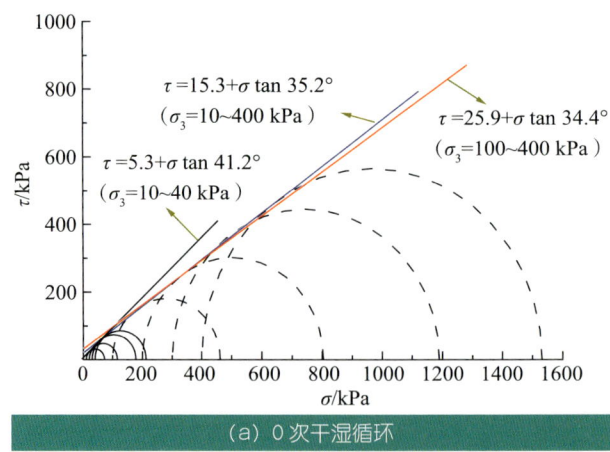

(a) 0 次干湿循环

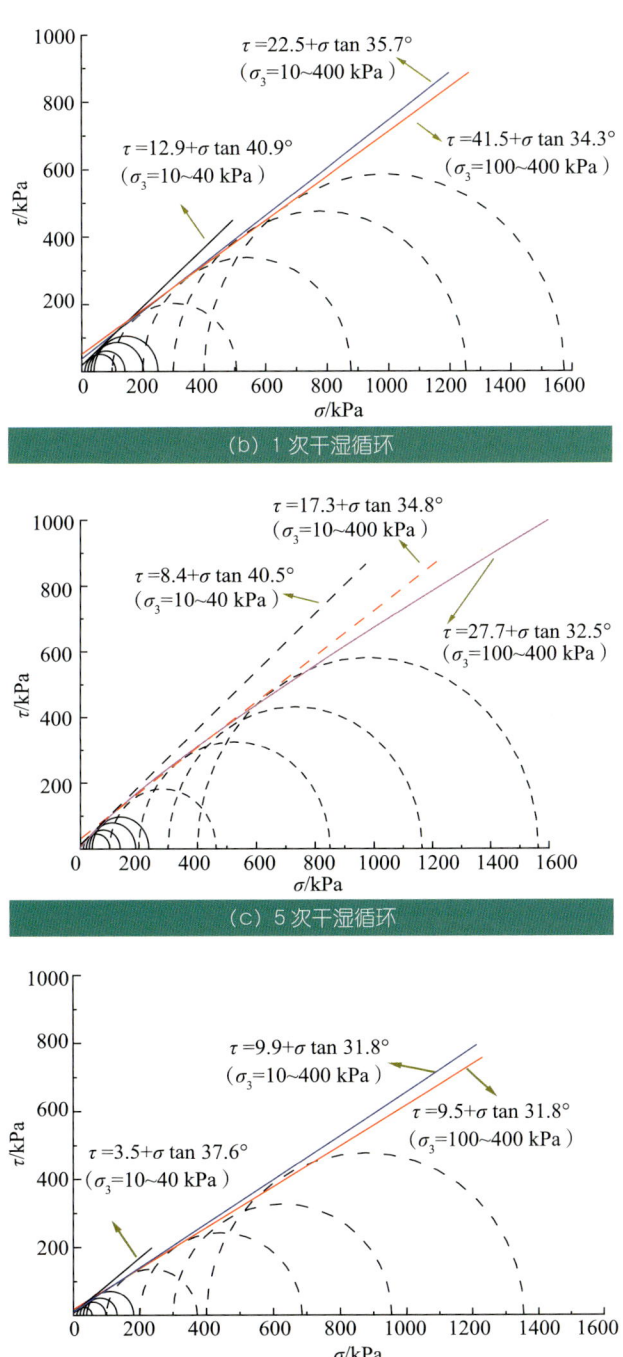

(b) 1 次干湿循环

(c) 5 次干湿循环

(d) 15 次干湿循环

图 3-16　不同干湿循环次数土的强度包络线

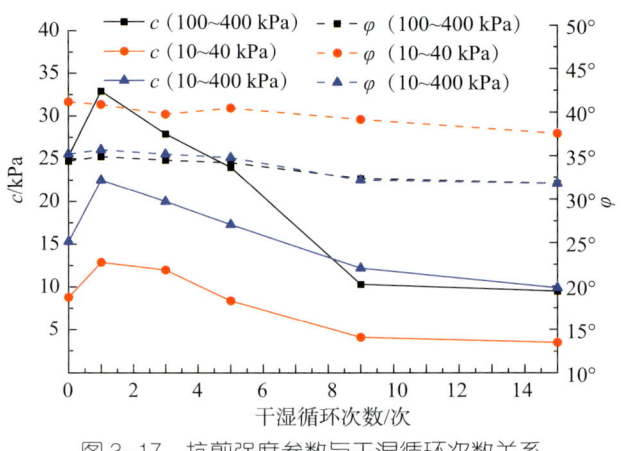

图 3-17 抗剪强度参数与干湿循环次数关系

可以看出，由于干湿循环过程及土样性质的差异，随着干湿循环次数的增加，土的黏聚力 c 值变化规律与以往研究差异明显[94, 182, 184]。经历 1 次干湿循环后土的黏聚力 c 值增幅明显，随后逐渐下降，当循环次数达到 5 次时，c 值与干湿循环前相当，9 次循环后趋于稳定，稳定值低于未经历干湿循环土的黏聚力值，不同围压范围降幅分别为 60.2%（σ_3=10～40 kPa）、62.5%（σ_3=100～400 kPa）及 35.3%（σ_3=10～400 kPa）。φ 值受干湿循环作用影响较小，在各围压范围内变化幅度较小。可认为，干湿循环影响了粉土颗粒间的联结状态，改变了土颗粒间的接触形式，对于土颗粒本身的形状特性和整体级配特征影响较小。

另外，利用 Mohr-Coulombs 强度准则对 3 个围压范围数据进行整理所得到的强度包络线差异较大。对比不同围压范围内强度参数可发现，低应力条件下（σ_3=10～40 kPa）所得黏聚力 c 值最小，其次为全应力范围（σ_3=10～400 kPa），常规应力条件下（σ_3=100～400 kPa）则最大。说明该类遗址粉土的抗剪强度包络线呈非线性，线性 Mohr-Coulombs 强度准则难以准确描述该类土的强度特征。实际工程中，因土遗址的建筑特点及其浅层病害特征，遗址粉土的周围压力或竖向应力小于常规三轴剪切或直接剪切试验中的最小围压/竖向压力（50 kPa），且低应力条件下土的剪切强度明显偏低。如果采用常规高应力条件下的剪切强度参数将不利于工程安全，因此有必要结合土遗址的实际应力状态，探究土体强度特性的合理描述方法。

3.5 不同干湿循环次数下遗址粉土的孔隙分布特性
3.5.1 压汞试验结果分析

对经历 0 次、1 次、3 次及 15 次干湿循环的试样进行压汞试验分析。图 3-18 给出了不同干湿循环次数作用下试样的进汞体积与压力关系曲线。

可见，干湿循环作用下试样进汞曲线形态相似，累积进汞量随着进汞压力的增加表现为缓慢增长—急剧上升—缓慢增长—急剧上升—缓慢增长的递增关系。有所不同的是，相同进汞压力下，1 次循环试样累积进汞量较未经历干湿循环试样略低，而 3 次和 15 次循环试样累积进汞量高于未经历干湿循环试样并呈逐渐增加趋势。试样总孔隙体积呈现出 1 次干湿循环作用下降低（降幅约为 2.8%），随后又逐渐增加的趋势。该趋势与图 3-17 中土的黏聚力 c 值变化规律相对应，这表明遗址粉土的黏聚力与土的密实度直接相关，1 次干湿循环后，土的孔隙比降低，颗粒间距缩小，土颗粒间接触点的化合键能增加，c 值增大；随着干湿循环的继续作用，孔隙结构继续调整，孔隙比增大，c 值逐渐减小。

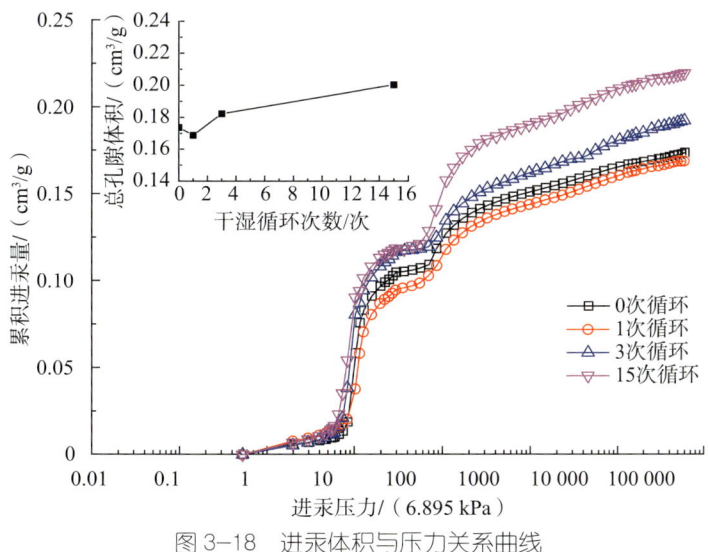

图 3-18　进汞体积与压力关系曲线

图 3-19（a）为干湿循环作用下试样的孔径分布密度测试结果。由图 3-20 可知，土样的孔径分布密度曲线呈双峰结构特征，主要孔径分布在 0.4~5.0 μm 和 5~50 μm 范围内。这也是干湿循环作用的主要影响孔径范围。

由图 3-19（b）可看出，对于 0.4~5.0 μm 范围内孔径，1 次干湿循环后孔径向减小方向移动，峰值减小，分布面积略微增大，当循环次数达到 15 次时，曲线峰值转向孔径增大方向移动，峰值及分布面积增大。而图 3-20（c）中，5～70 μm 范围内孔径同样在 1 次干湿循环后向孔径减小方向移动，峰值及分布面积减小，随后曲线向孔径增大方向移动，分布面积增大。

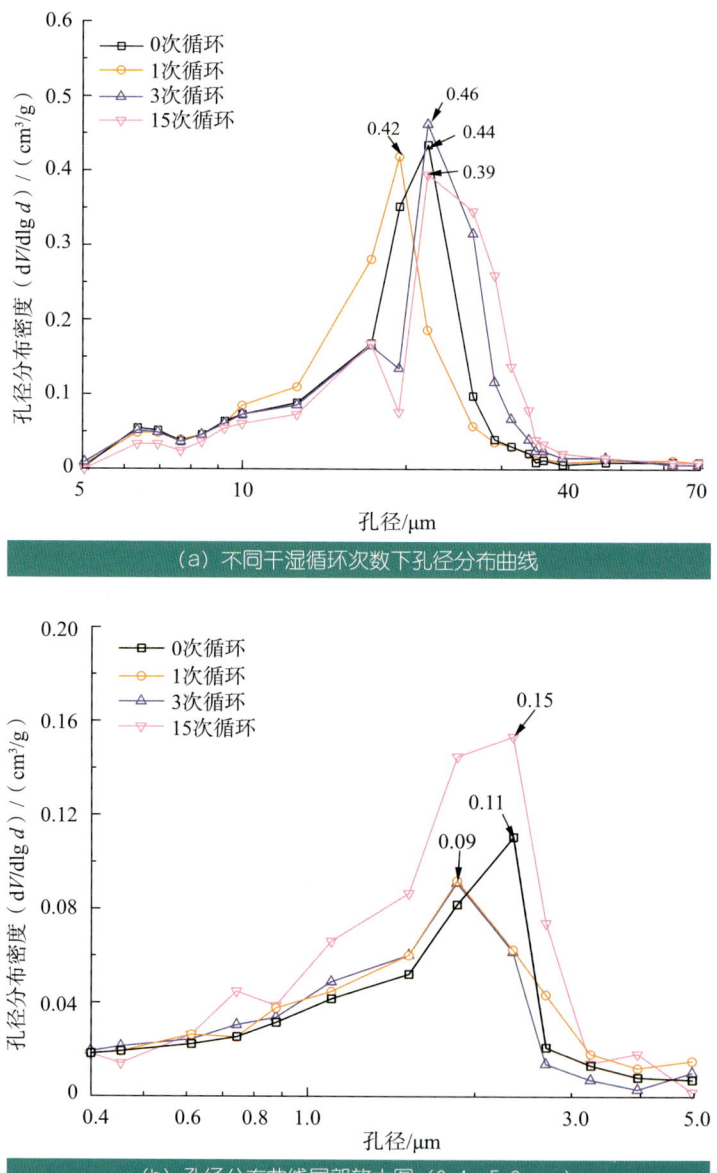

（a）不同干湿循环次数下孔径分布曲线

（b）孔径分布曲线局部放大图（0.4～5.0 μm）

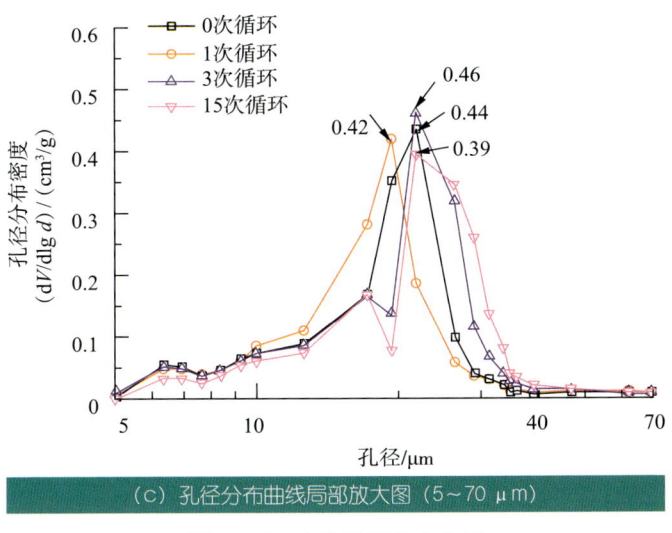

(c) 孔径分布曲线局部放大图（5～70 μm）

图 3-19　土的孔径分布曲线

与第二章类似，参考 Shear 等[175] 的孔隙划分标准，将土的孔隙划分为 4 个类别，所不同的是，受孔径分布曲线形态影响，将孔径＞70 μm 的归为团粒间孔隙，5～70 μm 的归为团粒内孔隙，其余不变。图 3-20 给出了干湿循环作用后土的各类孔隙体积。可发现干湿循环作用下土的孔隙体积变化主要体现在团粒内孔隙、颗粒间孔隙及颗粒内孔隙体积的增减，团粒间孔隙体积干湿循环效应不明显。具体表现为，团粒内孔隙体积在 1 次干湿循环后有所降低，随后逐渐增大至稳定；颗粒间孔隙体积在 0～3 次干湿循环过程中变化不明显，在 15 次循环后显著增大；颗粒内孔隙体积在 3 次循环后有所增大并保持稳定。结合图 3-18 中总孔隙体积的变化规律可知，1 次干湿循环后土的总孔隙体积降低主要是团粒内孔隙体积减小所引起，而后续干湿循环过程中孔隙体积逐渐增大主要是由团粒内孔隙、颗粒间孔隙及颗粒内孔隙体积的增大所致。

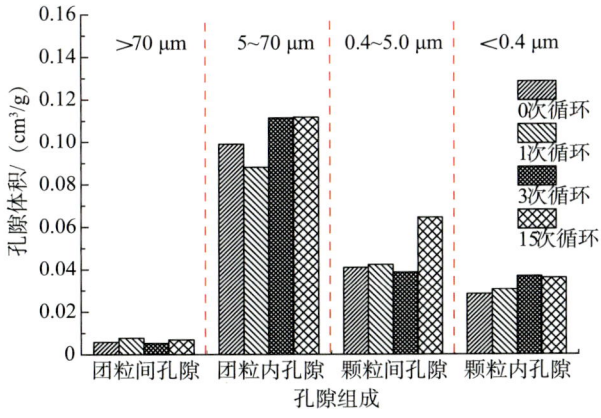

图 3-20　不同干湿循环次数作用下土的各类孔隙体积

总体而言，干湿循环作用最终将导致土中各类孔隙体积的发展，破坏遗址粉土原有的孔隙结构特征和毛细管网，降低土的毛细作用，这一点可以从图3-6中得到很好的验证。此外，结合图3-14中土的切线模量E_i变化规律可知，1次干湿循环后E_i出现明显增幅主要由两方面原因造成。首先是土的总孔隙体积减小，土体干密度增大，土的整体抗压缩性能增强；其次是初始剪切阶段主要为土的压缩阶段，此时平均应力水平较低，较大孔隙体积首先被压密，团粒内孔隙体积的降低增加了土体在该应力阶段的抗变形能力。同理，后期随着干湿循环的继续作用，总孔隙及各类孔隙体积逐渐增大，土的压缩性逐渐增强，抗变形能力减弱。

3.5.2 核磁共振试验原理及结果分析

核磁共振中极其重要的一个物理量是弛豫，弛豫是磁化矢量在受到射频场的激发下，发生核磁共振时偏离平衡态后又恢复到平衡态的过程。弛豫分为纵向弛豫和横向弛豫，弛豫速度的大小由岩土物性和流体特征决定，对于同一种流体，弛豫速度只取决于岩土物性[185]。弛豫时间作为标识弛豫速度大小的常数，也同样分为纵向弛豫时间（T_1）和横向弛豫时间（T_2），由于对T_1的测量所需时间较长，在多孔介质中对流体的研究普遍使用T_2。

横向弛豫时间T_2可表示为：

$$\frac{1}{T_2} = \frac{1}{T_{2B}} + \rho_2 \frac{S}{V} + \frac{D(\gamma G T_E)^2}{12}, \quad (3-4)$$

式中，T_{2B}为流体的体积自由弛豫时间，ms；D为扩散系数，$\mu m^2/ms$；G为磁场梯度，$10^{-4}T/\mu m$；T_E为回波间隔，ms；V为孔隙体积，μm^3；S为孔隙表面积，μm^2；γ为磁旋比，T/ms；ρ_2为弛豫率，$\mu m/ms$，与土的物理化学性质有关。

因T_{2B}值为2000~3000 ms，远大于T_2，式（3-4）右边第一项可忽略；当磁场相对均匀时，T_E足够小，式（3-4）右边第三项也可忽略，T_2可简化为式（3-5）。

$$\frac{1}{T_2} \approx \rho_2 \frac{S}{V}, \quad (3-5)$$

当土体中孔隙形状为球形时：

$$\frac{1}{T_2} \approx \rho_2 \frac{3}{R}, \quad (3-6)$$

当土体中孔隙形状为柱状时：

$$\frac{1}{T_2} \approx \rho_2 \frac{2}{R}, \tag{3-7}$$

当不确定孔隙形状或孔隙形状较为复杂时：

$$\frac{1}{T_2} \approx \rho_2 \frac{\alpha}{R}, \tag{3-8}$$

式中，R 为孔隙半径；α 为孔隙形状因子。

通过式（3-4）至式（3-8）及 T_2 分布特征可知，无论孔隙形状如何，弛豫时间 T_2 值与孔隙半径 R 成正比，小孔隙中水的 T_2 值比大孔隙中水的 T_2 值小。对于饱和试样，土样的 T_2 分布情况可以反映孔隙的孔径大小情况，T_2 分布曲线下方的峰面积代表对应 T_2 范围内的含水量和孔隙体积。所以对于饱和试样，通过核磁共振技术可有效测量岩土介质中的各类孔隙水含量，间接反映各类孔径孔隙体积的大小。

图 3-21、表 3-3 给出了经历 0~15 次干湿循环后土样的 T_2 分布曲线及积分面积统计表。可以看出，未经历干湿循环土柱试样 T_2 分布曲线整体呈 4 峰结构，其中第 2、第 3 峰无明显界限。经历 1 次干湿循环后，T_2 分布曲线仍呈 4 峰结构，但第 1 峰值增大，峰值右移，峰值面积增加；第 2、第 3 峰界限更为明显，第 2 峰值降低，整体分布面积减小且右移；第 4 峰值略微降低，整体右移。干湿循环作用使工程中土的孔隙结构有所调整，1 次干湿循环后土的总孔隙体积减小，随后逐渐增大。随着干湿循环次数的增大，较小孔径孔隙体积逐渐增大，较大孔径孔隙体积呈现先增大后逐渐减小的趋势。干湿循环作用下核磁共振试验结果与压汞试验所反映的孔隙结构变化规律相近。分析认为，干湿循环作用下遗址粉土的孔隙结构发生变化的主要原因为重塑粉土中黏土颗粒的反复胀缩作用，1 次循环后土的颗粒结构趋于密实，总孔隙体积减小，随着干湿循环的继续作用，密实结构遭到破坏，产生较大孔径及微裂隙发育显著，从而导致总孔隙体积增大。

表 3-3　不同干湿循环次数下 T_2 分布曲线面积

循环次数	峰总积分面积	第 1 峰积分面积	第 2~3 峰积分面积	第 4 峰积分面积
0	16 386.90	3194.40	12 057.00	1134.50
1	14 570.50	4227.46	9148.87	1193.17
3	16 823.10	6189.50	9403.50	1230.10
9	17 265.70	6525.90	9543.90	1194.90
15	17 388.80	6717.00	9454.30	1216.50

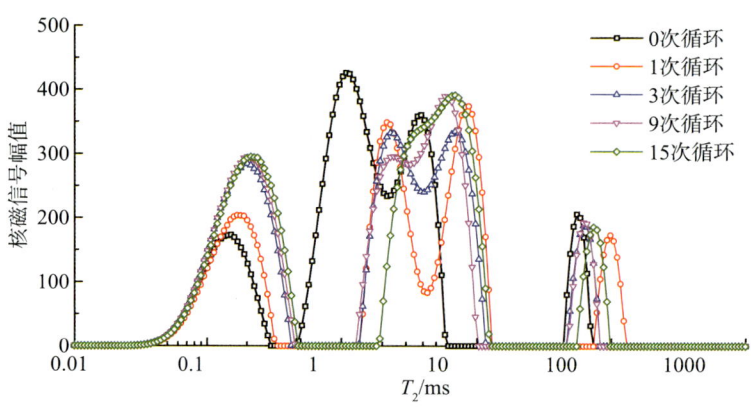

图 3-21　不同干湿循环次数下饱和土 T_2 分布曲线

3.6　遗址粉土力学特性的干湿循环次数效应机制分析

本书中干湿循环作用下粉土力学性状的变化规律与万勇等[184]、程允等[186]研究所得黏土的干湿循环效应差异较为明显。分析认为，孔隙的调整过程本质上是由于粉土存在特殊的级配特征，粉粒悬浮于黏粒所形成的"三维网架"中，干湿循环作用下"三维网架"胀缩作用明显，该作用会对粉土颗粒产生"牵扯或推拉效应"，造成粉粒的不断移动调整，最终改变其孔隙结构特征。与黏土的干湿循环作用机制存在本质差异[126]。

图 3-22 为干湿循环作用下粉土颗粒的调整过程。可以看出，粉土中颗粒的调整过程主要分为 2 个阶段。

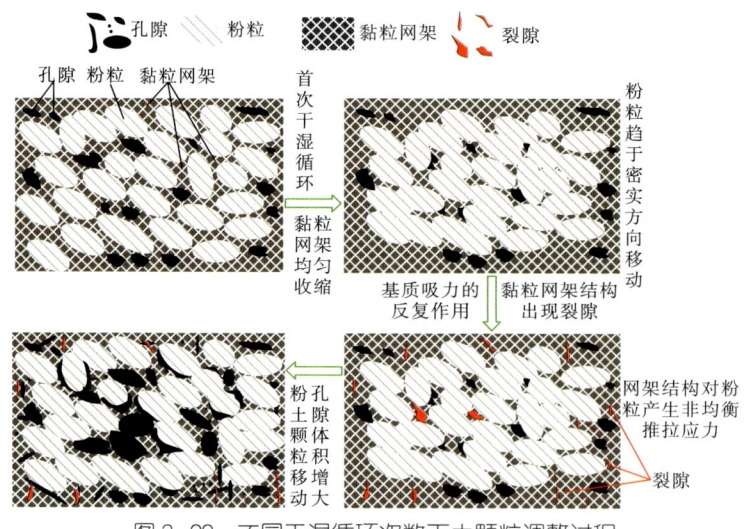

图 3-22　不同干湿循环次数下土颗粒调整过程

第一阶段为土中粉粒趋于密实的定向移动过程，该过程与压汞试验结果及核磁共振试验结果中总孔隙含量减少相对应（图3-18、表3-3）。主要是由于土柱制备过程中，粉土颗粒易于拌和，土柱击实后粉粒及黏粒分布相对均匀，粉粒均匀地悬浮于黏粒"三维网架"结构中，而土柱在首次烘干过程中，由于烘干温度较低（45 ℃），烘干时间较长（19 d）（图3-7），致使黏粒"网架"产生相对均匀的收缩变形，迫使粉粒趋于密实方向移动调整，粉粒间距减小。结合图3-20及图3-19可知，该阶段颗粒的调整导致部分团粒内孔隙体积减小。为了验证上述分析的合理性，对相应干湿循环次数下的土样进行扫描电镜试验，如图3-23所示。可以看出1次循环后土样颗粒排列相对紧密，黏粒"网架"致密，"包裹"性明显增强，致使粉粒紧紧地嵌固于黏粒网架结构中，孔隙含量显著降低。

第二阶段为土颗粒在基质吸力的反复加卸载作用下，"网架"微裂隙或孔隙发展，产生应力集中效应，进而不平衡的"推拉应力"致使粉粒继续移动调整，颗粒间距增大。图3-18、表3-3中粉土总孔隙含量在1次干湿循环后逐渐增大也是该过程中粉粒的调整所致。分析认为，该过程中趋于密实的黏粒"网架"结构在后续的干湿循环作用下，基质吸力的加卸载使得黏粒"网架"反复胀缩，逐渐产生微裂隙或微孔，黏粒"网架"遭到破坏，出现了应力集中效应。此时黏粒"网架"对粉粒的作用以非均衡应力为主，由于粉粒间搭接薄弱，该"推拉应力"致使粉粒向应力较大方向移动，整体孔隙体积增加。在图3-23中亦可看出，随着循环次数的增加，试样中黏粒"网架"结构已经破坏，土颗粒间距明显增大，颗粒排列错综复杂，能够对图3-22中土颗粒的调整过程进行验证。

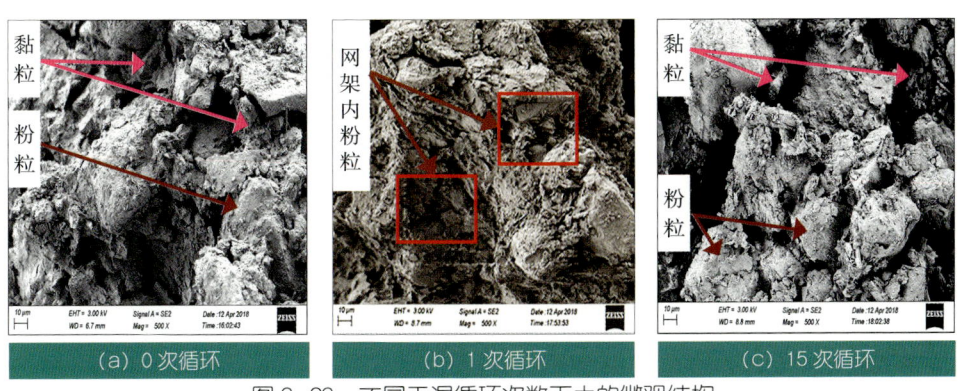

图3-23 不同干湿循环次数下土的微观结构

3.7 本章小结

通过自制可分层取样土柱的反复吸水－烘干（45℃）过程模拟土遗址的干湿循环过程，进而在土柱内取样制备三轴剪切及微观试验样品，完成 10～400 kPa 围压条件下的三轴固结排水剪切试验，通过压汞、扫描电镜及核磁共振试验对部分样品的微观结构进行分析，探究不同应力条件（低应力与常规应力）下遗址粉土力学特性的演化规律及机制。主要结论如下：

①土柱试样应力－应变关系在 1 次干湿循环后软化性明显增强，随后逐渐减弱，9 次循环后软化特征不明显。土体强度呈现先增大后逐渐减小，最后趋于稳定的变化规律，稳定值低于初始土样；初始土样应力－应变关系受围压影响较小，土样基本呈应变硬化型发展；经历 1 次干湿循环作用后，土体应力－应变关系围压效应明显，但随着干湿循环的继续作用，应力－应变关系的围压效应又逐渐减弱，15 次干湿循环作用后，土的应力－应变关系曲线形态基本不受围压影响，均呈硬化型发展。

②干湿循环过程中土的抗剪强度参数 c、切线模量 E_t 先增大后逐渐减小并趋于稳定。低应力条件下（σ_3=10～40 kPa）所得强度参数最小，其次为全应力范围（σ_3=10～400 kPa），常规应力条件下（σ_3=100～400 kPa）强度参数最大，线性 Mohr-Coulombs 强度准则难以准确描述该类土的强度特征。实际工程中，如果采用常规高应力条件下的抗剪强度参数将不利于工程安全，因此有必要结合土遗址的实际应力状态，探究土体强度特性的合理描述方法。

③土的团粒内孔隙体积在 1 次循环后有所降低，随后逐渐增大；15 次干湿循环后颗粒间孔隙体积大幅增加；总孔隙体积呈现先减小后逐渐增大的趋势。孔径分布的差异能够合理解释其力学特性的变化规律。

④干湿循环作用下核磁共振试验结果与压汞试验所反映的孔隙结构变化规律整体趋于一致，1 次干湿循环后土的总孔隙体积减小，随后逐渐增大；随着干湿循环次数的增大，较小孔径孔隙体积逐渐增大，较大孔径孔隙体积呈现先增大后逐渐减小的趋势。

⑤遗址粉土的干湿循环作用机制与黏土存在本质差异，主要受黏粒"三维网架"控制。1 次干湿循环后"网架"的均匀收缩致使粉粒趋于密实；后续循环中，"网架"结构破坏，不平衡的"推拉应力"致使粉粒间距增大，孔隙体积增加。

⑥本书采用的土柱干湿循环过程能较好地模拟土遗址的毛细水作用，对于中原地区典型粉土遗址的根部掏蚀、浅层垮塌等病害的预防性保护及修复工程具有一定的参考价值。

第四章 遗址粉土力学特性的干湿循环幅度效应

4.1 引言

中原地区土遗址力学性能劣化与干湿循环过程紧密相关。遗址根部土体含水状态的变化主要表现在土体在降雨、灌溉及地下水位变动条件下的吸湿作用或在风吹日晒条件下的脱湿作用。第三章就极端条件下（近似饱和 – 烘干）的遗址粉土力学性能进行了系统研究，在一定程度上解释了土遗址掏蚀等病害的产生机制。在对中原地区典型土遗址调查中发现，土遗址掏蚀病害均发生在土遗址根部，分析认为这与干湿循环过程中土遗址不同高度处的干湿循环幅度不同有关。例如，在降雨积水作用下，根部掏蚀区域土体含水率由外至内、由下至上呈梯度变化。已有研究表明[74, 95]，土体在经历不同的干湿循环幅度时其力学性状差异显著。对于土遗址而言，不同高度土体经历降雨 – 蒸发过程时其含水率如何变化？微观结构有何变化？其力学响应如何？这些鲜有系统深入的研究。因此，考虑干湿循环幅度影响的遗址粉土力学特性变化规律对于揭示中原地区土遗址掏蚀病害发生机制十分重要。

另外，土遗址历经多年，其本体已经历多次干湿循环作用。例如，张芳枝等[86]利用非饱和三轴仪对低液限黏土进行了反复干湿循环试验，发现吸湿 – 脱湿过程会对其孔隙结构产生影响，进而影响其持水状态及力学参数，并指出其力学特性的转化具有不可逆性。刘文化等[87]则通过研究不同干燥应力历史对粉土饱和三轴不排水剪切力学特性的影响，发现干燥应力历史会对土体的不可逆体积压缩和微裂隙发展产生影响，进而影响土体的力学特性。张俊然等[88]也认为多次干湿循环后土体的持水特性与干湿循环方法有关。因此，研究多次干湿循环作用（不同干湿循环幅度）后遗址粉土力学特性的变化规律更加符合土遗址赋存环境。

鉴于此，在第三章考虑干湿循环次数的粉土力学效应基础上，设计符合土遗址赋存状态的毛细水作用干湿循环方法，通过对经历不同干湿循环幅度的土样在饱和条件下进行固结排水剪切试验，研究干湿循环幅度对低应力和常规应力下粉土强度、变形等特性的影响，探求土遗址根部掏蚀病害发生的机制，为土遗址预防性保护及修复工程提供理论支撑。

4.2 试验方案设计

4.2.1 土柱制备

现场调查发现，土遗址根部掏蚀区域大多集中于地面以上约 50 cm 范围内。为真实模拟土遗址根部掏蚀区域吸湿－脱湿过程，制作土柱进行相关试验，如图 4-1 所示。采用 Ladd[171] 提出的欠压密技术，以保证土柱干密度的均匀性。其中，控制土柱平均干密度为 1.71 g/cm^3，含水率为 14.0%。

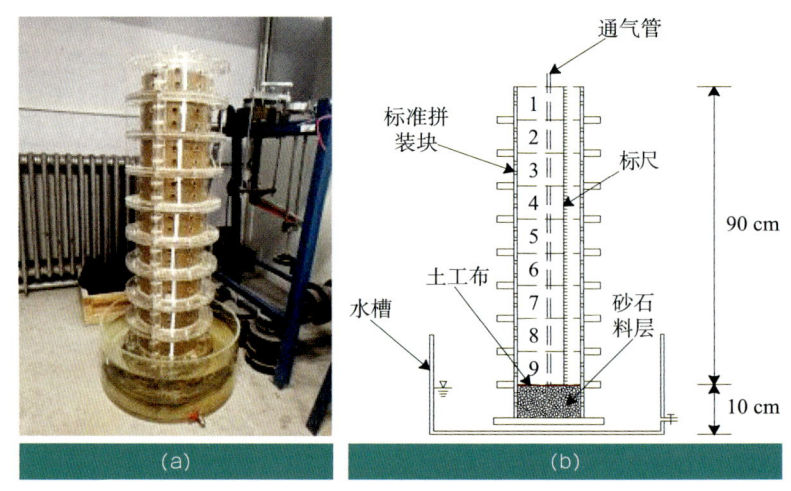

图 4-1　土柱模型

4.2.2 干湿循环过程

夏季多雨季节，土遗址根部积水，在毛细吸力作用下水分自地表向上迁移；雨过天晴后，在太阳辐射作用下，土遗址本体水分侧向蒸发。根据中原地区土遗址所处气候环境特点，水分竖向迁移至高于掏蚀病害区域一定范围，本次试验拟定湿润锋面自地面向上达到 70 cm 时为 1 次吸湿过程，其中室内温度控制为（20±2）℃；郑州地区历史最高气温 43 ℃[181]，脱湿过程中烘干温度取 45 ℃。其中，烘干脱湿过程在定制的大型烘箱中进行（图3-5）。

干湿循环试验具体步骤：

①制作土柱并在土柱上贴标尺。

②脱湿过程。将土柱放入大型定制烘箱中，温度设定为45 ℃，每天对土柱进行称重，测得其平均含水率；待平均含水率达1.0%时，完成1次脱湿过程。

③吸湿过程。将完成脱湿过程的土柱移出烘箱，放入水槽中，水槽中加水至液面达到第1层砂石层顶面后，开始吸湿过程。吸湿过程中，不定期观察湿润锋上升高度，每天对土柱进行称重，测得其平均含水率；待湿润锋上升至第7层顶面时，移除水槽，完成1次吸湿过程。

④重复②和③，直至完成9次吸脱湿过程。

⑤含水率、干密度测试及三轴样制备。待第9次吸湿过程完成后，与第三章取样过程类似，分层取样时，每层平均分为5份，与图3-6相同。其中，4个三轴样用于三轴剪切试验，1个土样备用。取样过程中，取少量土用烘干法测试其含水率；取块状土利用蜡封法测试其干密度。为进行低应力与常规应力下的三轴剪切试验，制备两组土柱同时进行干湿循环过程及取样工作。

Zhang等[160]研究发现，水分传感器测试过程中会出现数值异常抖动现象。为准确获得土柱经历不同干湿循环次数后不同高度处的含水率变化规律，制备1个对比土柱，通过掏孔方式测试其含水率[187-188]；同时，制备2组0次干湿循环土柱，取样饱和后进行三轴剪切试验，用于对比分析。

由第三章内容可知，土柱经历9次干湿循环后，其力学特性趋于稳定状态，故仅对9次干湿循环后土柱试样进行相关试验。

4.2.3　干湿循环幅度的确定

干湿循环幅度由现场调查、收缩试验和土柱试验综合确定。

由于降雨及干燥环境交替，中原地区土遗址本体含水率变化范围较大。在干燥时，掏蚀区一定厚度范围内含水率变化不大，为0.7%~1.4%。降雨后，由于根部积水等影响，掏蚀区根部土体基本达到饱和状态，含水率增加至20.3%，随着距离地面高度的增加，含水率逐渐减小。

朱赞成等[189]对黏土的土水特征曲线进行研究后发现，其残余含水率大致等于缩限，其进一步研究发现，残余含水率可作为影响土体微观结构变化的阈值。Fleureau等[190]、Zhang[191]也得到了类似结论。取现场散落土样在室内制备与本体相同干密度的土样进行收缩试验，试验结果如图4-2所示。可以发现，其收缩稳定含水率为7.1%。

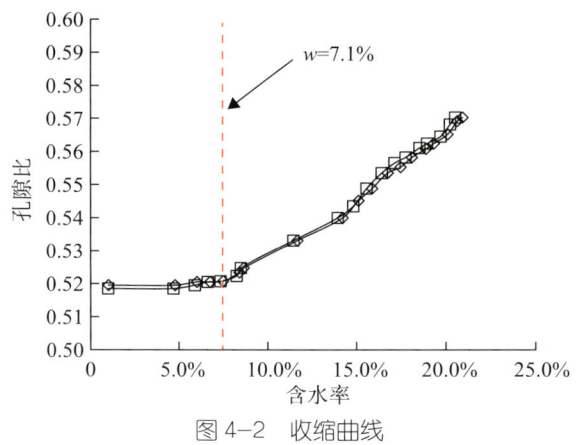

图 4-2 收缩曲线

为确定土遗址本体在根部积水等作用下含水率分布规律，对不同干湿循环次数下土柱不同高度处的含水率进行测试，测试结果如图4-3（a）所示。可以看出，相同高度处，随着干湿循环次数的增加，其含水率呈减小趋势，但变化范围并不大。

综合考虑土遗址现场调查结果、粉土收缩曲线及不同高度土柱含水率变化规律，确定干湿循环幅度为1%~20%、1%~16%、1%~11%、1%~6%、1%，分别对应土柱深度70~90 cm、40~50 cm、20~30 cm、10~20 cm和0~10 cm，具体如图4-3（b）所示。最后，与未经历干湿循环的土样试验结果进行对比。

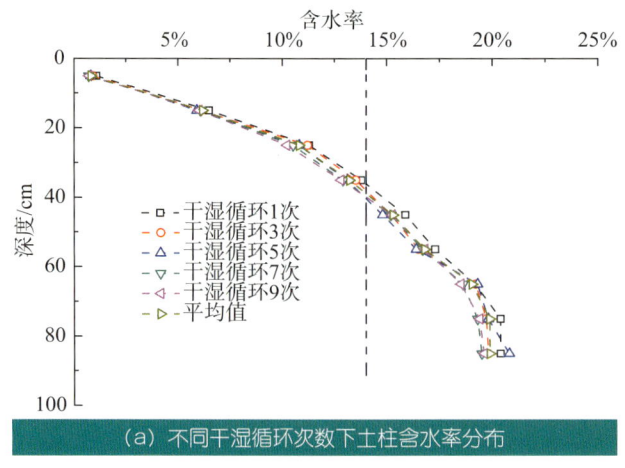

（a）不同干湿循环次数下土柱含水率分布

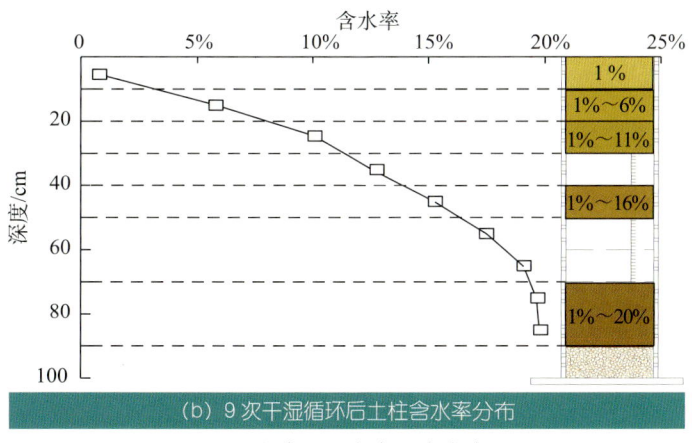

(b) 9次干湿循环后土柱含水率分布

图 4-3　土柱不同高度处含水率分布

4.2.4　试验方案

三轴剪切试验方案如表 4-1 所示，干湿循环幅度如图 4-4 所示。取部分土样进行微观测试，测试仪器与方法同第二章。

表 4-1　试验方案

序号	干湿循环幅度	固结围压 /kPa	剪切速率 /(mm/min)	剪切方式
1	1%～20%	10、20、30、40、100、200、300、400	0.073	固结排水
2	1%～16%			
3	1%～11%			
4	1%～6%			
5	1%			
6	0 次干湿循环			

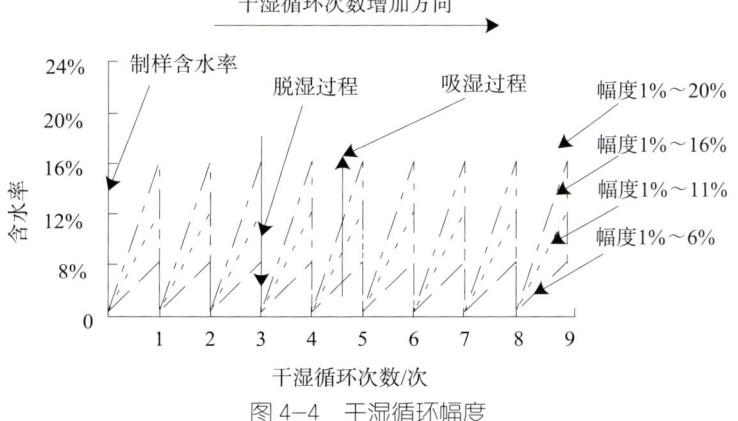

图 4-4　干湿循环幅度

4.3 三轴剪切试验结果与分析
4.3.1 围压对应力-应变关系的影响

由于围压对不同干湿循环幅度粉土应力-应变关系影响规律类似，图4-5中仅列出0次干湿循环、干湿循环幅度1%和1%~11% 3种状态下的应力-应变关系曲线。同时，为更清晰地表达围压对粉土力学特性的影响，将干湿循环幅度1%~11%粉土样在低应力及常规应力下的应力-应变关系曲线绘于图4-6中。

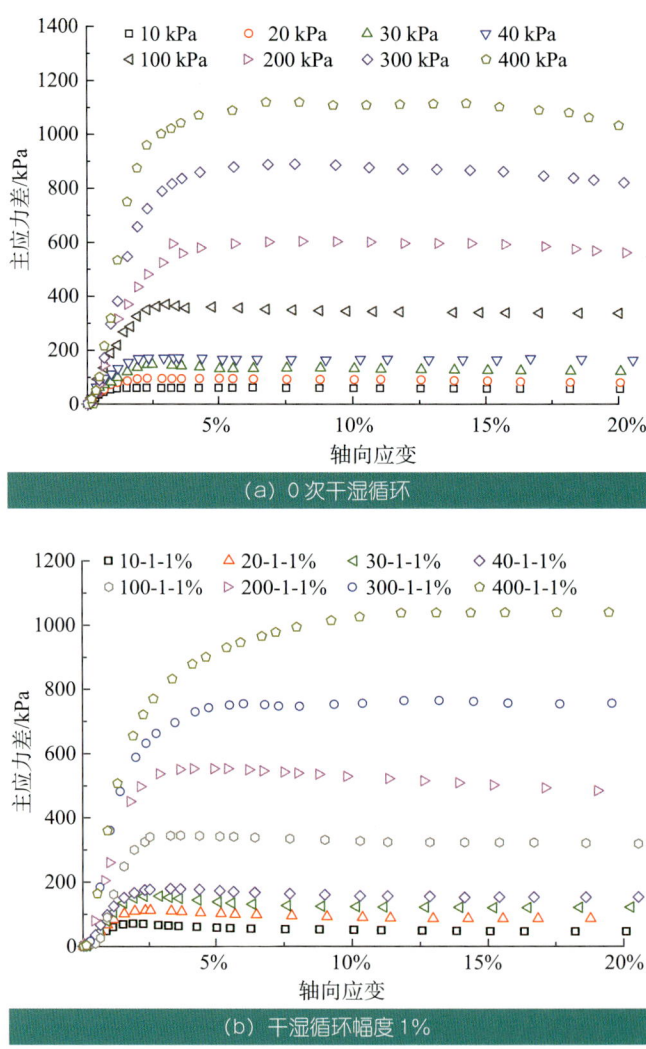

(a) 0次干湿循环

(b) 干湿循环幅度1%

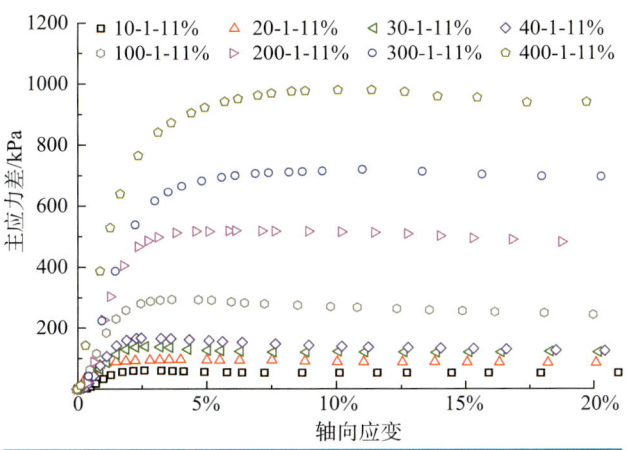

(c) 干湿循环幅度 1%~11%

图 4-5 典型干湿循环幅度下土的应力-应变关系曲线

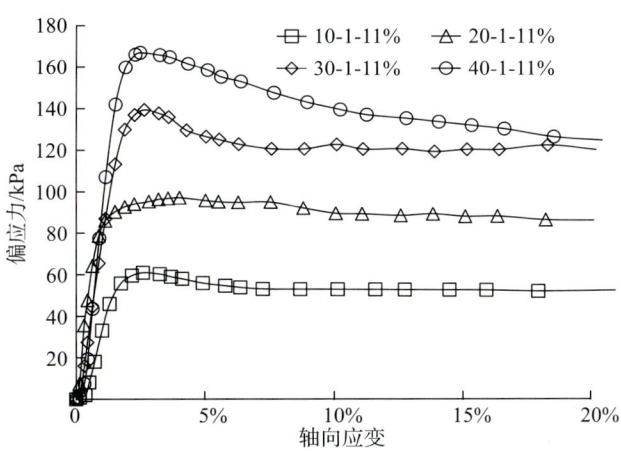

(a) 低应力

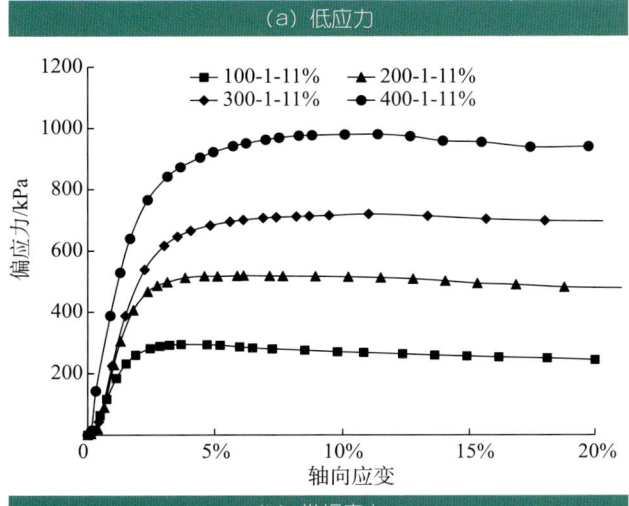

(b) 常规应力

图 4-6 干湿循环幅度 1%~11% 的应力-应变关系曲线

可以看出：

①无论是未经历干湿循环土样还是经历干湿循环土样，相同轴向应变时，其偏应力均随围压增大而增大。围压越大，应力－应变关系曲线越陡，初始切线模量越大。

②未经历干湿循环土样，随围压增大，其应力－应变关系曲线呈现应变软化型向应变硬化型发展的趋势；经历一定干湿循环幅度后的土样，其应力－应变关系曲线变化规律也类似，但其变化幅度更加显著。龚晓南等[192]认为，土均具有结构性，重塑土也具有一定的结构屈服应力，当荷载大于屈服应力时其力学特性显著不同。李作勤[193]的研究指出，可以将应力－应变关系由应变软化向应变硬化转变的固结应力作为屈服应力。就击实粉土而言，其也存在一个应变硬化和应变软化的分界点，屈服应力取 100 kPa，呈现低于屈服应力时的应变软化特征与高于屈服应力时的应变硬化特征。彭丽云等[53]对京九铁路路基粉土的研究也得到了类似结论。

4.3.2　干湿循环幅度对应力－应变关系的影响

图 4-7 为相同围压下不同干湿循环幅度粉土的应力－应变关系曲线。

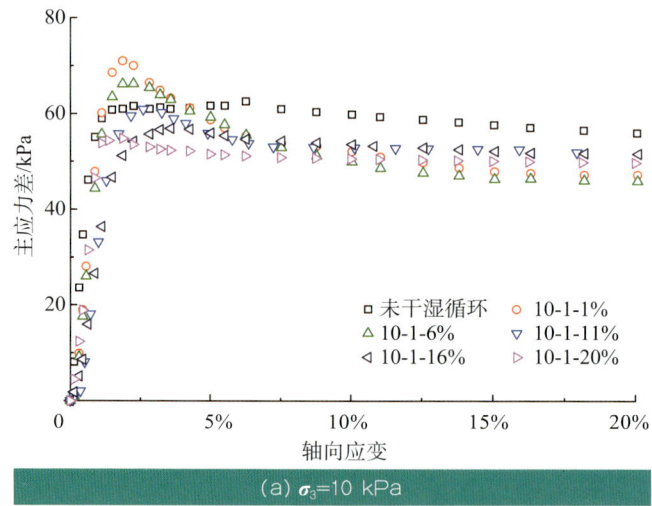

(a) σ_3=10 kPa

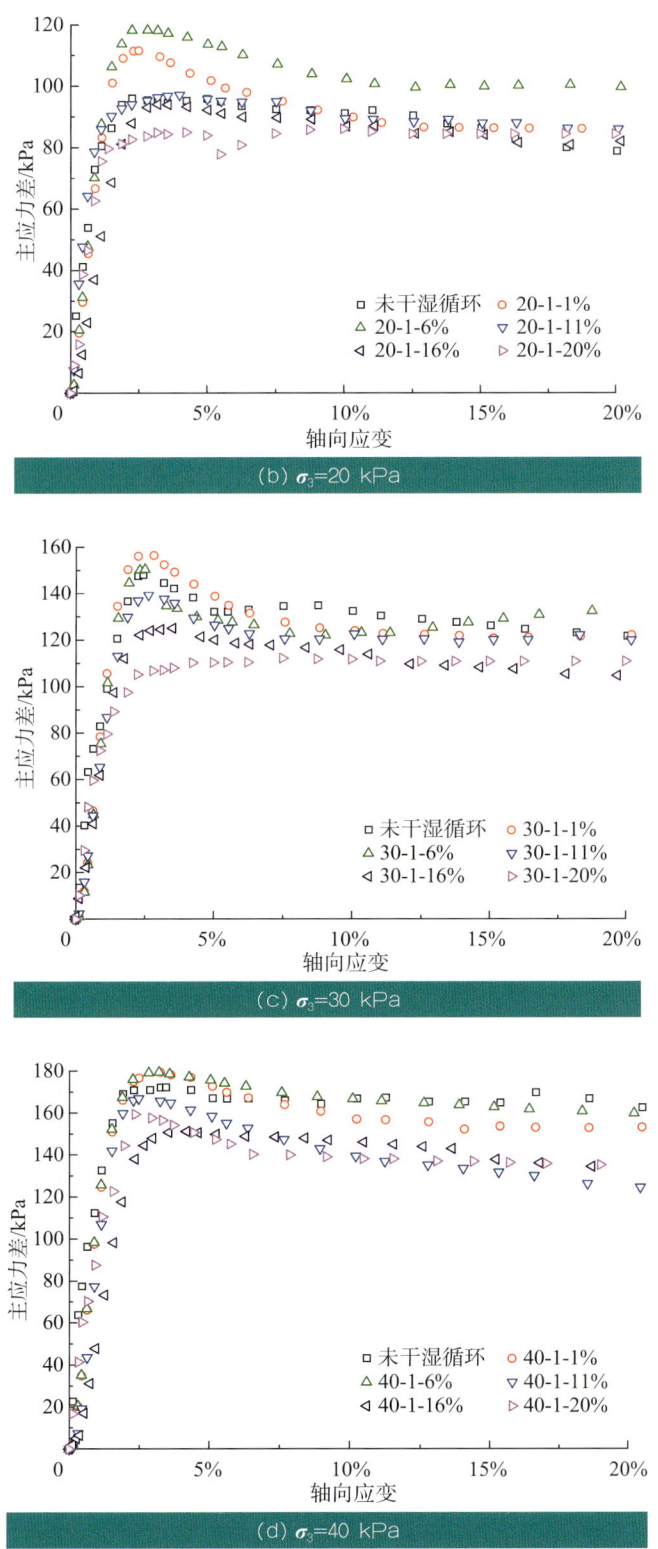

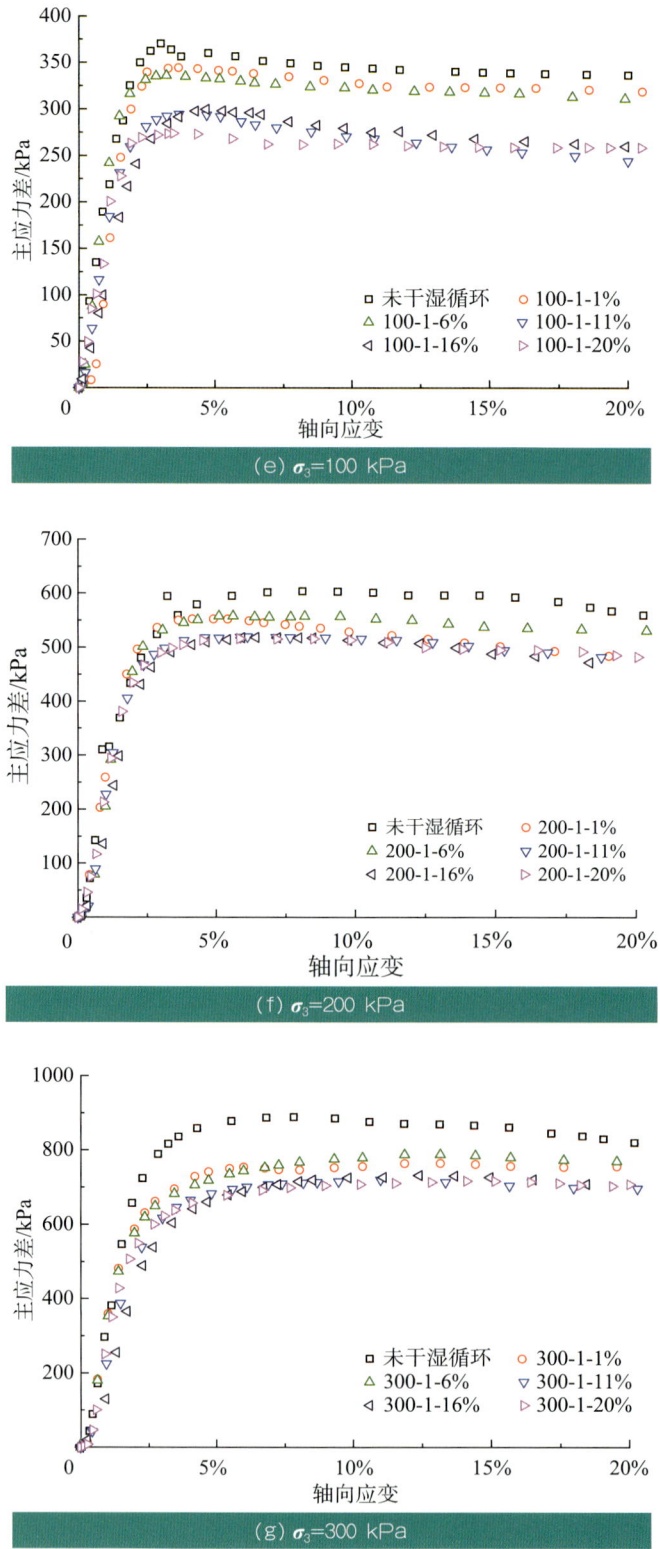

(e) σ_3=100 kPa

(f) σ_3=200 kPa

(g) σ_3=300 kPa

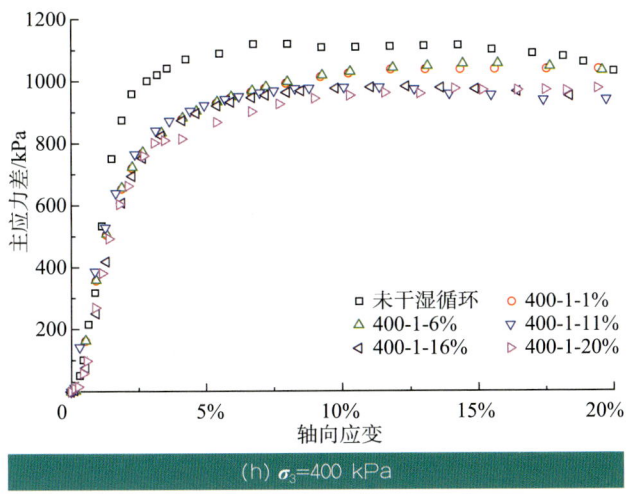

图 4-7 不同干湿循环幅度粉土的应力-应变关系曲线

可以看出：

①与经历不同干湿循环幅度土样相比，未经历干湿循环土样偏应力峰值或破坏强度在低围压下仅小于经历 1% 及 1%～6% 干湿循环幅度土样，而较高围压时却大于所有经历干湿循环土样。分析认为，这与重塑过程中土的结构性有关。重塑土的结构性不同于原状土胶结作用和颗粒排列所致结构性，其主要体现在重塑过程所形成的次生联结作用和吸力胶结作用[166]。对于小循环幅度（1% 和 1%～6%），从非饱和土力学角度来说，其相当于土样经受很大的吸力作用。在较大的吸力作用（对于黏土，其最大吸力作用高达 10^5 kPa[85]）下，土颗粒及团聚体间距减小，水膜厚度变薄，孔隙水缩裹至团聚体表面和内部，该强结合水具有固体的特征，团聚体形成土体骨架，加上在大吸力作用下时间较长（本次试验长达 270 d），团聚体内部及接触点位置趋于稳定，其结构性增强，强度增大。例如，龚晓南等[192]认为，时间对于土样的结构性有显著影响；Morreto[194] 重塑 Detroit 黏土试验也表明，保持含水率不变时，放置时间越长，其抗剪强度越大。

与此相反，较大干湿循环幅度时，在粉土样中黏粒吸湿膨胀-脱湿收缩的反复作用下，容易产生较多的微裂隙，宏观上表现为孔隙比的增大、抗剪强度和初始剪切模量的降低，这在很大程度上导致常规应力下未经历干湿循环土样的高强度。而低围压时，固结围压对干湿循环所致重塑土样结构性影响较小，此时，低循环幅度下土样形成的结构得以部分保持，从而出现其强度大于未经历干湿循环土样的现象。

②就干湿循环幅度对粉土应力-应变关系曲线形态的影响而言，在围压10～40 kPa下，其应力-应变关系曲线在低干湿循环幅度时软化性较强，随着干湿循环幅度增大（1%～20%），其应力-应变关系曲线逐渐呈弱应变软化型，甚至呈应变硬化型。而当围压增加至100 kPa以上时，无论干湿循环幅度如何，其应力-应变关系曲线均呈弱应变软化型或应变硬化型。另外，还发现，在围压10～40 kPa下，干湿循环幅度越小，其初始剪切刚度越大；固结排水条件下粉土的残余强度随干湿循环幅度的降低而增大。

4.3.3 体变-应变关系

由于体变曲线变化规律类似，图4-8仅给出了0次干湿循环、干湿循环幅度1%和干湿循环幅度1%～11%这3种状态下的体变-应变关系曲线。

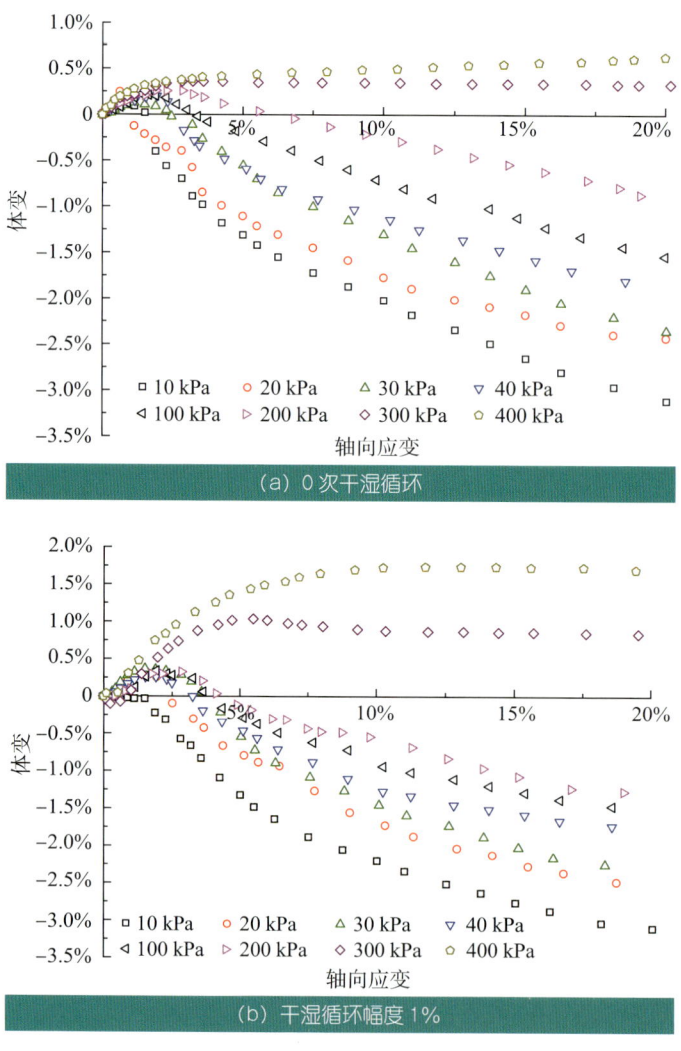

(a) 0次干湿循环

(b) 干湿循环幅度1%

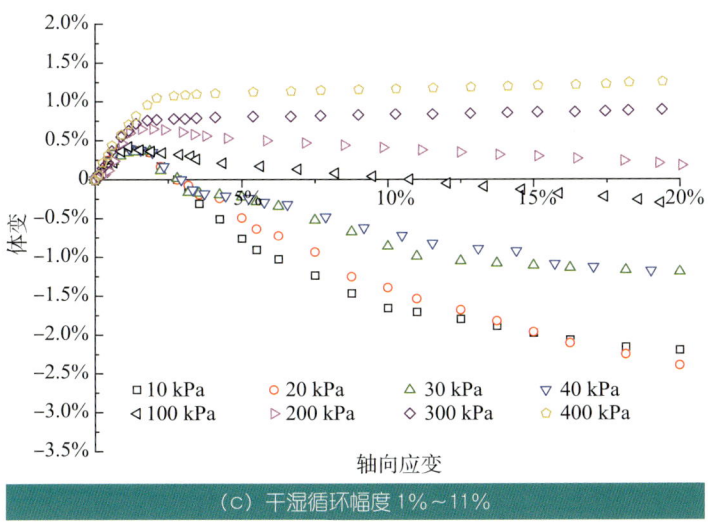

(c) 干湿循环幅度 1%~11%

图 4-8　不同干湿循环幅度粉土的体变－应变关系曲线

可以看出：

① 无论经历干湿循环与否，围压对于剪切过程中粉土体变特征影响显著。整体表现为低围压下先剪缩后剪胀，而高围压下在轴向应变范围内均为剪缩。

具体表现为，在剪切初始阶段，低围压下粉土样首先进入剪缩过程，围压越大，达到峰值的轴向应变越大，该阶段主要为压密过程；随着剪切的进行，剪胀发生，体积呈增大趋势，这时密度减小、含水率增大、偏应力减小；当轴向应变达 20% 时，体变随围压增大而增大，小围压体变曲线始终处于下方。当围压增大至屈服应力 100 kPa 时，剪切过程中体积变化规律发生改变，剪切过程中体变在应变 10% 时其值由正值变为负值，相应的土样呈剪缩向剪胀过渡状态，土样整体呈剪缩状态；当轴向应变达 20% 时，体变仍随围压增大而增大，所不同的是，此时体变多为正值。

② 未经历干湿循环和经历一定幅度干湿循环土样的体变曲线虽规律类似，但其变化幅度在数值上还是存在一定差异的。这与土样经历一定干湿循环幅度后孔隙结构发生变化有关。

4.3.4　抗剪强度变化规律

各围压下粉土抗剪强度如图 4-9 和图 4-10 所示。可以看出：

① 粉土样的抗剪强度受干湿循环幅度影响显著，其变化规律与固结围压紧密相关。在围压 10~40 kPa 时，与 0 次干湿循环土样相比，随着干湿循环幅度的增大，抗

剪强度呈先小幅增大后显著减小的变化规律。例如，围压 20 kPa 时，0 次干湿循环土样强度为 99.87 kPa，随着干湿循环幅度的增加，其强度由 113.51 kPa 逐渐衰减至 85.00 kPa。而随着围压增加至 100 kPa 以上，与 0 次干湿循环土样相比，抗剪强度随着干湿循环幅度的增加而整体呈减小趋势。结合应力-应变关系曲线分析认为，这与粉土的屈服应力有关。粉土长期干燥所形成的坚硬团聚体及其二次稳定结构并不牢固[195]，在经历较大固结应力后，其二次稳定结构产生了较大程度的破坏，此时，粉土的结构性大大减弱，从而导致其抗剪强度的单调衰减。也就是说，对于粉土样，即使土样经历了基本相同的历史干燥应力作用，吸湿至不同含水率状态时，其结构调整也有所不同。在进行粉土强度特性干湿循环效应的研究中，仅考虑历史骨架应力是不够的[196]。

②无论何种围压作用，与未经历干湿循环土样相比，吸湿含水率小于 6% 和大于 11% 的土样，其剪切强度截然不同。具体内容将在 4.5 节进行讨论。

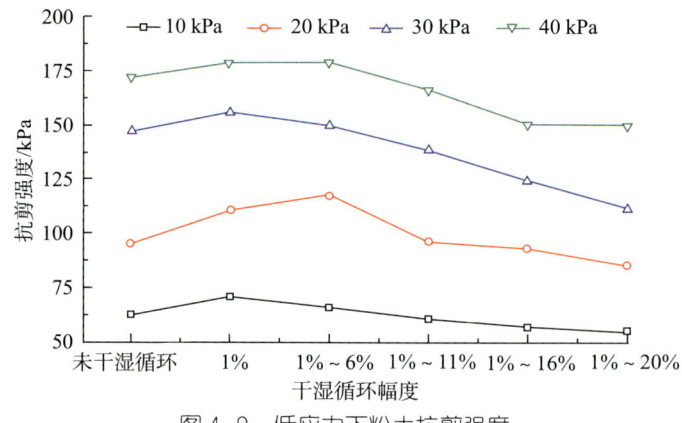

图 4-9　低应力下粉土抗剪强度

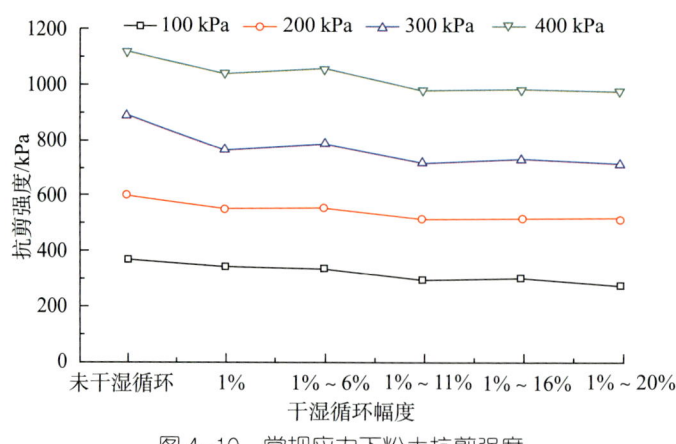

图 4-10　常规应力下粉土抗剪强度

为进一步量化分析干湿循环幅度对粉土强度的影响，文献[197]中采用十字板抗剪强度评估软土损伤度的方法，以未经历干湿循环粉土的强度为无损伤粉土强度，按式（4-1）计算不同干湿循环幅度粉土的损伤程度，损伤度 SD 如图4-11所示。

$$SD = \frac{\sigma_w - \sigma_s}{\sigma_w}, \qquad (4-1)$$

式中，σ_w 为未经历干湿循环粉土的抗剪强度；σ_s 为不同损伤状态下的粉土抗剪强度。

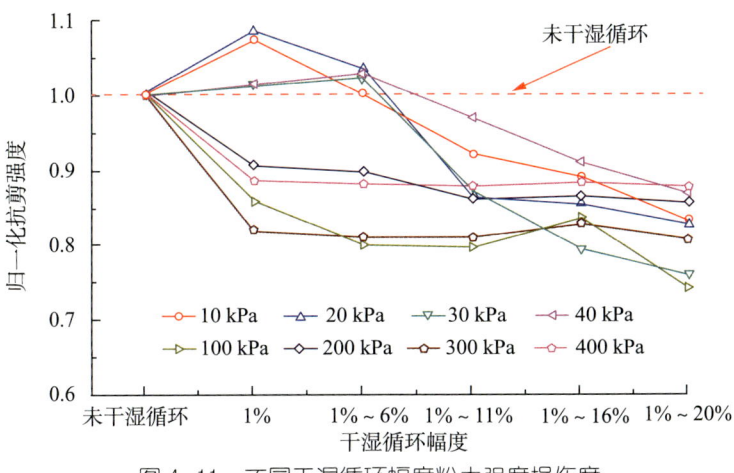

图4-11 不同干湿循环幅度粉土强度损伤度

可以看出，围压 10~40 kPa 时，与未经历干湿循环土样相比，粉土抗剪强度经历了先强化后劣化的变化规律。例如，围压 10 kPa 时，若干湿循环幅度增加至 1%~20%，则其劣化度达 17.2%。而围压 100~400 kPa 时，粉土抗剪强度均较未经历干湿循环土样有所减小，即其强度仅有劣化过程，且强度衰减幅度均与干湿循环幅度正相关。粉土经历干湿循环幅度达到 1%~20% 时，劣化度均在 18.3%~26.6%。

对于土遗址而言，在根部积水作用下，地面以上一定高度范围内土体含水率呈减小趋势，在经历了多次积水-太阳辐射蒸发作用后，其强度衰减幅度自地面向上减小，如图4-12所示。也就是说，在经历多次干湿循环作用后，土遗址本体距地面高度大于 77 cm 部分基本不受影响，甚至还会较 0 次干湿循环土样有所强化，而距地面小于 77 cm 范围内，其中 0~50 cm 为严重损伤区，50~77 cm 为弱损伤区或过渡区。由此可以看出，即使不考虑地面以上不同高度的含水率对抗剪强度的影响，仅从干湿循环幅度对粉土强度损伤作用来看，土遗址病害仍易发生在 0~50 cm 高度范围内的严重损伤区，长期作用后即表现为根部掏蚀或局部破坏。现场调查中也发现，根部掏蚀高度范围为 0～50 cm，这与干湿循环幅度下粉土强度劣化区域是一致的。

为进一步分析低应力状态下的合理性，按照常规应力范围（100～400 kPa）的 4 个测点进行线性拟合，获得 Mohr-Coulombs 公式下的抗剪强度直线，并据此计算低应力范围（10～40 kPa）相应的剪应力。根据土力学理论，试样剪切破坏时试样的有效应力状态分别落在极限应力圆顶点连线 K_f' 线上（图 4-13）。设 K_f' 线与纵坐标的截距为 a'，倾角为 θ'，则 a'、θ' 与 c、φ 间的相互关系，可将 K_f' 线与强度包线绘制在同一 τ-σ 坐标图上，通过几何关系计算获得，也可由土的极限平衡理论推算得到。

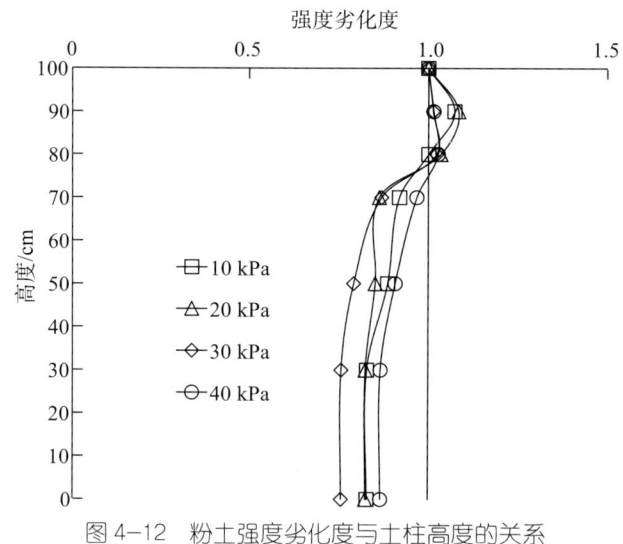

图 4-12　粉土强度劣化度与土柱高度的关系

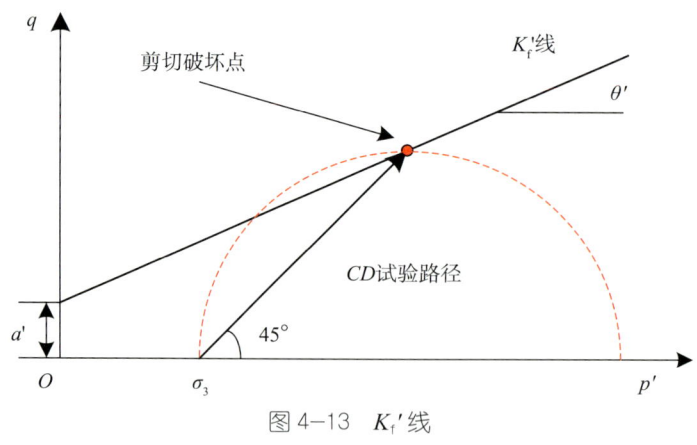

图 4-13　K_f' 线

根据土的极限平衡理论，a'、θ' 与 c、φ 间的相互关系为：

$$\sin\varphi = \tan\theta', \quad c' = \frac{a'}{\cos\varphi'}. \tag{4-2}$$

通过计算，得出低应力下抗剪应力的实测值与对应计算值，如表 4-2 所示。

表 4-2　低应力下抗剪应力的实测值与对应计算值

围压 / kPa	$(\sigma_1-\sigma_3)_f$ 实测值 干湿循环幅度						$(\sigma_1-\sigma_3)_f$ 计算值 干湿循环幅度					
	A	B	C	D	E	F	A	B	C	D	E	F
10	68.6	71.1	66.2	60.9	56.9	54.9	137.0	113.3	100.4	93.3	85.6	73.9
20	107.0	111.6	118.3	97.1	94.1	86.1	167.0	140.1	128.4	118.8	111.1	99.9
30	140.1	156.5	150.5	139.3	125.2	112.3	198.5	166.8	156.3	144.3	136.6	125.9
40	166.3	179.5	179.5	166.9	151.4	151.5	227.1	193.6	184.3	169.7	162.1	152.0

注：A~F 分别代表 0 次干湿循环、1%、1%~6%、1%~11%、1%~16% 和 1%~20%。

表 4-2 中的实测剪切强度与计算剪切强度表明，按 Mohr-Coulombs 强度准则，以常规应力推算低围压下的粉土破坏强度均大于实测值，且固结围压越小，差值越大。以干湿循环幅度 1% 为例，围压为 10 kPa、20 kPa、30 kPa、40 kPa 时的实测值分别为 71.1 kPa、111.6 kPa、156.5 kPa 和 179.5 kPa，而按常规应力拟合式计算强度为 113.3 kPa、140.1 kPa、166.8 kPa 和 193.6 kPa，分别为实测值的 1.59 倍、1.26 倍、1.07 倍和 1.08 倍。显而易见，按照常规应力进行三轴剪切试验所得结果大于浅层破坏时破坏面的真实抗剪强度，是不可靠的。

4.3.5　强度参数变化规律

为描述粉土强度的非线性特性，将常规应力（100~400 kPa）与低应力（10~40 kPa）强度的包线绘制于同一图中，如图 4-14 所示。

可以看出，粉土抗剪强度参数与固结围压有关。即与常规应力时相比，低应力粉土黏聚力较小，而内摩擦角则有所增加。对于土遗址浅层破坏，采用常规应力所得黏聚力偏大，而浅层土体内摩擦角对抗剪强度贡献较小，黏聚力则占比较大。因此，黏聚力大小对于浅层土体稳定性影响显著。在进行根部掏蚀等浅层病害分析时，尚需运用低应力条件下的黏聚力进行合理分析。

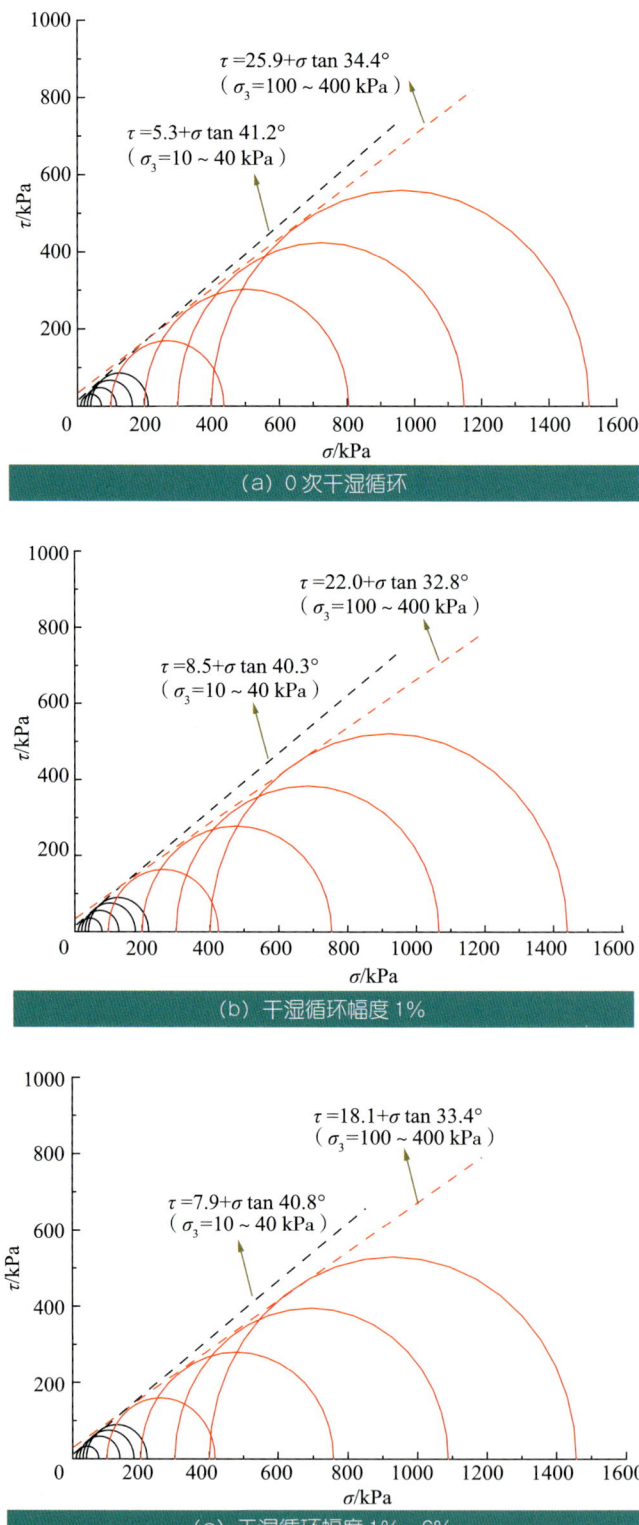

(a) 0次干湿循环

(b) 干湿循环幅度1%

(c) 干湿循环幅度1%~6%

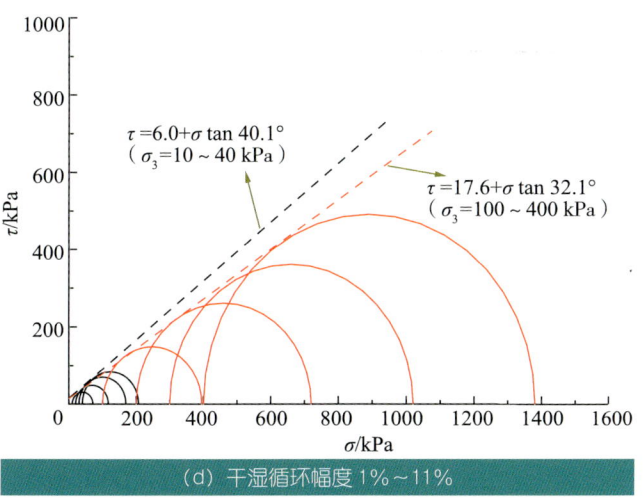
(d) 干湿循环幅度 1%~11%

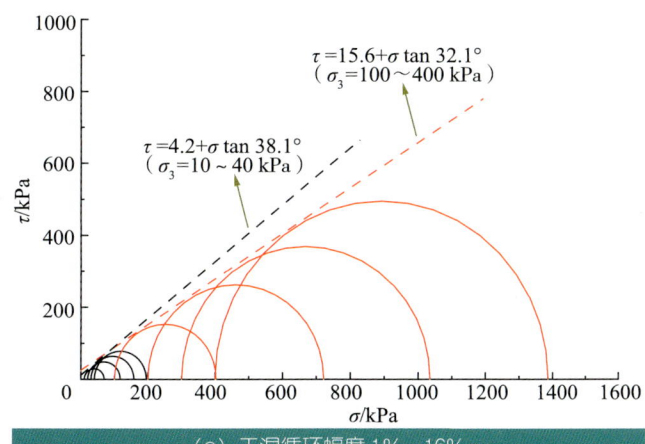
(e) 干湿循环幅度 1%~16%

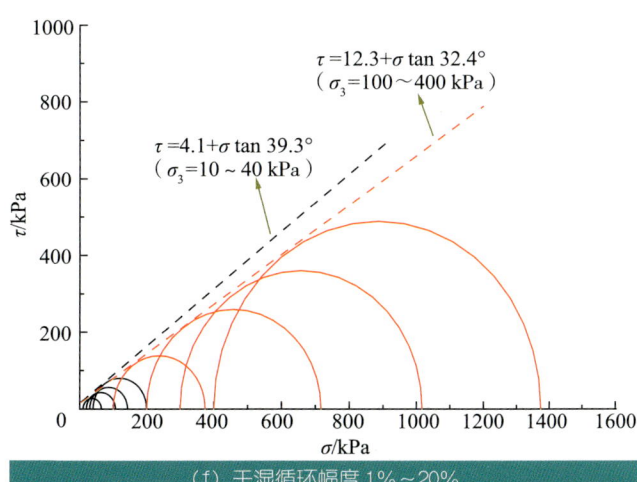
(f) 干湿循环幅度 1%~20%

图 4-14　不同干湿循环幅度粉土的强度包络线

为对比分析常规应力与低应力时粉土抗剪强度参数的变化规律，分别对围压10~40 kPa及100~400 kPa下的粉土进行分段处理，获得相应固结应力下的抗剪强度参数，如图4-15和图4-16所示。可以看出：

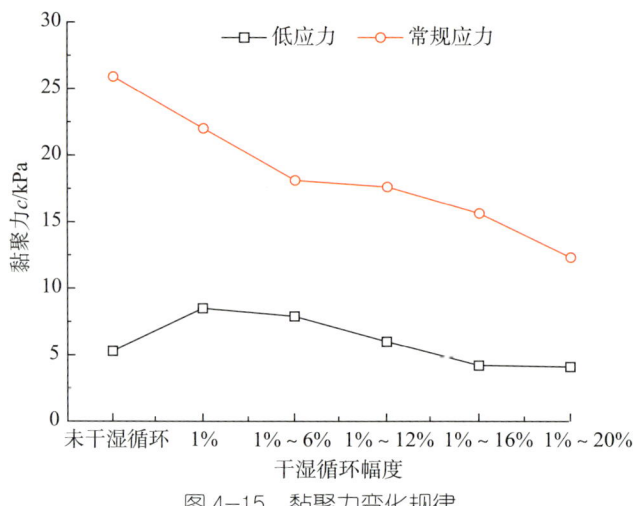

图4-15　黏聚力变化规律

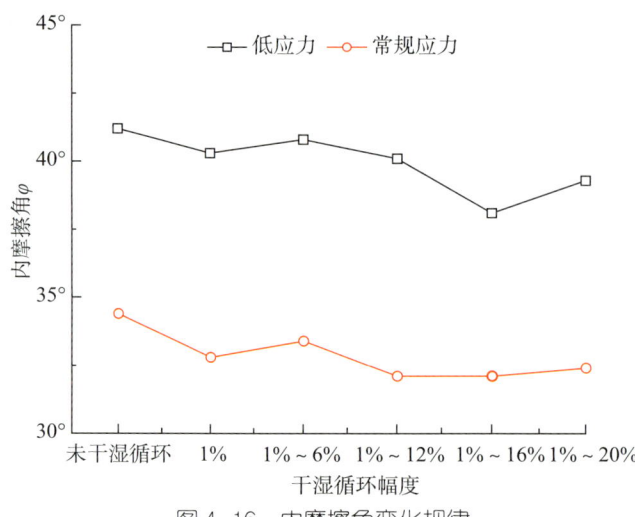

图4-16　内摩擦角变化规律

①与剪切强度变化特征类似，即与未经历干湿循环土样黏聚力相比，在低应力下，其黏聚力随干湿循环幅度的增加呈现先增加然后显著减小的变化规律。而在常规应力范围内，与未经历干湿循环土样黏聚力相比，经历干湿循环后，土样黏聚力均有不同程度的降低，且干湿循环幅度越大，黏聚力降幅越大。

②经历相同的干湿循环幅度，低应力和常规应力作用下，其黏聚力的变化规律截

然不同，主要体现在干湿循环幅度较小时。对于土遗址而言，病害分析时需考虑显著的围压效应。即在浅层和较大应力的填筑或修复工程中，需区别对待，否则将出现相反的结论。例如，中原地区土遗址掏蚀等浅层病害多发生在距地面 30～50 cm 高度范围内，可知其主要是因为在多次干湿循环作用后，该高度范围内黏聚力大幅劣化，而 77 cm 以上范围却出现了黏聚力强化现象，抵抗外界自然环境影响的能力增强，甚至高于未经历干湿循环土样[198-199]。

③粉土的内摩擦角随干湿循环幅度变化较小，变化范围在 2°以内。

不同干湿循环幅度下遗址粉土力学特性的演化机制分析见第 4.5 节。

4.4 不同干湿循环幅度下粉土的孔隙分布特征

4.4.1 压汞试验结果分析

土的力学特性变化规律本质上是其微观结构变化的宏观反映，而孔隙结构是其微观结构的重要组成部分。因此，通过孔隙分布的变化解释宏观力学特性不失为一种可行的方法。许多研究表明[21, 200]，压汞法是一种有效的孔隙结构测试方法。

图 4-17 为不同干湿循环幅度粉土样的累积进汞曲线。可以看出，随着干湿循环幅度增大，最大进汞量逐渐增大。与未经历干湿循环作用土样相比，当干湿循环幅度在缩限（7.1%）以下时，其最大进汞量均稍小于未经历干湿循环土样，而当干湿循环幅度在缩限（7.1%）以上时，其最大进汞量均稍大于未经历干湿循环土样。

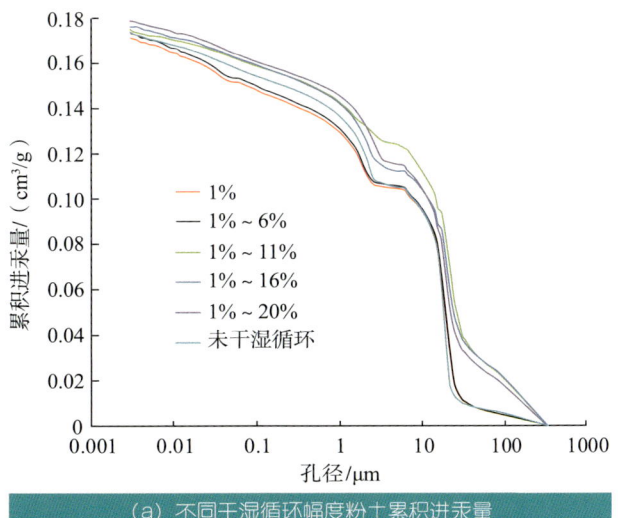

(a) 不同干湿循环幅度粉土累积进汞量

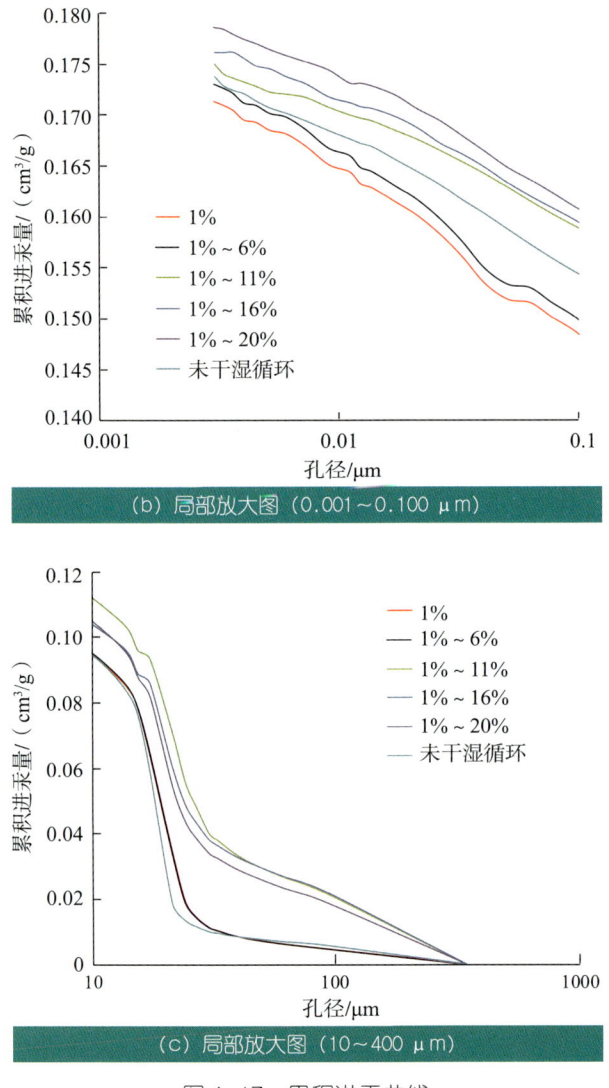

图 4-17 累积进汞曲线

图4-18给出了未经历干湿循环土样与经历不同干湿循环幅度土样的孔径密度分布曲线。可以看出，6组试样的孔径密度分布曲线均呈双峰或三峰分布。分析峰值对应的孔径，可以看出，孔径主要集中于0.4~400 μm。经历不同干湿循环幅度后，粉土样孔隙分布曲线存在一定差异。例如，随着干湿循环幅度的增加（1%~16%、1%~20%），大孔隙显著增加，这符合一般认识。然而，在干湿循环幅度较小时（1%、1%~6%），其孔隙分布曲线与未经历干湿循环土样类似，且大孔隙（大于60 μm）消失。说明随着干湿循环幅度的增加，微裂隙产生并发育，从而导致颗粒发

生移位，粒间大孔隙明显增大，干湿循环过程中孔隙变化主要是由粒间大孔隙导致的。而在干湿循环幅度较小时，干湿循环过程中含水率始终低于收缩稳定含水率，干湿循环过程并未对土体结构产生破坏影响，相反，由于较大吸力作用，颗粒间距减小，大孔隙减小甚至消失。这也进一步验证了上述推测的合理性。

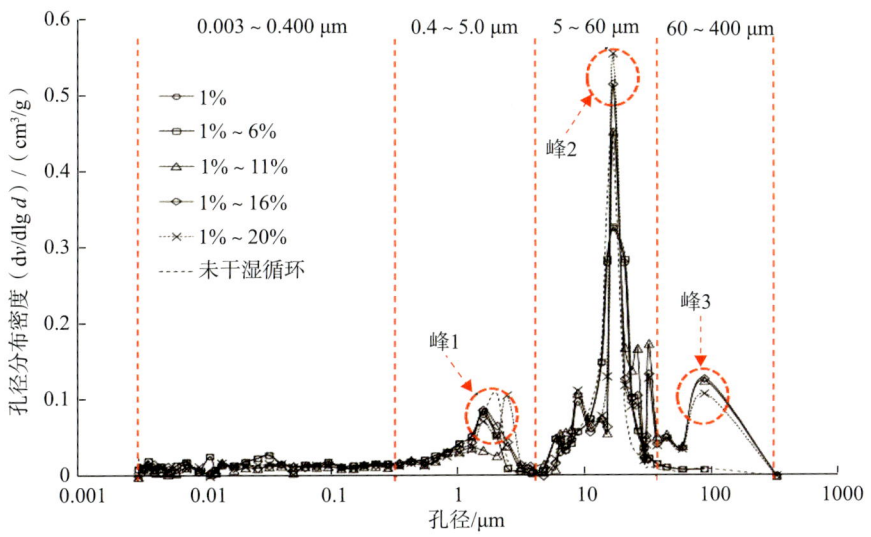

图 4-18　不同干湿循环幅度下土样的孔径密度分布曲线

为了定量说明孔隙体积大小和分布随干湿循环幅度的变化规律，把图4-18中各曲线的峰值及对应的孔径列于表4-3。

表 4-3　峰值及对应的孔径

幅度	峰值1		峰值2		峰值3	
	孔径/μm	分布密度/(cm³/g)	孔径/μm	分布密度/(cm³/g)	孔径/μm	分布密度/(cm³/g)
0次干湿循环	2.0964	0.1092	17.2830	0.4350	—	—
1%	1.6222	0.0809	17.2790	0.3255	—	—
1%~6%	1.6250	0.0853	17.2683	0.3270	—	—
1%~11%	2.5135	0.0397	21.3370	0.3196	90.4040	0.1251
1%~16%	1.6190	0.0869	17.2800	0.5146	90.4134	0.1278
1%~20%	2.5194	0.1067	17.2800	0.5547	90.4690	0.1083

可以看出，峰值1集中于1.6190~2.5194 μm，峰值2集中于17.2683~21.3370 μm，

峰值 3 则仅在干湿循环幅度较大时产生。也就是说，干湿循环幅度较大时，其粒间大孔隙的变化占主导作用，而其他孔径仍会发生一定变化，只是相对变化较小。

为了捕捉不同孔径范围内的孔隙体积在不同干湿循环幅度试验过程中的微小变化，孔径范围划分不能过大；也不能取值过小，否则计算量过大。孔隙分类标准同第二章。不同孔径范围内的孔隙体积分量统计后列于图 4-19。

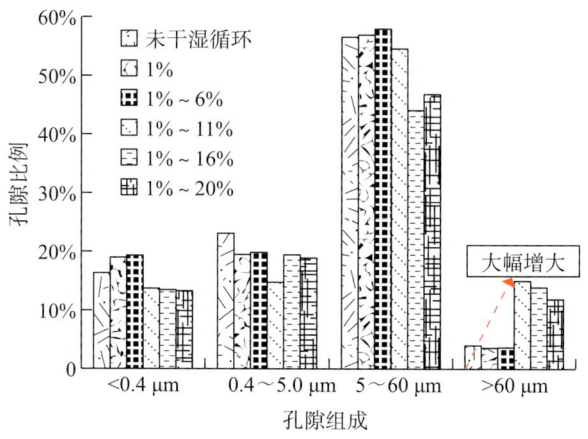

图 4-19 不同干湿循环幅度下粉土的各类孔隙体积

可以清晰地看出，干湿循环幅度较小时，大孔隙含量很少，约占 5%，而随着干湿循环幅度的增加，大孔隙含量逐渐增加至 15% 左右。孔隙比例可以较好地反映干湿循环过程对粉土孔隙分布的影响规律。

4.4.2 核磁共振试验结果分析

图 4-20 和表 4-4 给出了不同干湿循环幅度下土样的 T_2 分布曲线及积分面积统计表。由此可以看出，不同干湿循环幅度下土样的 T_2 分布曲线形态差异较大，主要呈现出 3 种形态：①初始土样 T_2 分布曲线为 4 峰结构；② 1% 和 1%~6% 干湿循环幅度下 T_2 分布曲线第 3~4 峰合并，为 3 峰结构；③ 1%~16% 和 1%~20% 干湿循环幅度下土的 T_2 分布曲线又呈现向 4 峰发展的趋势，但第 2~3 峰曲线积分面积增大，峰值降低。T_2 分布曲线积分面积所代表的总孔隙体积在 1%，在 1%~6% 干湿循环幅度下稍有减小，土样趋于密实；当干湿循环幅度大于 1%~16% 时，土的总孔隙体积增加，且干湿循环幅度越大，总孔隙体积增幅比例越高，与初始土样相比，循环幅度为 1%~20% 时土的总孔隙体积增幅约为 5.4%，劣化效应明显。整体而言，核磁共

振试验结果与压汞试验所反映的孔隙结构变化规律基本一致。进一步说明了较小干湿循环幅度下土的密实度增大，力学性能得到强化；而干湿循环幅度增大时，土的孔隙体积逐渐增大，力学性能劣化。遗址粉土孔隙结构变化规律能够合理诠释遗址粉土力学性能的干湿循环幅度效应。

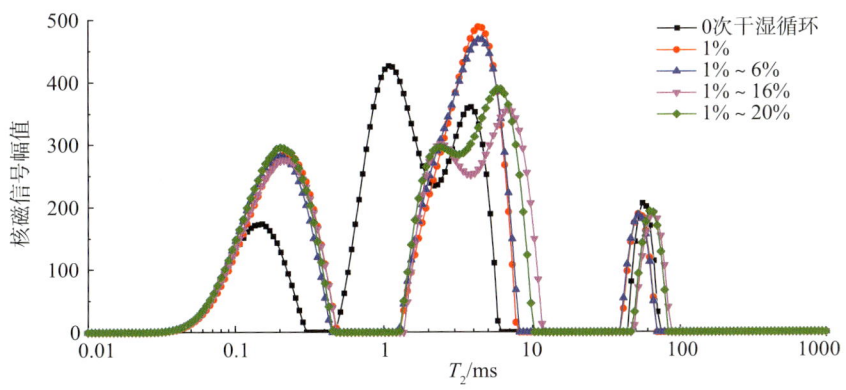

图 4-20　不同干湿循环幅度下土样的 T_2 分布曲线

表 4-4　不同干湿循环幅度下土样的 T_2 分布曲线面积

循环幅度	峰总积分面积	第 1 峰积分面积	第 2～3 峰积分面积	第 4 峰积分面积
0 次干湿循环	16 386	3194.4	12 057.0	1134.5
1%	16 138	6139.3	8866.8	1132.2
1%～6%	16 249	5958.2	9152.5	1139.0
1%～16%	16 655	6221.6	9232.2	1201.5
1%～20%	17 265	6525.9	9543.9	1194.9

4.5　遗址粉土力学特性的干湿循环幅度效应机制分析

在土柱取样过程中，对其干密度进行测试，试验结果如图 4-21 所示，其中位置 1～位置 5 与土柱中取三轴样位置相对应。

可以看出，以初始干密度 1.710 g/cm³ 为分界线，在距土柱顶部 20～30 cm 时，其干密度均稍高于初始干密度；而在距土柱顶面 40～90 cm 时，其干密度均为 1.708 g/cm³，低于初始干密度。与图 4-3 中含水率随土柱高度的变化规律对比分析，可以发现，距土柱顶部 20～30 cm 时，其干湿循环幅度在 1%～8%，而在 40～90 cm 时，其干湿循环幅度则增加至 1%～11%。干密度越大，强度越大。这也从宏观上解释了粉土经历多次不同干湿循环幅度后土样强度及变形特性的变化规律。需要说明的是，采用三轴或环刀样进行反复干湿循环后，由于存在土样微裂隙及掉土渣等现象，会对土样的真实干密度产生显著影响，从而掩盖土样干密度的微小变化[198]。

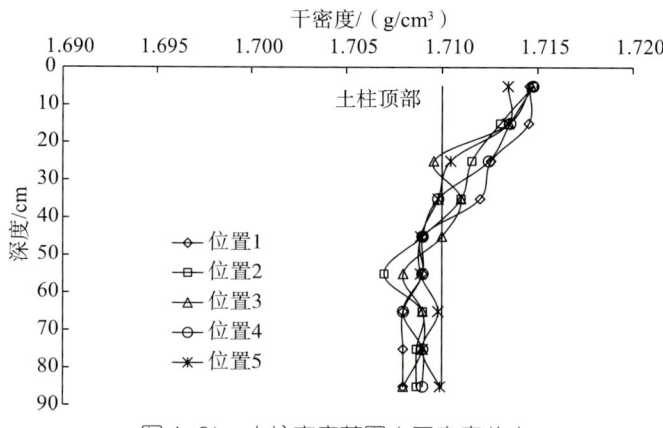

图 4-21　土柱高度范围内干密度分布

从非饱和土力学角度来看，干湿循环过程其实就是吸力增加至某一数值后再减小的过程，该过程对孔隙分布的影响可通过土水特征曲线的滞后效应体现。即吸力相同时，脱湿路径下试样的含水率高于吸湿路径下的含水率。但 Sun 等[91]（图 4-22）、Remero 等[89]（图 4-23）的研究表明，在吸力大于某一阈值时，滞后现象消失，吸脱湿曲线基本重合。Sun 等[91]的研究进一步表明，该阈值即为残余含水率。即无论土样的初始含水率和干密度如何，当含水率低于残余含水率时，吸脱湿路径下土样土水特征曲线重合。也就是说，在吸湿含水率低于残余含水率时，干湿循环对土样的影响基本不存在滞后效应，吸湿与脱湿过程对土样孔隙分布无影响。这与图 4-18 中干湿循环幅度较小时孔隙分布曲线相差很小的结论一致。相反，当干湿循环过程中吸湿稳定含水率大于残余含水率时，干湿循环过程中土水特征曲线存在明显的滞后效应。也就是说，此时干湿循环作用将会对孔隙结构产生影响。因此，在干湿循环幅度较小且吸湿含水率低于残余含水率时，土样的强度基本相同。这在孔径分布图中也有所反映，即在孔径＜ 0.4 μm 时，各干湿循环幅度土样孔径分布曲线基本重合，即干湿循环幅度仅会对大孔隙产生影响，对小孔隙基本没有影响。

干湿循环过程中会产生微裂隙。通常来说，黏土表面裂隙的形成机制主要有边界作用影响、含水率（吸力）梯度、颗粒联结强度等[201]，但孙文静等[21]在对 Jossioy 粉土的研究中发现，对粉土特殊的颗粒组成而言，其微观层面的裂隙形成机制并不相同。与土体收缩曲线相对应，在初始脱湿阶段，粉粒间联结黏粒均匀收缩，不产生裂隙，仅表现为粉土颗粒的相互靠拢；在脱湿至残余收缩阶段（8.5%~17.0%），在吸力作用下，黏土颗粒、粉土颗粒发生重分布，虽然干湿循环速率较小，但此时有可能会因为黏粒不均匀收缩导致微观裂隙，故干湿循环过程中吸湿含水率是否大于缩限对土体力学特性影响显著；随着进一步脱湿并进入极限收缩状态后，土颗粒因不均匀性重新排列形成粉土颗粒骨架，且能承担因收缩引起的不平衡张拉应力，也就是说，含水率的进一步减小也不会引起粉土粒状结构骨架的变形，微观孔隙达到稳定状态[202]。

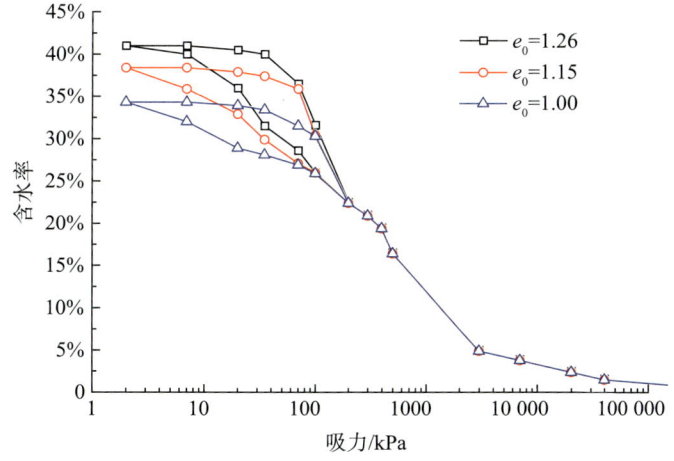

图 4-22　土样的吸脱湿土水特征曲线

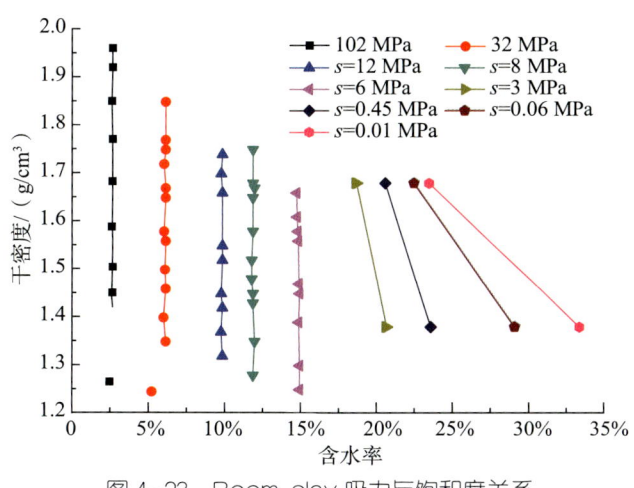

图 4-23　Boom clay 吸力与饱和度关系

图 4-24 为经历不同干湿循环幅度粉土样孔隙及微裂隙发展示意。与未经历干湿循环土样［图 4-24（a）］相比，当干湿循环幅度较小时［图 4-24（b）］，土体的吸

湿膨胀作用与脱湿收缩作用均较小，尤其是对于粉土样，其粉粒含量高达82%，吸脱湿作用对粉粒影响较小，仅对粉粒及团聚体联结部分有一定影响，而对粉粒内部影响较小，表现为团粒间孔隙变小。同时，在长期干湿循环作用下，土颗粒间联结强度增大，土体具有一定的"结构性"。而对于干湿循环幅度较大的粉土样[图4-24（c）]，土体在干燥和吸湿过程中可能会产生微裂隙，在随后的饱和过程中，水膜具有一定的楔入作用，把颗粒间距拉大，黏粒胶结部分发生微裂隙并随干湿循环过程损伤逐渐累积，土体结构遭到破坏。

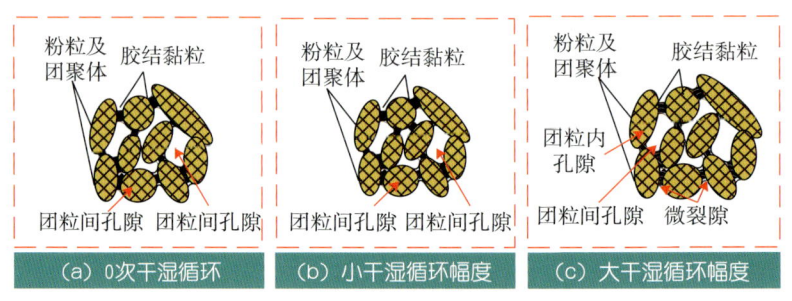

图4-24 粉土样孔隙及微裂隙发展示意

在剪切过程中，粒状结构体系粉土的强度和稳定性不仅取决于颗粒本身的刚度和颗粒间的联结强度，还取决于每个颗粒与相邻颗粒接触胶结联结的数目。对于不同干湿循环幅度土样，以缩限含水率为分界线，吸湿含水率低于缩限含水率时，经历了反复干湿循环过程后，粉土土颗粒间距减小，干密度增大，粉土土颗粒接触点增多，胶结作用增强，剪切过程中，土样剪胀性增加；而当吸湿含水率增加至大于缩限含水率时，干湿循环作用下，由于微裂隙的产生等影响，破碎的土颗粒脱落至粉粒及团聚体所形成的较大孔隙内，而总孔隙比呈增大趋势，宏观表现为剪切过程中的弱剪胀性。这在图4-8中的剪胀曲线上也可以清楚地看出。从经历较大干湿循环幅度后土样剪胀性减小的角度看，干湿循环作用将使土样的强度及抗变形能力减弱，也验证了上述推断的合理性。干湿循环引起的剪胀性变化与吸湿含水率是否大于残余含水率有关。此外，对围压效应而言，围压小于100 kPa时，其抗剪强度及切线模量均稍大于未经历干湿循环土样，而围压大于100 kPa时则相反。由此也可看出，干湿循环幅度与围压对粉土力学特性影响具有一定的耦合作用，而且本质与干湿循环过程中粉土结构强化（颗粒联结作用增强）和劣化（微裂隙扩展）有关。由上述讨论可知，颗粒联结作用增强和微裂隙扩展对粉土力学性质会产生截然相反的作用。即颗粒联结作用增强将引起土体强度的增加而微裂隙扩展则使土体强度降低。

4.6 本章小结

设计符合中原地区土遗址赋存环境的毛细水作用干湿循环方法，通过对经历不同干湿循环幅度的土样进行饱和三轴固结排水剪切试验，研究干湿循环幅度对低应力（10~40 kPa）和常规应力（100~400 kPa）下粉土强度、变形等特性的影响，结合微观试验手段对其机制进行了分析。主要结论如下：

①随着固结应力增大，粉土应力-应变关系曲线由应变软化变为应变硬化，其分界线与屈服应力基本相同。经历一定干湿循环幅度后的土样，其应力-应变关系曲线变化规律较未经历干湿循环的土样更加显著。

②与经历不同干湿循环幅度土样相比，未经历干湿循环土样偏应力峰值或破坏强度呈现低围压下仅小于经历干湿循环幅度 1% 及 1%~6% 的土样，而较高围压时却大于所有经历干湿循环土样。分析认为，这与重塑过程中土的结构性有关。

③无论经历干湿循环与否，围压对于剪切过程中粉土体变特征影响显著。整体表现为低围压下的先剪缩后剪胀，而高围压下在轴向应变范围内均为剪缩。未经历干湿循环和经历一定幅度干湿循环土样的体变曲线虽规律相似，但其变化幅度在数值上还是存在一定差异的。这可能与土样经历一定干湿循环幅度后其孔隙结构发生变化有关。

④粉土样的抗剪强度受干湿循环幅度影响显著，其变化规律与固结围压紧密相关。在围压为 10~40 kPa 时，与未经历干湿循环的土样相比，随着干湿循环幅度的增大，抗剪强度呈现先小幅增大后显著减小的变化规律。无论何种围压作用，吸湿含水率都增大至 6% 以下和 11% 以上，与未经历干湿循环土样相比，其抗剪强度截然不同；在吸湿含水率增大至 16% 以上后，其抗剪强度基本达到稳定。

⑤围压为 10~40 kPa 时，与未经历干湿循环土样相比，粉土抗剪强度经历了先强化后劣化的变化。而围压为 100~400 kPa 时，粉土抗剪强度均较未经历干湿循环土样有所减小，即其强度仅有劣化过程，且强度衰减幅度均与干湿循环幅度正相关。结合土柱高度，分析发现根部掏蚀高度范围与干湿循环幅度下粉土强度劣化区域是一致的。

⑥按直线破坏准则，以常规应力推算低围压粉土破坏强度均大于试验值，按照常规应力进行三轴剪切试验所得结果分析计算土体浅层病害是不可靠的。

⑦随着干湿循环幅度增大，最大进汞量逐渐增大。与未经历干湿循环土样相比，

当干湿循环幅度在缩限（7.1%）以下时，其最大进汞量均稍小于未经历干湿循环土样，而当干湿循环幅度在缩限（7.1%）以上时，其最大进汞量均稍大于未经历干湿循环土样。吸湿含水率是否大于缩限对土体结构影响显著。从非饱和土力学和干湿循环过程中微裂隙扩展的角度来看，吸湿含水率大小对土体力学特性的影响存在阈值效应。

第五章 基于非线性强度准则的遗址粉土 Duncan-Chang 模型

5.1 引言

土遗址是以土作为主要建筑材料的人工构筑物,由于其建筑规模及土体单元埋深差异,遗址本体各处应力水平差异较大。通过对第三章中基于线性 Mohr-Coulombs 强度准则对遗址粉土在 10~40 kPa 及 100~400 kPa 两个围压范围内的强度特性分析发现,试样在不同应力条件下强度参数差异明显。相关学者也通过研究证实了当最小围压/竖向压力小于常规三轴或直接剪切试验中的最小围压/竖向压力(50 kPa)时,土的抗剪强度包络线多呈非线性特征,当应力变化较大时,线性 Mohr-Coulombs 强度准则难以准确描述土的强度特征。故有必要结合遗址粉土的实际应力水平探寻能够合理描述遗址粉土强度特征的强度准则并建立本构关系。

邓肯 – 张(Duncan-Chang)模型由于其参数简单,概念清楚,各参数具有一定的物理意义与几何意义,且可通过常规三轴剪切试验获得,在土的应变硬化及弱软化型应力 – 应变关系中应用较为广泛[183]。

本章通过对第三章中不同干湿循环次数作用下围压为 10~400 kPa 时遗址粉土的应力 – 应变关系进行整理分析,选取合理的非线性强度准则,考虑遗址土的干湿循环效应,建立基于非线性强度准则的遗址粉土 Duncan-Chang 模型,并确定模型参数。

5.2 非线性强度准则

对第三章中围压 10~400 kPa 下遗址粉土的应力 – 应变关系进行整理可知,不同干湿循环次数作用下土的应力－应变关系曲线形态相似，表现为硬化型或弱软化型，偏应力随应变的增长缓慢增长，排水剪切强度随有效固结压力的增加而增大。根据第三章所得粉土抗剪强度，绘制应力莫尔圆及围压为 10～40 kPa 及 100～400 kPa 时土的强度包络线，如图 5-1 所示。

可以看出，在围压为 10～40 kPa 及 100～400 kPa 时，基于线性 Mohr-Coulombs 强度准则对试样破坏强度实测数据进行拟合，所得表征遗址粉土强度特征的线性参数差异明显，相比于高应力水平，低应力水平下拟合所得土的黏聚力值明显偏低，而内摩擦角有所增大。由此可见，遗址粉土在不同应力水平下表现出了明显的强度非线性特征，采用常规线性 Mohr-Coulombs 强度准则难以准确描述土的强度特性。

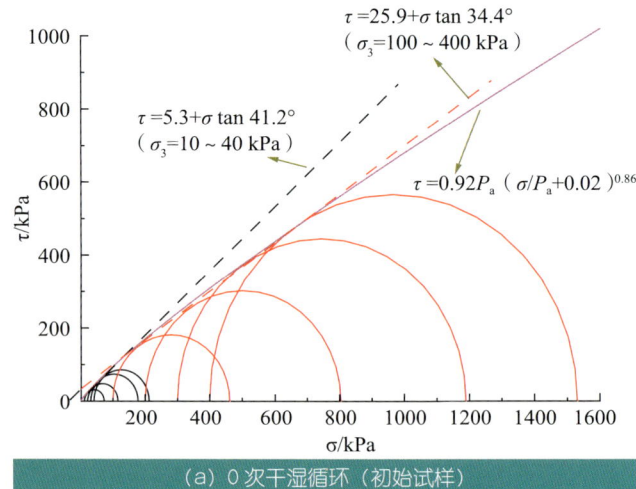

(a) 0 次干湿循环（初始试样）

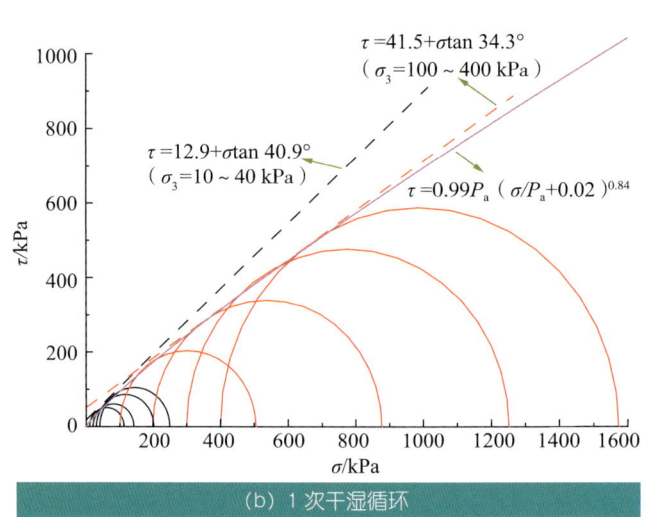

(b) 1 次干湿循环

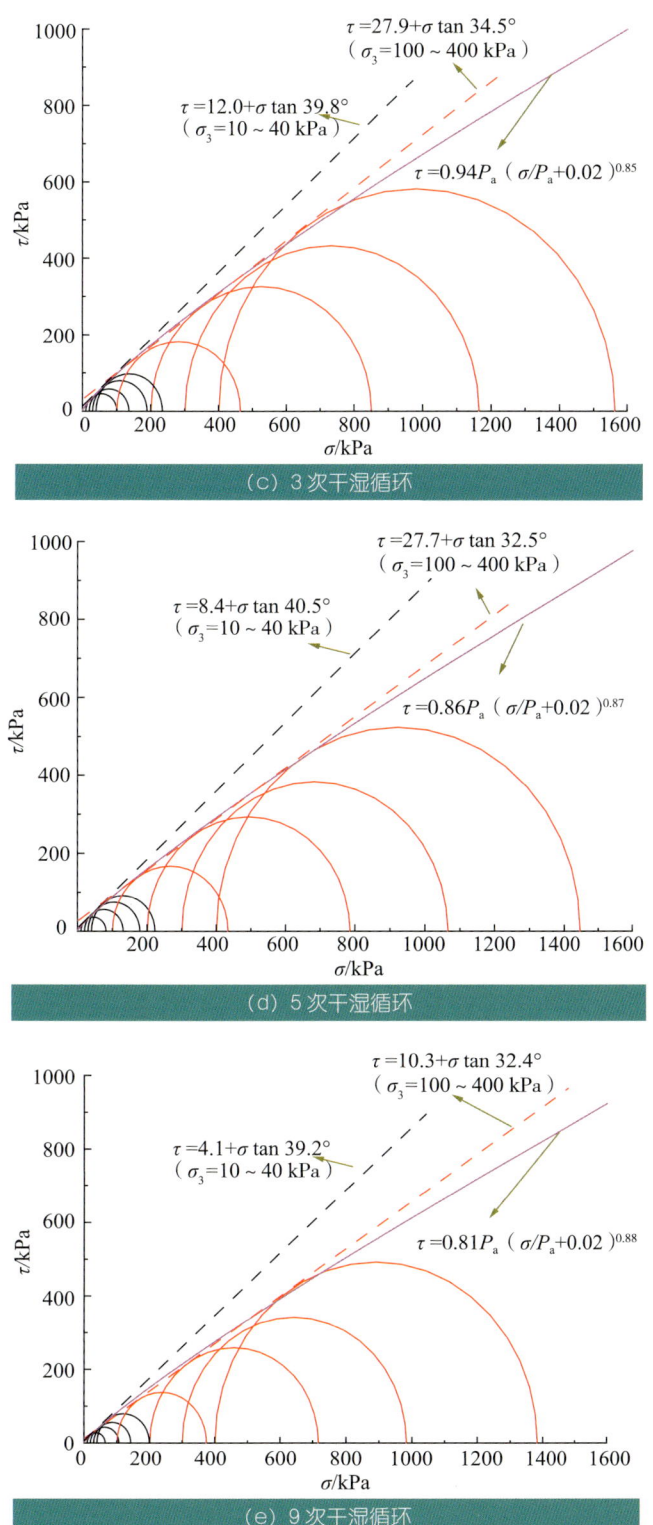

(c) 3次干湿循环

(d) 5次干湿循环

(e) 9次干湿循环

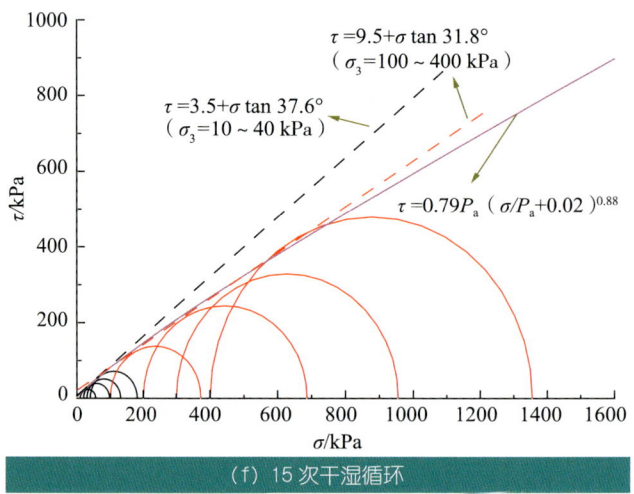

(f) 15次干湿循环

图 5-1 干湿循环作用下遗址粉土非线性强度包络线

目前，对于土体强度非线性描述的函数主要有双线性[145]、三线性[146]、简单幂函数[147]及广义幂函数[151]，其中 Baker 所提出的广义幂函数［式（5-1）］与摩尔包线相关的岩体非线性强度 Hoek-Brown 准则相似，易于工程分析，且参数 A、n、T 物理意义明确，应用较为广泛。

$$\tau = S_{NL}(\sigma|A,\ n,\ T) = P_a A \left(\frac{\sigma}{P_a} + T \right)^n。 \qquad (5-1)$$

式中，P_a 为大气压力；A 为控制抗剪强度大小的尺度参数；T 为与函数有关的抗拉强度；n 为控制包线的曲率；σ 为围压或竖向应力；τ 为抗剪强度；$S_{NL}(\sigma|A,\ n,\ T)$ 为非线性强度函数。

式（5-1）中切线摩擦角定义为：

$$\tan[\varphi(\sigma|A,\ n,\ T)] = \frac{dS_{NL}(\sigma|A,\ n,\ T)}{d\sigma} = \frac{An}{(\sigma/P_a+T)^{1-n}}。 \qquad (5-2)$$

对 0~15 次干湿循环作用下饱和遗址粉土进行大量的直接抗拉试验表明，土的抗拉强度值较小，其抗拉强度表征值 T 约为 0.02。采用 Baker 提出的广义幂函数对遗址粉土的实测破坏应力进行拟合，具体的拟合参数 A、n、T 如表 5-1 所示。为了与线性强度准则进行对比，表 5-1 中也列出了 Mohr-Coulombs 的拟合参数 φ。

表 5-1 广义幂函数强度准则拟合参数

循环次数/次	广义幂函数参数拟合值				与纵轴交点值/kPa	σ_3=10~40 kPa		σ_3=100~400 kPa	
	A	n	T	R_2		c/kPa	φ	c/kPa	φ
0	0.925	0.865	0.02	1.000	3.2	5.3	41.2°	25.9	34.4°
1	0.986	0.839	0.02	0.999	3.7	12.9	40.9°	41.5	34.3°
3	0.943	0.846	0.02	1.000	3.5	12.0	39.8°	27.9	34.5°
5	0.861	0.875	0.02	0.999	2.8	8.4	40.5°	27.7	32.5°
9	0.812	0.876	0.02	1.000	2.7	4.1	39.2°	10.3	32.4°
15	0.786	0.879	0.02	1.000	2.5	3.5	37.6°	9.5	31.8°

由图 5-1 可知，遗址粉土的强度非线性特征较为明显，采用广义幂函数能够很好地拟合其破坏强度和围压的关系。

由表 5-1 可看出，采用广义幂函数强度准则对实测数据进行拟合的相关系数较高。对比两个围压 10~40 kPa 和 100~400 kPa 下 Mohr-Coulombs 强度准则所得强度参数发现，由于土的强度非线性，不同应力水平下土的强度参数差异较大。对土的黏聚力而言，应力水平越低，Mohr-Coulombs 强度准则与广义幂函数强度准则拟合所得值越接近。通过表 5-1 中不同干湿循环次数下土的广义幂函数强度准则拟合参数可知，拟合参数 n 与干湿循环次数相关性不明显，变化范围较小（0.839~0.879），可取其均值 0.863 作为强度准则的拟合参数；另外，拟合参数 A 随着循环作用次数的增加呈现先增大后逐渐减小并趋于稳定的趋势，可采用式（5-3）对其拟合，如图 5-2 所示，拟合参数 α 为 0.204，β 为 1.089，相关系数 R^2 为 0.96。由此可知，式（5-3）对于参数 A 的拟合效果较好，能够很好地预测 A 值与干湿循环次数 N 的关系。

$$A = \frac{N+\alpha}{(N^\beta + \alpha/A_0)}, \qquad (5-3)$$

式中，A_0 为干湿循环次数为 0 时的 A 值；α、β 为拟合参数。

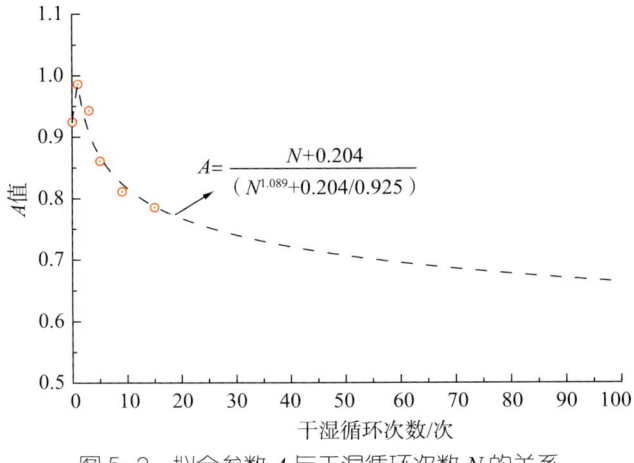

图 5-2 拟合参数 A 与干湿循环次数 N 的关系

综上所述，可知考虑干湿循环作用的 Baker 广义幂函数强度准则表达式为：

$$\tau = S_{NL}(\sigma|A, n, T) = P_a A \left(\frac{\sigma}{P_a} + T\right)^n = P_a \frac{N+\alpha}{(N^\beta + \alpha/A_0)} \left(\frac{\sigma}{P_a} + T\right)^n。 \quad (5-4)$$

对于所选用的新密古城寨遗址粉土，强度准则中参数 α 可取为 0.204，β 为 1.089，n 为 0.863，T 为 0.02。

5.3 建立基于非线性强度准则的遗址粉土 Duncan-Chang 模型

5.3.1 模型简介

Duncan-Chang 弹性非线性模型是描述土体应力－应变关系较为简单实用的模型，模型假设应力增量与应变增量服从胡克定律，只考虑应变硬化情况，不考虑应变软化及应力路径的影响。模型参数可通过分析三轴试验数据直接得到。

Konder 提出，常规三轴试验中的应力－应变关系可用近似双曲线方程来拟合，如式（5-5）。

$$\sigma_1 - \sigma_3 = \frac{\varepsilon_a}{a + b\varepsilon_a}, \quad (5-5)$$

式中，a、b 为试验常数，对于常规三轴试验 $\varepsilon_a = \varepsilon_1$。

式（5-5）也可写成式（5-6）：

$$\frac{\varepsilon_1}{\sigma_1 - \sigma_3} = a + b\varepsilon_1。 \quad (5-6)$$

将三轴试验结果按 $\varepsilon_1/(\sigma_1 - \sigma_3) \sim \varepsilon_1$ 的关系进行整理，则二者近似成直线关系，其

中斜率为 b，截距为 a，如图 5–3 所示。

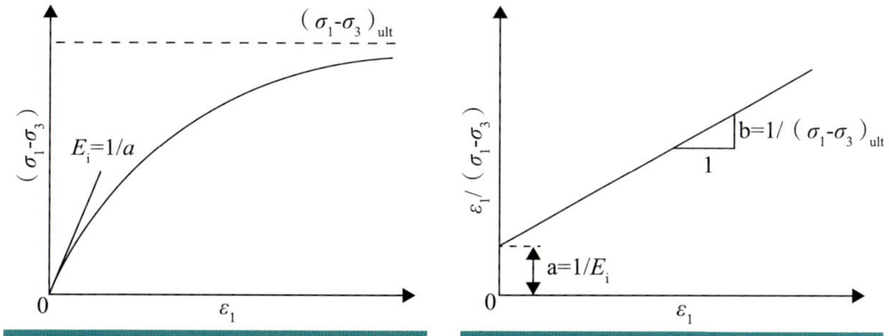

(a) $(\sigma_1-\sigma_3)\sim\varepsilon_1$ 双曲线　(b) $\varepsilon_1/(\sigma_1-\sigma_3)\sim\varepsilon_1$ 关系

图 5–3　Duncan-Chang 模型

由于常规三轴试验中，$d\sigma_2=d\sigma_3=0$，所以切线模量为：

$$E_t=\frac{d(\sigma_1-\sigma_3)}{d\varepsilon_1}=\frac{a}{(a+b\varepsilon_1)^2}, \tag{5-7}$$

因试验起始点 $\varepsilon_1=0$，$E_t=E_i$，则：

$$E_i=\frac{1}{a}, \tag{5-8}$$

当 $\varepsilon_1\to\infty$ 时：

$$(\sigma1-\sigma3)_{ult}=\frac{1}{b}, \tag{5-9}$$

$$b=\frac{1}{(\sigma_1-\sigma_3)_{ult}}, \tag{5-10}$$

可看出，a 为试验中初始变形模量 E_i 的倒数；b 为双曲线渐近线所对应的极限偏应力 $(\sigma_1-\sigma_3)_{ult}$ 的倒数。

由于应力 – 应变关系近似于双曲线关系，因此一般根据应变值 ε_1=20% 或弱软化型应力 – 应变关系曲线应力峰值来确定土的强度 $(\sigma_1-\sigma_3)_f$，而不能根据 ε_1 趋于无穷大来求取 $(\sigma_1-\sigma_3)_{ult}$，所以定义破坏比 R_f 为：

$$R_f=\frac{(\sigma_1-\sigma_3)_f}{(\sigma_1-\sigma_3)_{ult}}, \tag{5-11}$$

$$b=\frac{1}{(\sigma_1-\sigma_3)_{ult}}==\frac{R_f}{(\sigma_1-\sigma_3)_f}。 \tag{5-12}$$

根据选用的广义幂函数破坏准则，如式（5–1）及式（5–2），试样中一点处于极限平衡状态时的应力莫尔圆如图 5–4 所示。

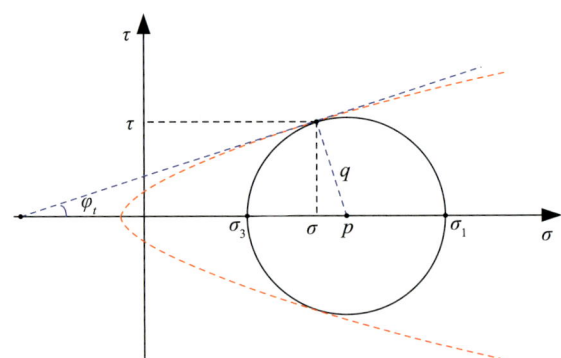

图 5-4 试样中一点极限平衡状态时的应力莫尔圆

根据试样中一点极限平衡状态，p、q 可分别用式（5-13）及式（5-14）表示：

$$p = \frac{\sigma_1+\sigma_3}{2} = \sigma+\tau\tan(\varphi) = \sigma+S_{\text{NL}}(\sigma)\tan[\varphi_t(\sigma)]$$
$$= \sigma + P_a nA^2(\sigma/P_a+T)^{2n-1}, \tag{5-13}$$

$$q = \frac{\sigma_1-\sigma_3}{2} = \tau\sqrt{1+\tan^2(\varphi)} = S_{\text{NL}}(\sigma)\sqrt{1+\tan^2(\varphi_t)}$$
$$= P_a A(\sigma/P_a+T)^n\left[1+(An)^2(\sigma/P_a+T)^{2(n-1)}\right]^{\frac{1}{2}}。 \tag{5-14}$$

由于强度准则的非线性特征，在围压 σ_3 及强度参数 A、T 和 n 已知的情况下，很难直接确定试样的破坏偏应力 q_f。为此，采用 Newton 迭代法确定 q_f。求取过程分两步进行，首先是确定试样破坏时剪切面上的正应力 σ，随后利用 σ 和式（5-14）求出 q_f，即 $(\sigma_1-\sigma_3)_f$。求取 σ 的具体做法为利用 $p-q=\sigma_3$，给出剪切破坏面上正应力 σ 的隐函数：

$$f(\sigma) = \sigma-\sigma_3 + P_a nA^2(\sigma/P_a+T)^{2n-1}$$
$$-P_a A(\sigma/P_a+T)^n\left[1+(An)^2(\sigma/P_a+T)^{2(n-1)}\right]^{\frac{1}{2}} = 0, \tag{5-15}$$

其导数 $f'(\sigma)$ 为：

$$f'(\sigma) = 1+nA^2(2n-1)(\sigma/P_a+T)^{2n-2}$$
$$-An(\sigma/P_a+T)^{n-1}\left[1+(An)^2(\sigma/P_a+T)^{2(n-1)}\right]^{\frac{1}{2}}$$
$$-A^3n^2(n-1)(\sigma/P_a+T)^{3(n-1)}\left[1+(An)^2(\sigma/P_a+T)^{2(n-1)}\right]^{-\frac{1}{2}}, \tag{5-16}$$

利用 Newton 迭代公式：

$$\sigma_{k+1} = \sigma_k - \frac{f(\sigma_k)}{f'(\sigma_k)}, \tag{5-17}$$

式中，k 为迭代次数，迭代初始值 σ_0 取为试样围压 σ_3。迭代收敛准则为：

$$f(\sigma) < 1.0 \times 10^{-6}, \tag{5-18}$$

确定剪切破坏面上的正应力 σ 后，利用式（5-14）即可确定出 $(\sigma_1-\sigma_3)_f$，即：

$$(\sigma_1-\sigma_3)_f = 2q = 2P_a A (\sigma/P_a+T)^n \left[1+(An)^2(\sigma/P_a+T)^{2(n-1)}\right]^{\frac{1}{2}}, \tag{5-19}$$

所以有：

$$E_t = \frac{1}{E_i}\left[1\bigg/\left(\frac{1}{E_i}+\frac{R_f}{(\sigma_1-\sigma_3)_f}\varepsilon_1\right)\right]^2, \tag{5-20}$$

将其转化为应力关系式：

$$E_t = E_i\left(1-R_f\frac{\sigma_1-\sigma_3}{(\sigma_1-\sigma_3)_f}\right)^2, \tag{5-21}$$

由于 $\lg(E_i/P_a)$ 与 $\lg(\sigma_3/P_a)$ 近似呈直线关系，可得：

$$E_i = KP_a\left(\frac{\sigma_3}{P_a}\right)^\eta, \tag{5-22}$$

式中，P_a 为大气压力；K、η 为试验参数。将式（5-19）、式（5-22）代入式（5-21）可得到：

$$E_t = KP_a\left(\frac{\sigma_3}{P_a}\right)^\eta\left(1-\frac{R_f(\sigma_1-\sigma_3)}{2P_a A(\sigma/P_a+T)^n\left[1+(An)^2(\sigma/P_a+T)^{2(n-1)}\right]^{\frac{1}{2}}}\right)^2。 \tag{5-23}$$

可见切线变形模量中共包括 K、η、A、n、T、R_f 6 个材料参数，其中，A、n、T 为强度参数，K、η 可通过式（5-22）拟合得到，R_f 可通过式（5-11）计算求出。

5.3.2 模型参数的确定

（1）参数 R_f 的确定与分析

由第三章中不同干湿循环次数作用下遗址粉土的排水剪切试验结果可知，试样的应力-应变关系曲线整体呈应变硬化或弱软化型，所以采用 Duncan-Chang 模型对其应力-应变关系进行拟合。为方便分析，将 $(\sigma_1-\sigma_3) \sim \varepsilon_a$ 坐标转化为 $\varepsilon_a/(\sigma_1-\sigma_3) \sim \varepsilon_a$，试验及模型计算结果如图 5-5 所示，拟合参数见如 5-2 所示。分析可知，各干湿循环次数作用下，遗址粉土在 $\varepsilon_a/(\sigma_1-\sigma_3) \sim \varepsilon_a$ 坐标下具有较强的线性关系，不同围压下土的极限偏应力及初始变形模量 E_i 随着围压的增大逐渐增大，除个别低围压试样外，整体拟合相关系数较高，模型拟合效果较好。

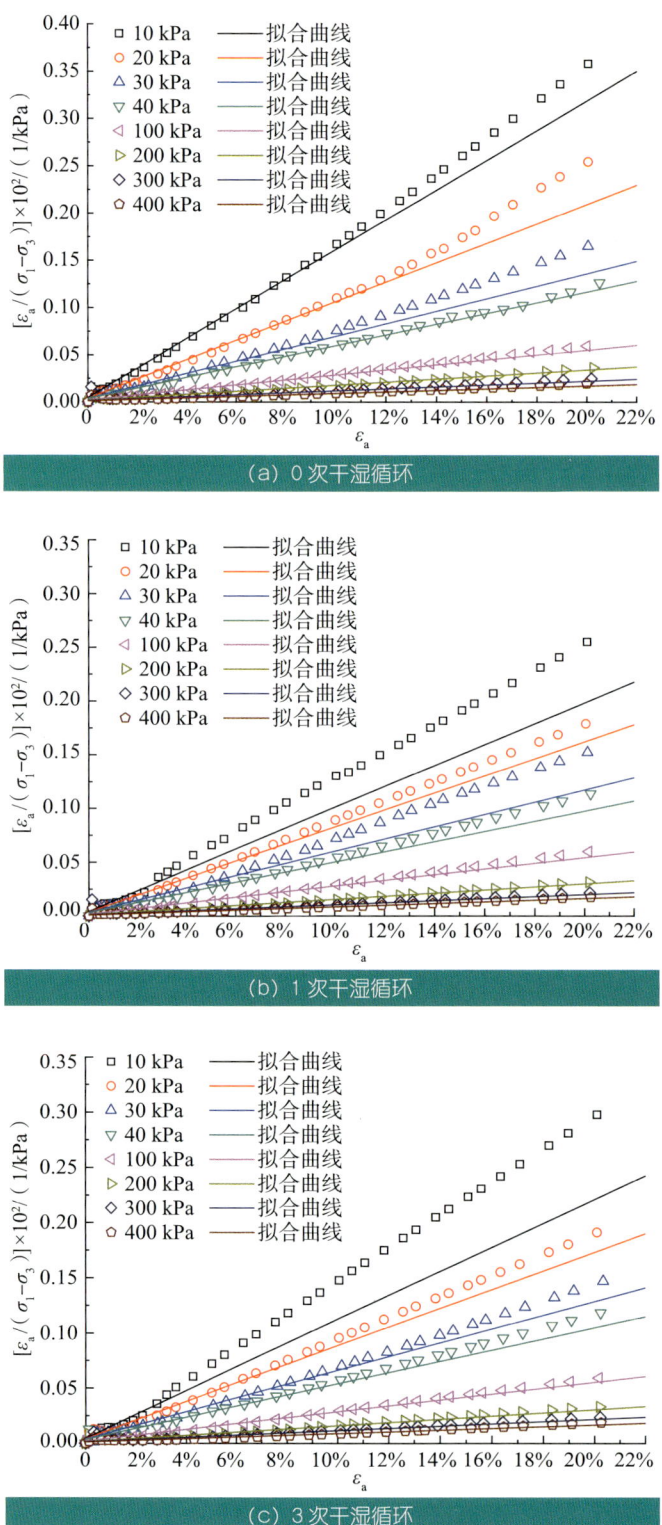

(a) 0次干湿循环

(b) 1次干湿循环

(c) 3次干湿循环

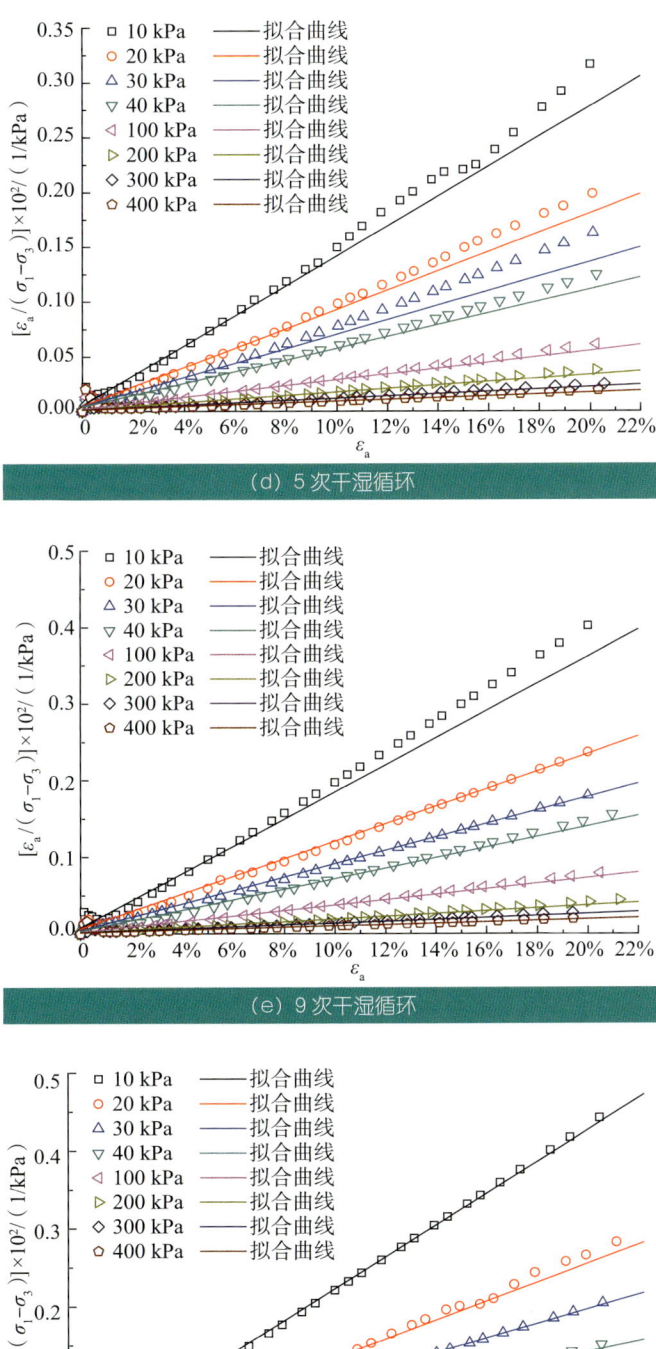

图 5-5 三轴剪切实测值与模型拟合曲线

表 5-2 Duncan–Chang 模型参数

干湿循环次数/次	固结围压/kPa	模型参数						
		$a \times 10^{-2}$	$b \times 10^{-2}$	$(\sigma_1-\sigma_3)_{ult}$/kPa	E_i/MPa	R^2	$q_{f实测}$	R_f
0	10	0.4676	1.5689	63.74	21.38	0.95	62.6	0.98
	20	0.3855	1.0254	97.52	25.94	0.96	96.0	0.98
	30	0.3513	0.6601	151.50	28.46	0.90	148.1	0.98
	40	0.3176	0.5653	176.89	31.48	0.96	172.2	0.97
	100	0.1965	0.2636	379.34	50.89	0.90	370.2	0.98
	200	0.1559	0.1608	621.72	64.15	0.94	603.9	0.97
	300	0.1283	0.1019	981.05	77.93	0.95	889.5	0.91
	400	0.1030	0.0788	1269.12	97.08	0.94	1131.1	0.89
1	10	0.4224	0.9706	103.03	23.67	0.85	102.3	0.99
	20	0.3681	0.7926	126.17	27.17	0.90	122.1	0.97
	30	0.3410	0.5692	175.67	29.33	0.90	172.7	0.98
	40	0.3113	0.4722	211.77	32.13	0.92	210.2	0.99
	100	0.1745	0.2632	379.87	57.32	0.95	375.9	0.99
	200	0.1314	0.1443	693.23	76.13	0.96	677.6	0.98
	300	0.1134	0.0946	1056.96	88.17	0.96	952.1	0.90
	400	0.0925	0.0777	1287.03	108.08	0.98	1173.9	0.91
3	10	0.4631	1.0807	92.54	21.59	0.85	91.2	0.99
	20	0.4162	0.8439	118.49	24.03	0.92	116.2	0.98
	30	0.3762	0.6227	160.58	26.58	0.95	159.5	0.99
	40	0.3407	0.5054	197.86	29.35	0.96	194.8	0.98
	100	0.2002	0.2656	376.51	49.94	0.95	363.9	0.97
	200	0.1545	0.1445	692.20	64.74	0.92	650.7	0.94
	300	0.1446	0.1009	991.39	69.17	0.90	864.2	0.87
	400	0.1155	0.0771	1296.29	86.60	0.93	1163.2	0.90
5	10	0.5411	1.3642	73.30	18.48	0.95	71.9	0.98
	20	0.4901	0.8791	113.75	20.41	0.92	111.7	0.98
	30	0.4501	0.6589	151.78	22.22	0.90	149.5	0.98
	40	0.3995	0.5363	186.45	25.03	0.94	182.7	0.98
	100	0.2186	0.2658	376.21	45.74	0.95	350.9	0.93
	200	0.1660	0.1600	624.98	60.23	0.95	585.8	0.94
	300	0.1479	0.1036	965.09	67.60	0.95	899.9	0.93
	400	0.1422	0.0789	1267.44	70.33	0.96	1101.2	0.87

续表

干湿循环次数/次	固结围压/kPa	模型参数						
		$a \times 10^{-2}$	$b \times 10^{-2}$	$(\sigma_1-\sigma_3)_{ult}$/kPa	E_i/MPa	R^2	$q_{f实测}$	R_f
9	10	0.7976	1.7693	56.52	12.54	0.90	54.9	0.97
	20	0.6717	1.1409	87.65	14.89	0.97	86.2	0.98
	30	0.5471	0.8722	114.65	18.28	0.98	112.4	0.98
	40	0.4274	0.6837	146.27	23.40	0.93	159.5	0.98
	100	0.2622	0.3544	282.16	38.14	0.95	274.1	0.97
	200	0.1864	0.1787	559.50	53.66	0.94	516.7	0.92
	300	0.1738	0.1237	808.55	57.54	0.95	683.2	0.84
	400	0.1626	0.0893	1119.32	61.48	0.97	982.8	0.88
15	10	0.9532	2.1023	47.57	10.49	0.94	46.5	0.98
	20	0.7611	1.2473	80.18	13.14	0.96	78.1	0.97
	30	0.6710	0.9577	104.42	14.90	0.97	101.8	0.97
	40	0.4887	0.6930	144.31	20.46	0.95	142.1	0.98
	100	0.2826	0.3459	289.13	35.38	0.94	272.7	0.94
	200	0.2074	0.1894	527.97	48.21	0.95	485.7	0.92
	300	0.1974	0.1335	749.17	50.67	0.96	654.2	0.87
	400	0.1807	0.0919	1088.00	55.34	0.98	954.6	0.88

（2）参数 K、η 的确定与分析

由第 3.4.3 节可知拟合参数 K 值随着干湿循环次数的增加，呈现先增大后逐渐减小的趋势，而 η 值受干湿循环作用影响较小，取平均值 0.44 作为参数拟合值。采用式（5-24）对 K 值与干湿循环次数的关系进行拟合，如图 5-6 所示。

$$K = \frac{N+c}{(N^d + c/K_0)}, \qquad (5-24)$$

式中，K_0 为干湿循环次数为 0 时的 K 值（0.495）；c、d 为拟合参数，其值分别为 7.406 和 1.556，拟合相关系数 R^2 为 0.90。

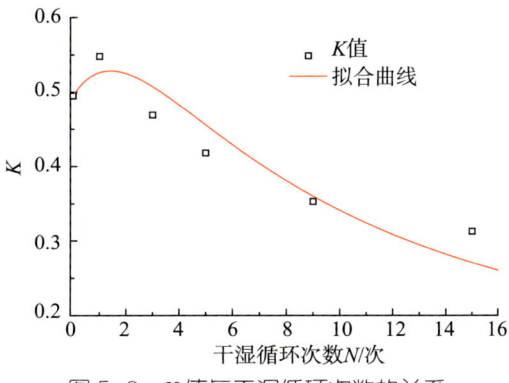

图 5-6　K 值与干湿循环次数的关系

将 K 值与干湿循环次数 N 的关系及 η 值代入式（5-22）得到考虑干湿循环作用的初始模量与围压的预测关系，如式（5-25）所示。

$$E_i = \frac{(N+7.406)p_a\left(\dfrac{\sigma_3}{p_a}\right)^{0.44}}{(N^{1.556}+7.406/K_0)}, \qquad (5\text{-}25)$$

所以式（5-23）中各参数确定如下：

$$K = \frac{N+c}{(N^d+c/K_0)} = \frac{N+7.406}{(N^{1.556}+7.406/0.495)},$$
$$\eta = 0.44,$$

R_f 取均值为 0.95，

$$A = \frac{N+a}{(N^b+a/A_0)} = \frac{N+0.204}{(N^{1.089}+0.204/0.925)},$$
$$n = 0.863,$$
$$T = 0.02 \text{。}$$

（3）参数 B、K_b、m 的确定与分析

1980 年邓肯等人提出了 $E\text{-}B$ 模型，其中 E_t 的确定与式（5-21）相同，另外引入体变模量 B 代替切线泊松比 v，E、B 及 v 的关系见式（5-26）。

$$B = \frac{E}{3(1-2v)}, \qquad (5\text{-}26)$$

三轴试验中利用式（5-27）确定 B：

$$B = \frac{(\sigma_1-\sigma_3)_{70\%}}{3(\varepsilon_v)_{70\%}}, \qquad (5\text{-}27)$$

式中，$(\sigma_1-\sigma_3)_{70\%}$ 与 $(\varepsilon_v)_{70\%}$ 分别为 $\sigma_1-\sigma_3$ 达到 70%$(\sigma_1-\sigma_3)_f$ 时的偏差应力和体应变的试验值。B 与 σ_3 有关，二者关系在双对数坐标中可近似为一直线，见式（5-28）。

$$B = K_b P_a \left(\frac{\sigma_3}{P_a}\right)^m, \qquad (5\text{-}28)$$

式中，K_b 和 m 是材料常数，分别为 $\lg(B/P_a)$ 与 $\lg(\sigma_3/P_a)$ 直线关系的截距和斜率。

利用式（5-27）和（5-28）对不同干湿循环次数作用下遗址粉土的三轴排水体积进行整理与拟合分析，得到了土的体变模量及其与围压关系的拟合参数，如表 5-3 所示。

由表 5-3 可知，拟合参数 K_b 值随着干湿循环次数的增加，呈现先增大后逐渐减小的趋势；m 值受干湿循环作用影响较小，取均值为 0.45。采用式（5-29）对 K_b 值

与干湿循环次数的关系进行拟合，结果如图 5-7 所示。

$$K_b = \frac{N+e}{(N^f + e/K_{b0})}, \quad (5-29)$$

式中，K_{b0} 为干湿循环次数为 0 时的 K_b 值，这里等于 0.4078；e、f 为拟合参数。拟合关系中 e 为 3.44，f 为 1.93，拟合相关系数 R^2 为 0.94。

所以式（5-28）可改写为：

$$B = \frac{(N+3.44)P_a\left(\dfrac{\sigma_3}{P_a}\right)^{0.45}}{(N^{1.93} + 3.44/K_{b0})}。 \quad (5-30)$$

表 5-3 干湿循环作用下土的 B、K_b、m 参数

干湿循环次数/次	σ_3/kPa	B/MPa	$K_b \times 10^{-3}$	m	R^2
0	10	9.74	0.4078	0.48	0.98
	20	18.67			
	30	26.58			
	40	30.91			
	100	39.26			
	200	54.20			
	300	66.95			
	400	82.48			
1	10	19.89	0.4779	0.49	0.99
	20	18.26			
	30	24.87			
	40	32.70			
	100	47.16			
	200	65.88			
	300	86.11			
	400	93.17			
3	10	7.34	0.3347	0.39	0.91
	20	12.32			
	30	18.61			
	40	30.30			
	100	40.43			
	200	47.45			
	300	51.70			
	400	52.19			

续表

干湿循环次数/次	σ_3/kPa	B/MPa	$K_b \times 10^{-3}$	m	R^2
5	10	5.99	0.3167	0.41	0.93
	20	13.03			
	30	17.44			
	40	23.68			
	100	38.99			
	200	47.13			
	300	49.99			
	400	51.39			
9	10	3.77	0.1232	0.38	0.95
	20	4.91			
	30	7.49			
	40	9.30			
	100	15.23			
	200	16.74			
	300	18.98			
	400	19.77			
15	10	3.29	0.1317	0.57	0.98
	20	5.06			
	30	4.57			
	40	8.09			
	100	15.15			
	200	20.61			
	300	23.48			
	400	28.93			

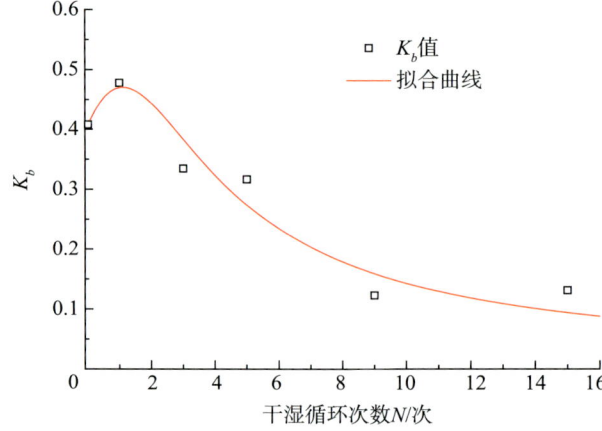

图 5-7 K_b 值与干湿循环次数的关系

5.4 本章小结

本章选用 Baker 提出的广义幂函数强度准则，考虑土的干湿循环效应，建立了基于非线性强度准则的遗址粉土邓肯-张模型，并确定了模型参数。主要结论如下：

①广义幂函数强度准则能够较好地描述遗址粉土的强度特性，强度准则参数 A 值随干湿循环次数的增加呈现先增大后逐渐减小并趋于稳定的趋势，n 值受干湿循环作用影响较小，基本保持不变。

②引入基于非线性强度准则的邓肯-张模型对土的应力-应变关系进行描述，得到了各干湿循环次数下土的模型参数 a、b、R_f 值。土体在 $\varepsilon_1/(\sigma_1-\sigma_3) \sim \varepsilon_1$ 坐标下具有较强的线性关系，整体拟合相关系数较高。

③干湿循环作用下土的 E_i、B 值随围压增大呈非线性增长，双对数函数能够较好地反映二者随围压的递增趋势。模型拟合参数 K、K_b 值随着干湿循环次数的增加，呈现先增大后逐渐减小的趋势，η、m 值受干湿循环作用影响较小。

④建立了模型参数与干湿循环次数的相关函数，给出了可考虑干湿循环效应的非线性邓肯-张模型的表述方法。

第六章 城墙干湿循环效应数值分析与根部掏蚀病害机制探讨

6.1 引言

遗址粉土力学特性具有较显著的非线性特征。对土遗址浅层破坏（如掏蚀等病害）评价分析时，常规应力范围所得强度参数大大高估土遗址稳定性，不利于工程安全。因此，考虑土体的强度非线性特征进行计算分析十分必要。同时，从前文也可发现，干湿循环作用是诱发中原地区土遗址掏蚀病害的重要影响因素之一。鉴于土遗址强度及变形问题的复杂性，迫切需要通过具有强大非线性求解功能的数值计算软件解决土遗址的强度及变形特性问题。

在岩土工程分析中，由于岩土本构关系的非线性、荷载及边界条件的复杂性，用解析的方法求解难度很大，通常采用数值方法进行计算，数值分析结果是判断岩土工程问题的重要依据之一。近年来，随着计算机技术的快速发展，多种数值计算方法在岩土工程中得到了广泛应用，数值计算分析已经成为岩土工程领域不可或缺的工具。对于土体应力－应变变形分析等岩土工程问题，适宜采用有限元法进行相关计算分析[203]。因此，借鉴岩土工程问题分析计算思路，对于土遗址这一类特殊的构筑物，可采用有限元数值分析的方法进行相关计算。

本章利用 ABAQUS 提供的二次开发端口，基于 Visual Studio 开发工具平台，采用 Fortran 高级语言，将前文建立的考虑强度非线性特征及干湿循环影响效应的遗址粉土本构模型数值化。在此基础上，利用室内单元试验对程序的合理性进行验证。最后，对新密古城寨遗址墙体典型断面进行计算，并对其掏蚀病害发育过程进行探讨。

6.2 UMAT 子程序开发

由于 ABAQUS 软件在分析复杂问题及非线性方面的显著优势，它在岩土工程中应用颇为广泛。ABAQUS 预留有用户自定义材料子程序 UMAT 接口，供研究人员根据需要对 ABAQUS 进行二次开发，以实现特殊的功能。UMAT 材料子程序大致包括子程序参数、变量的定义和子程序编译结构。

基于非线性强度准则的遗址粉土邓肯-张模型数值实现的关键在于应力积分算法，即根据应变增量确定应力增量的方法。应力积分常采用的方法为基本增量法或中点增量法，但其在计算过程中将刚度矩阵视为常数，而对于非线性土体材料而言，其在每一增量步中均是变化的。为此，常采用带误差控制的改进 Euler 积分算法进行非线性材料力学特性的相关计算。

该积分算法是一种子步应力积分算法，即将应变增量 $\{\Delta\varepsilon\}$ 分成一系列子步应变增量 $\{\Delta\varepsilon_s\}=\Delta T\{\Delta\varepsilon\}$，其中 $0<\Delta T\leqslant 1$，每一子步的时间 ΔT 由误差控制。具体数值实现步骤为：

①根据每级增量步的起始应力 $\{\sigma\}$，并假设 $T=0$，$\Delta T=1$，由第五章的本构关系确定出初始刚度矩阵 $[\boldsymbol{D}\{\sigma_0\}]$。

②根据 ABAQUS 传入 UMAT 的应变增量 $\{\Delta\varepsilon\}$，确定子步增量应变 $\{\Delta\varepsilon_s\}=\Delta T\{\Delta\varepsilon\}$，计算第一次估算应力增量 $\{\Delta\sigma_1\}=[\boldsymbol{D}\{\sigma_0\}]\{\Delta\varepsilon_s\}$。

③更新应力分量 $\{\sigma_1\}=\{\sigma_0\}+\{\Delta\sigma_1\}$，并确定新的刚度矩阵 $[\boldsymbol{D}\{\sigma_0+\Delta\sigma_1\}]$，进而求得第二次估算应力增量 $\{\Delta\sigma_2\}=[\boldsymbol{D}\{\sigma_0+\Delta\sigma_1\}]\{\Delta\varepsilon_s\}$。

④计算两次估算的应力增量平均值 $\{\Delta\sigma\}=(\{\Delta\sigma_1\}+\{\Delta\sigma_2\})/2$。

⑤计算相对误差 $RHS=\|(\{\Delta\sigma_2\}-\{\Delta\sigma_1\})/2\|/\|\{\sigma+\Delta\sigma\}\|$，如果 RHS 大于设置的误差控制值 TOL（本程序采用 TOL=1.0e-5），则需要减小时间长度 ΔT，即 $\Delta T=0.8[TOL/RHS]^{0.5}\Delta T$。采用这一新的时间增量步回到第②步重新计算。如果 $RHS\leqslant TOL$，则进入下一步。

⑥更新应力分量 $\{\sigma\}=\{\sigma\}+\{\Delta\sigma\}$。

⑦令 $T=T+\Delta T$。如果 $T+\Delta T>1$，取 $\Delta T=1-T$，回到第②步重新计算。

⑧当 $T=1$ 时计算终止，以终点时的应力状态确定刚度矩阵 $[\boldsymbol{D}\{\sigma\}]$，赋值给雅可比矩阵 **DDSDDE**。

UMAT 子程序流程图如图 6-1 所示。UMAT 子程序参见附录。在编制材料子程序时应注意以下问题：

① ABAQUS 中定义的应力 – 应变符号与岩土力学中的定义相反，以拉为正，压为负，相应的主应力、主应变的排序也与岩土力学中的定义相反。

② 雅可比矩阵阶次与对象类别有关。针对三维问题编制了相应的三维程序。

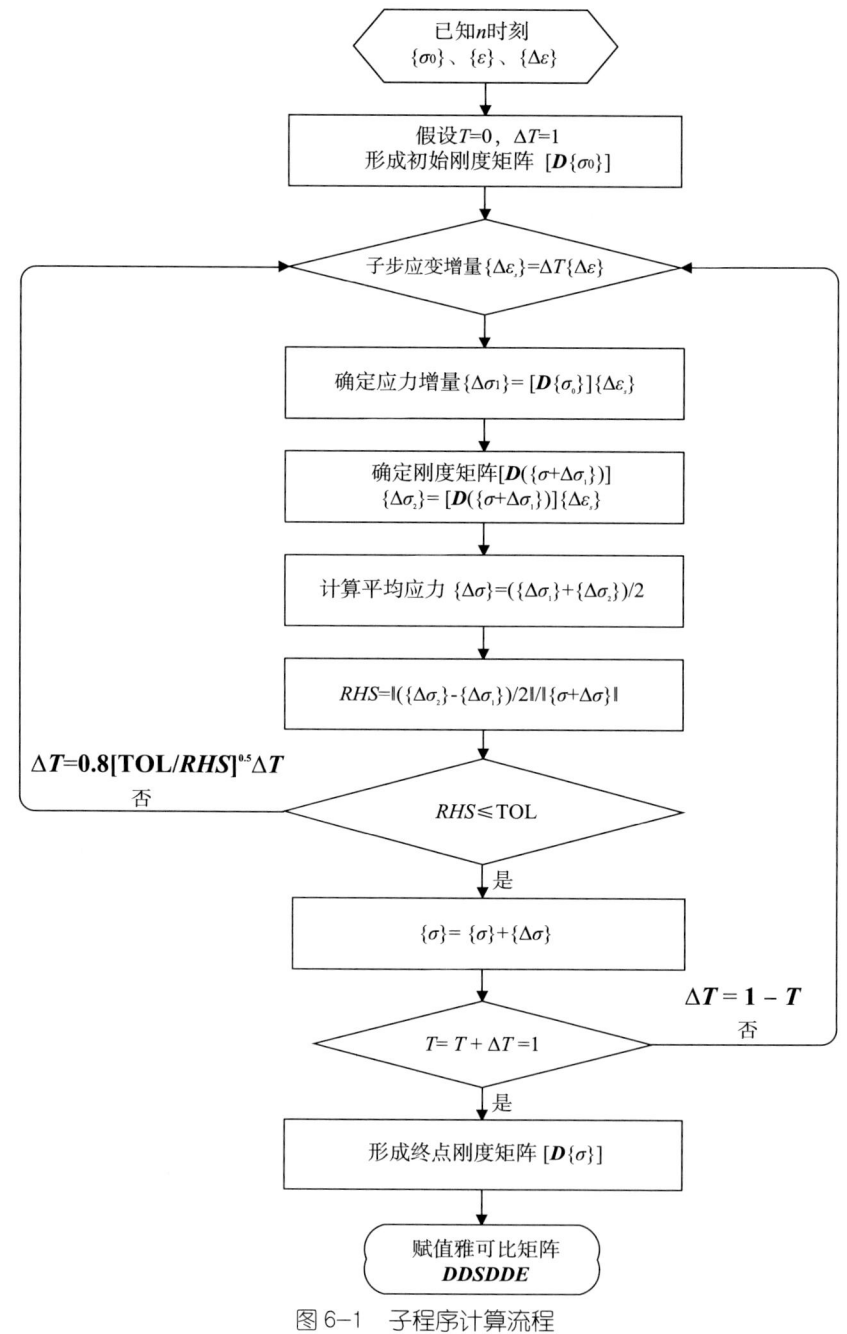

图 6-1　子程序计算流程

③加载函数的选择是变弹性模型中的一个难题，邓肯等人经多年探索以后，提出的加荷函数为：$SS=S(\sigma_3/P_a)^{1/4}$，其中 S 为应力水平，σ_3 为围压，$P_a=100$ kPa。当 SS 大于历史上最大值时，判为加载，否则判为卸载或再加载。由于卸载模量与加荷模量之差可达两个数量级以上，常引起迭代过程的不稳定，故具体计算中采用经验方法确定加卸载，其方法为：当 $SS \geqslant (SS)_{max}$ 时，加荷，取 $E_t'=E_t$；当 $SS \leqslant COF(SS)_{max}$ 时，完全卸荷，取 $E_t'=E_{ur}$；当 $(SS)_{max} > SS > COF(SS)_{max}$ 时，按内插方法计算 E_t'，即 $E_t'=E_t+[(SS)_{max}-SS]/(SS)_{max}(E_{ur}-E_t)/(1-COF)$，其中，$E_t$ 为加载切线模量，E_{ur} 为卸载模量，$E_{ur}=K_{ur}P_a(\sigma_3/P_a)^n$，本程序中 $n=\eta$ [η 值参见式（5-22）]，$K_{ur}=2.0K$ [K 值确定参见式（5-24）]；COF 为判断加载的一个系数，沈珠江建议 COF 取值为 $0.75^{[203]}$。

利用材料子程序提供的雅可比矩阵 [D]，ABAQUS 主程序将利用各个单元积分点处的雅可比矩阵来计算单元刚度矩阵，进而合成整体的劲度矩阵 [K]。并进一步利用整体平衡方程组 $[K]\{\delta\}=\{R\}$ 求出节点位移列阵 $\{\delta\}$，其中 $\{R\}$ 为节点荷载列阵。由于土体的应力应变关系是非线性的，即雅可比矩阵 [D] 不是常量，而是随应力或应变变化，由此推得的劲度矩阵 [K] 也随应力或变形而变。$[K]\{\delta\}=\{R\}$ 为一非线性方程组。后续计算中，选用 ABAQUS 自带的完全 Newton 迭代法求解这一非线性方程组，并选用直接法计算每一迭代步的节点位移列阵。Newton 迭代法的计算流程如图 6-2 所示，其具体计算步骤见文献 [204]。

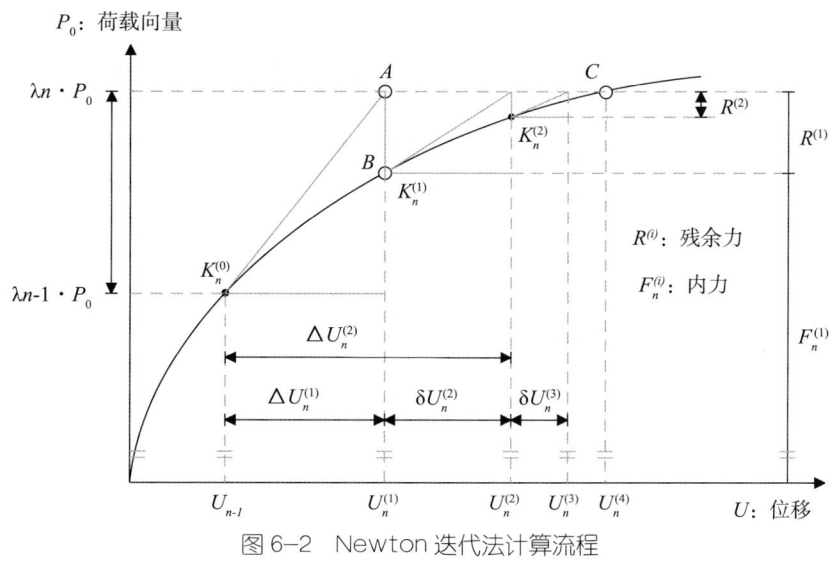

图 6-2　Newton 迭代法计算流程

6.3 模型程序验证

6.3.1 有限元模型建立

为检验所建立的考虑强度非线性及干湿循环次数的邓肯-张模型及计算程序的正确性和精确性，进行室内单元试验数值计算结果与试验结果的对比。

模型边界条件如图 6-3 所示。单元类型为 2 阶 8 节点三维实体单元（C3D8）。计算过程中，采用位移控制方式进行加载。首先，建立初始的自平衡应力状态；然后，在试样顶部施加 20% 的竖向应变。此外，计算过程中采用的模型参数如表 6-1 所示，参数确定方法参见第五章。

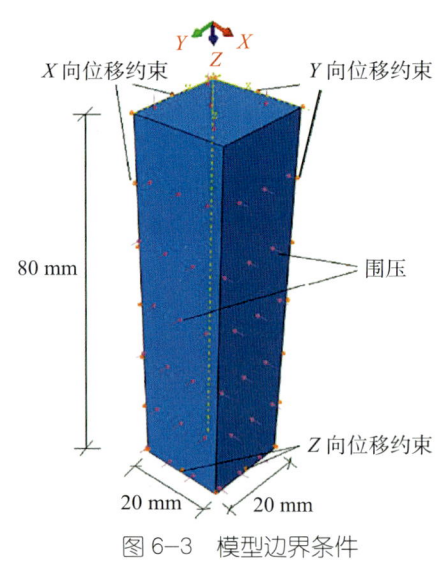

图 6-3 模型边界条件

表 6-1 模型计算参数

类型	参数名称	数值
切线模量	初始切线模量相关参数	K_0=0.495
		c=7.406
		d=1.556
		η=0.440
	非线性强度相关参数	A_0=0.925
		a=0.204
		b=1.089
		n=0.863
		T=0.02
		R_f=0.95

续表

类型	参数名称	数值
体积模量	K_{b0}=0.408	
	e=3.44	
	f=1.93	
	m=0.45	
卸荷模量	K_{ur}=2.0K	
	$n=\eta$=0.44	

6.3.2 计算结果分析

不同围压与干湿循环次数下粉土应力–应变关系曲线的计算值与试验值如图6-4所示。

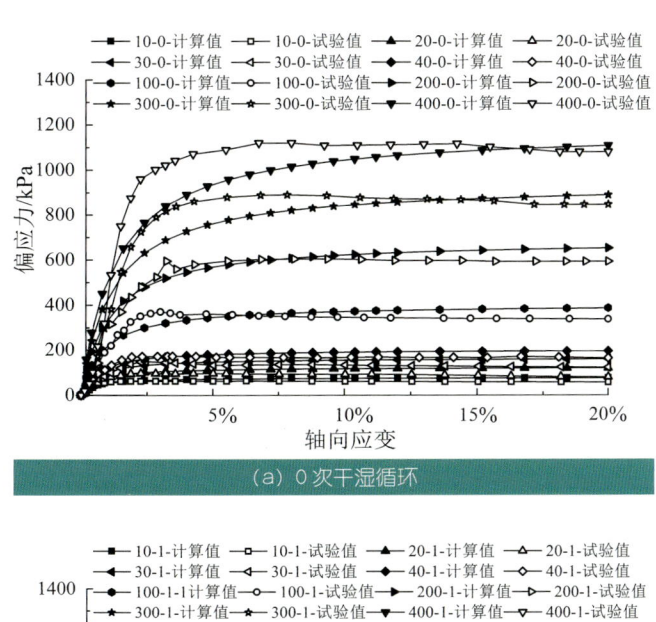

(a) 0次干湿循环

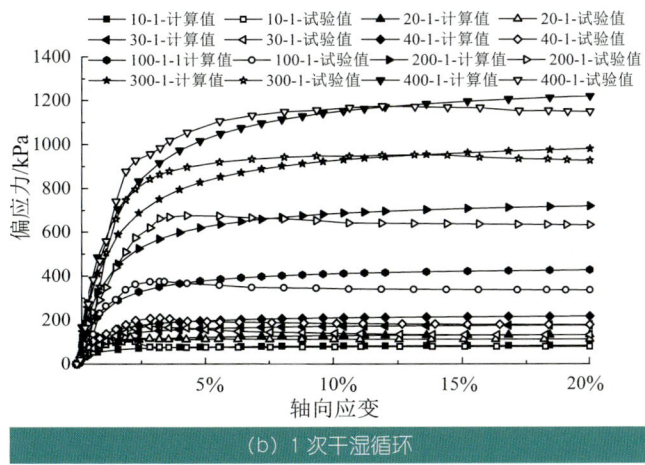

(b) 1次干湿循环

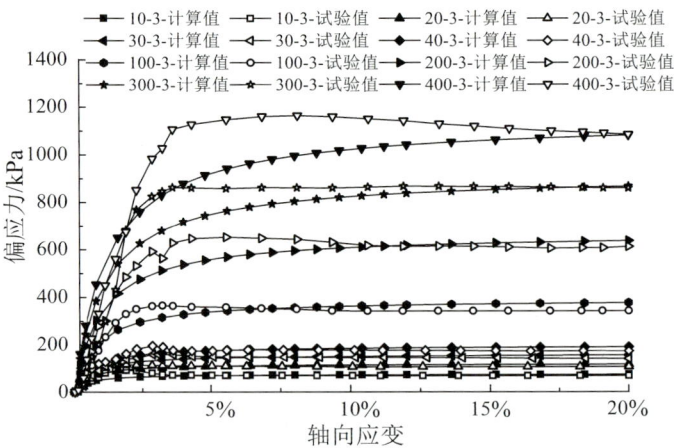

(c) 3次干湿循环

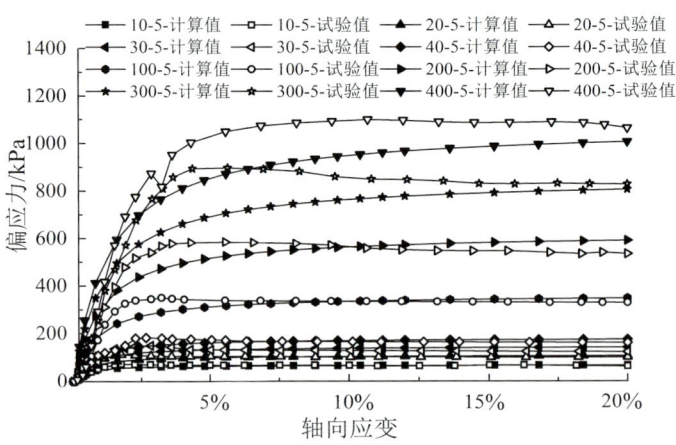

(d) 5次干湿循环

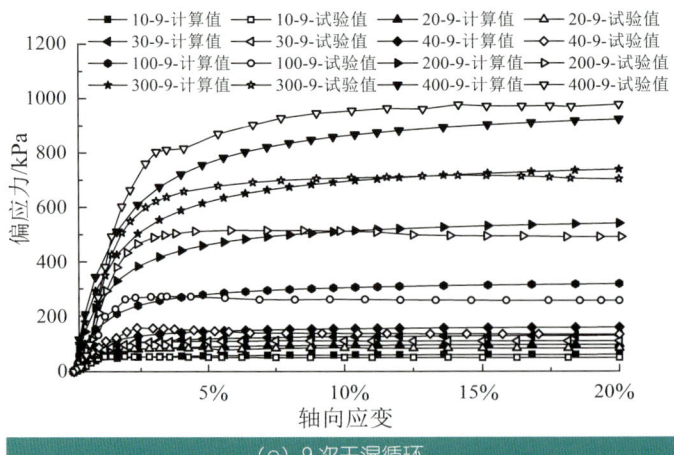

(e) 9次干湿循环

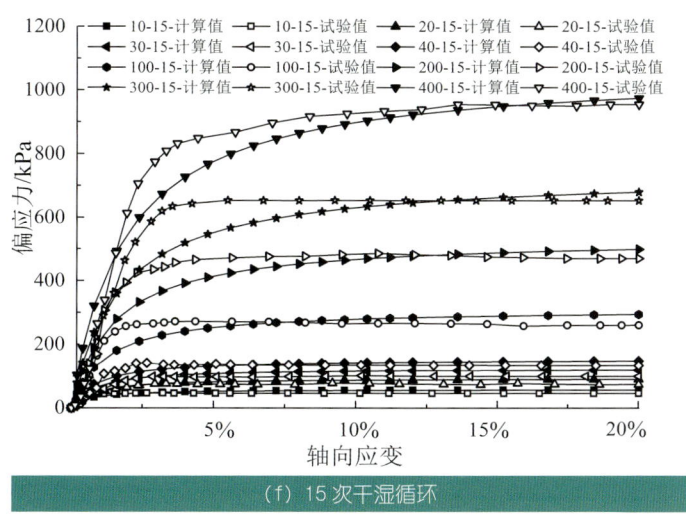

(f) 15次干湿循环

图6-4 不同干湿循环次数下应力-应变关系曲线的计算值与试验值

可以发现，有限元计算结果与试验结果吻合得较好，提出的基于非线性强度准则的邓肯-张本构模型能比较准确地反映试样剪切过程中的力学特征。此外，对比结果可以看出，常规应力下粉土固结排水剪切中应力-应变关系的计算预测值能更好地拟合试验值，而在较低固结应力时，由于应变软化特征出现，土样剪切过程中应力-应变关系的计算值与试验值误差相对较大。分析认为，低应力下误差较大是邓肯-张模型不能反映土的剪胀性及软化性的局限性导致的。但考虑到所提出的本构模型参数较少，可综合反映不同围压和干湿循环次数对粉土应力-应变关系曲线的主要影响，而且低应力下计算值和试验值误差在20%以内，故认为所采用的本构模型具有较好的实用价值，预测精度整体上可以满足工程应用的要求。

6.4 古城寨城墙变形响应分析

采用建立的数值模型，对干湿循环影响下的新密古城寨遗址典型断面进行数值仿真分析，以探讨城墙根部病害发育机制。本次计算共包括两个断面。

6.4.1 有限元模型建立

现场调查发现，由于城墙本体根部积水量与降雨强度、周边农田灌溉程度等相关，城墙本体较低处频繁受水影响，导致城墙病害从根部逐渐向上发展。为合理描述根部病害发育过程，模型建立时将干湿循环影响区域设置在坡角处，平面尺寸为

50 mm×50 mm。以此为例，分析城墙根部病害的演化机制。新密古城寨城墙照片见图 6-5，数值模型断面 1 和断面 2 的几何尺寸如图 6-6 所示。

依据图 6-6 建立有限元计算模型，如图 6-7 所示。采用三维模型进行仿真分析，几何模型厚度为 1.0 m。断面 1 有限元模型共包括 8341 个 8 节点完全积分三维应力单元（C3D8）。断面 2 有限元模型共包括 6843 个 8 节点完全积分三维应力单元（C3D8）。

图 6-5 古城寨城墙

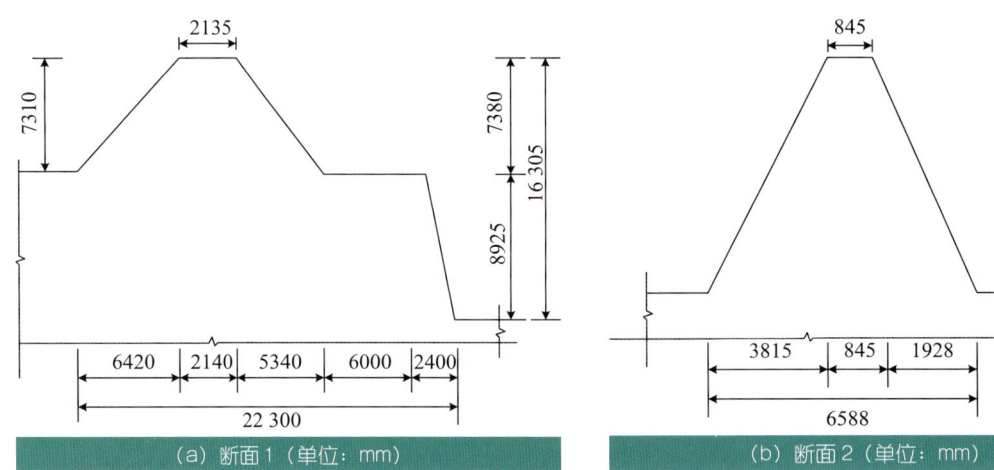

图 6-6 古城寨典型断面

模型计算参数如表 6-1 所示。边界条件为左右两面 X 向水平位移约束，前后两面 Z 向水平位移约束，底面为竖向位移约束。

计算过程中，首先进行初始地应力平衡，随后通过在 ABAQUS 软件中设置场变量，使模型计算参数随干湿循环次数变化而变化，考察在自重荷载作用下城墙受干湿循环次数的影响效应，进而探讨城墙根部病害发育机制。与第三章原状粉土的干湿循环效应试验相对应，本次计算中，干湿循环次数设置为15次。

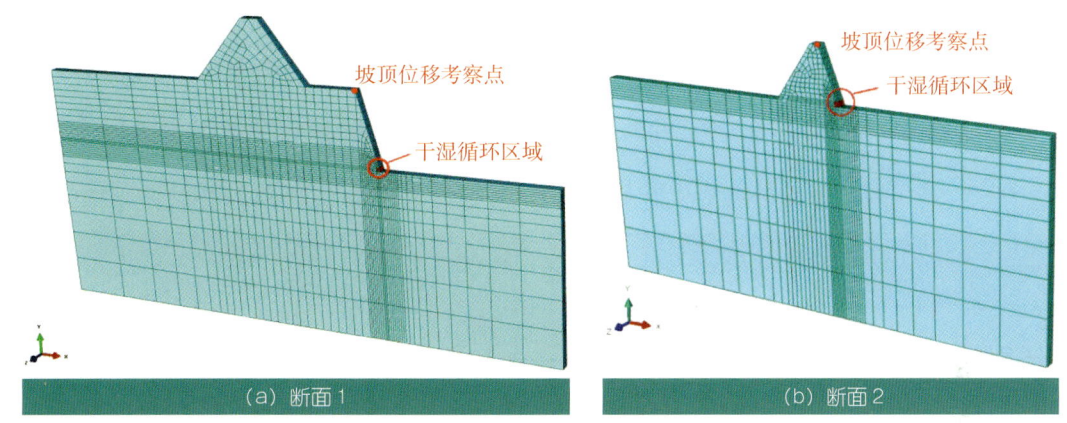

图6-7 有限元几何模型与网格划分

6.4.2 计算结果分析

（1）城墙变形响应分析

图6-8给出了城墙考察点的总位移随干湿循环次数变化的规律。图6-9给出了干湿循环15次后断面1和断面2有限元计算模型的位移矢量图。图6-10和图6-11分别给出了不同干湿循环次数下断面1和断面2中影响区域的总位移云图。

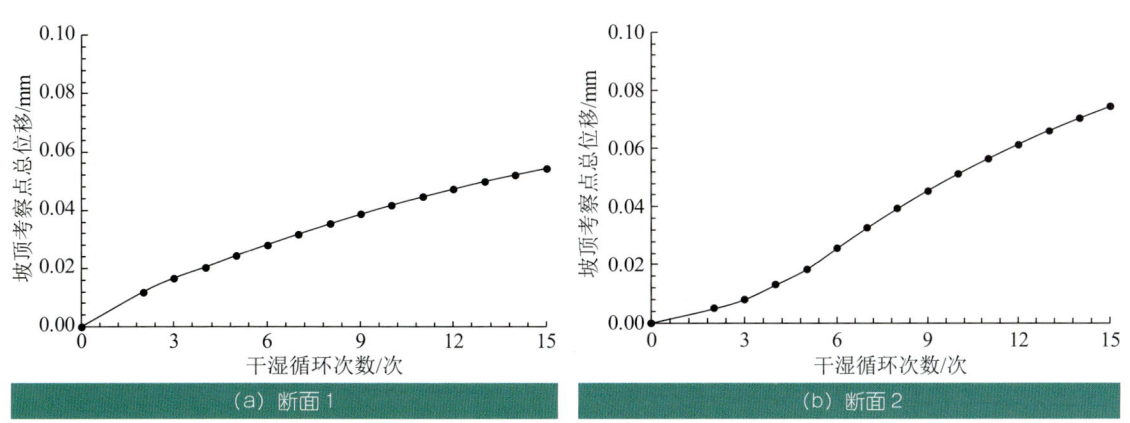

图6-8 坡顶考察点总位移与干湿循环次数关系

可以看出：

①随着干湿循环次数的增加，干湿循环影响区域土体力学性能逐渐劣化，模量逐

渐衰减，从而考察点位移逐渐增加。此外，考察点位移曲线表现出非线性，即随着干湿循环次数的增加，考察点位移增量逐渐减小。干湿循环 15 次以后，断面 1 和断面 2 中考察点总位移分别为 0.054 mm 和 0.074 mm，可见，城墙根部干湿循环作用对古遗址墙体的变形影响较小。

②墙体最大变形量位于墙角处，其随着干湿循环次数的增加，墙体根部一定范围土体的变形量逐渐增加。断面 1 和断面 2 的最大变形量分别由 3.808×10^{-4} m 和 1.437×10^{-4} m 增加至 1.201×10^{-3} m 和 5.196×10^{-4} m。

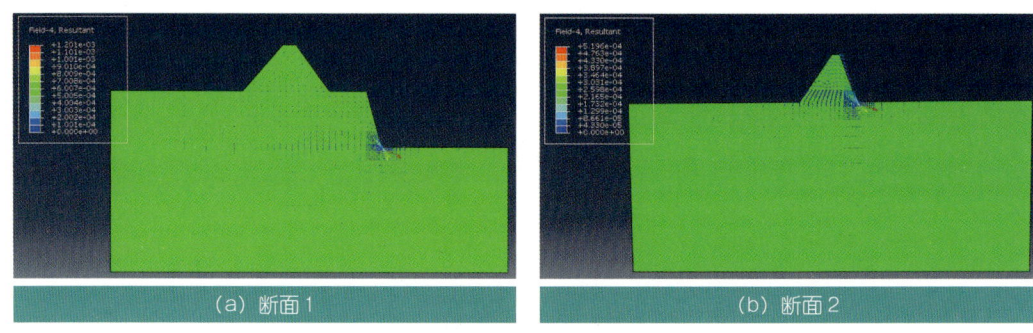

(a) 断面 1　　　　　　　　　(b) 断面 2

图 6-9　干湿循环 15 次后模型总位移矢量

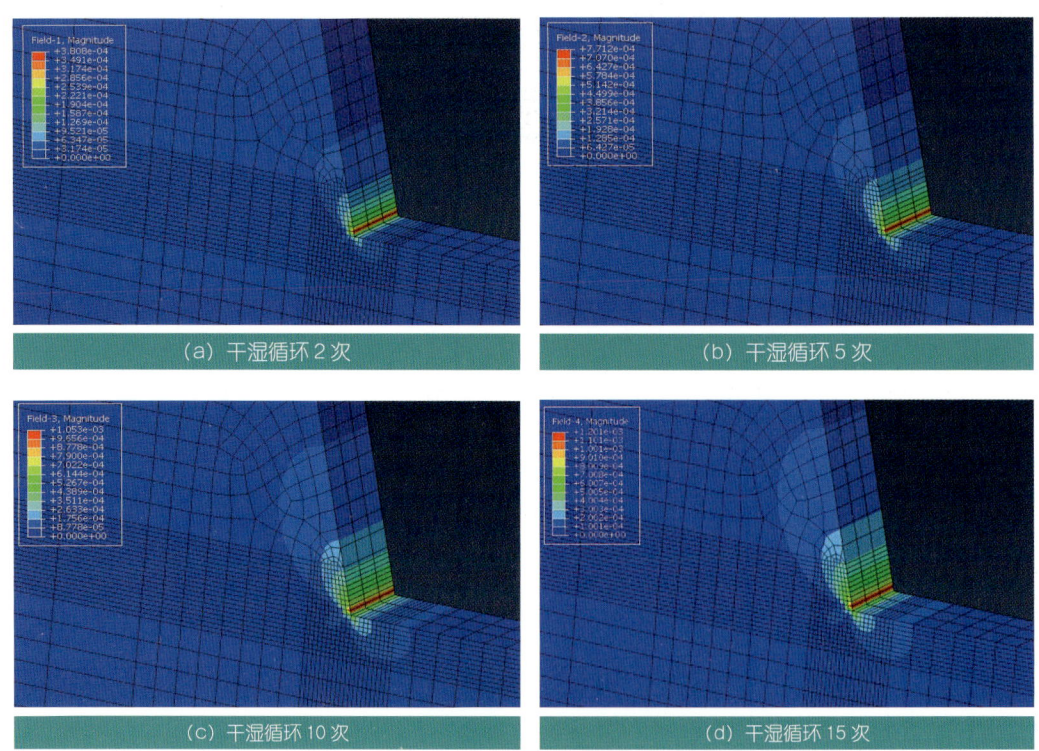

(a) 干湿循环 2 次　　　　　　　(b) 干湿循环 5 次

(c) 干湿循环 10 次　　　　　　(d) 干湿循环 15 次

图 6-10　断面 1 不同干湿循环次数下模型总位移云图

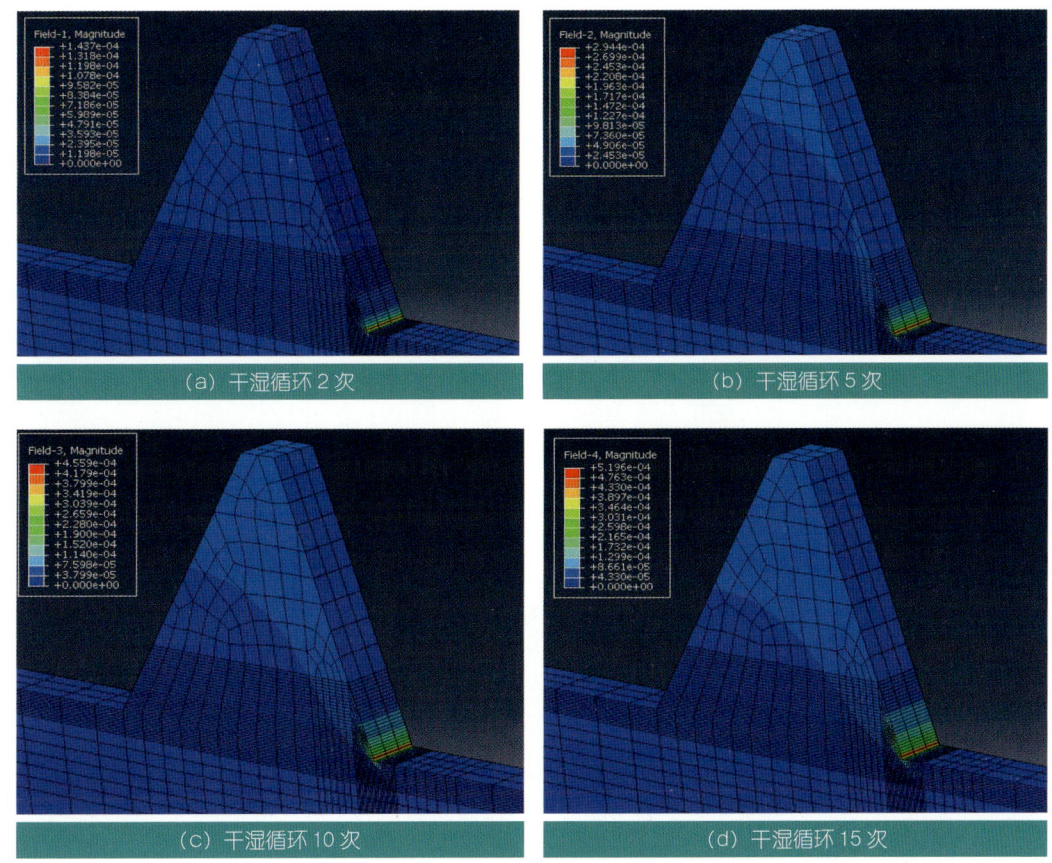

图 6-11　断面 2 不同干湿循环次数下模型总位移云图

（2）墙体根部区域变形响应

图 6-12 和图 6-13 分别给出了不同干湿循环次数下断面 1 和断面 2 中影响区域的拉应变云图。可以看出：

①干湿循环作用对区域上部土体产生一定的影响。随着干湿循环次数的增加，墙体变形影响范围增大，干湿循环影响区域及邻近土体的拉应变逐渐增大且范围也不断变大。例如，断面 1 中，初始时干湿循环区最大拉应变仅为 0.26%，干湿循环 2、5、10、15 次后，其最大拉应变分别增加至 0.81%、1.42%、1.69% 和 1.75%。由于粉土破坏拉应变较小（＜ 0.85%）[205-207]，随着干湿循环次数增多，根部土体黏结强度降低，土遗址根部一定范围土体发生变形，当其变形量增加至土颗粒黏结强度时，土颗粒在外界的轻微扰动下发生脱落；随着干湿循环次数的进一步增加，根部病害区深度及高度逐渐增加。

②从影响范围的变化规律来看，城墙根部拉应变区域呈现由城墙根部逐渐

向上部及内部扩展的趋势，这也与中原地区土遗址根部病害区域发育特征基本一致。例如，断面2中，干湿循环15次后，拉应变区域高度由25 cm逐渐增加至50 cm；深度则由20 cm增加至40 cm。

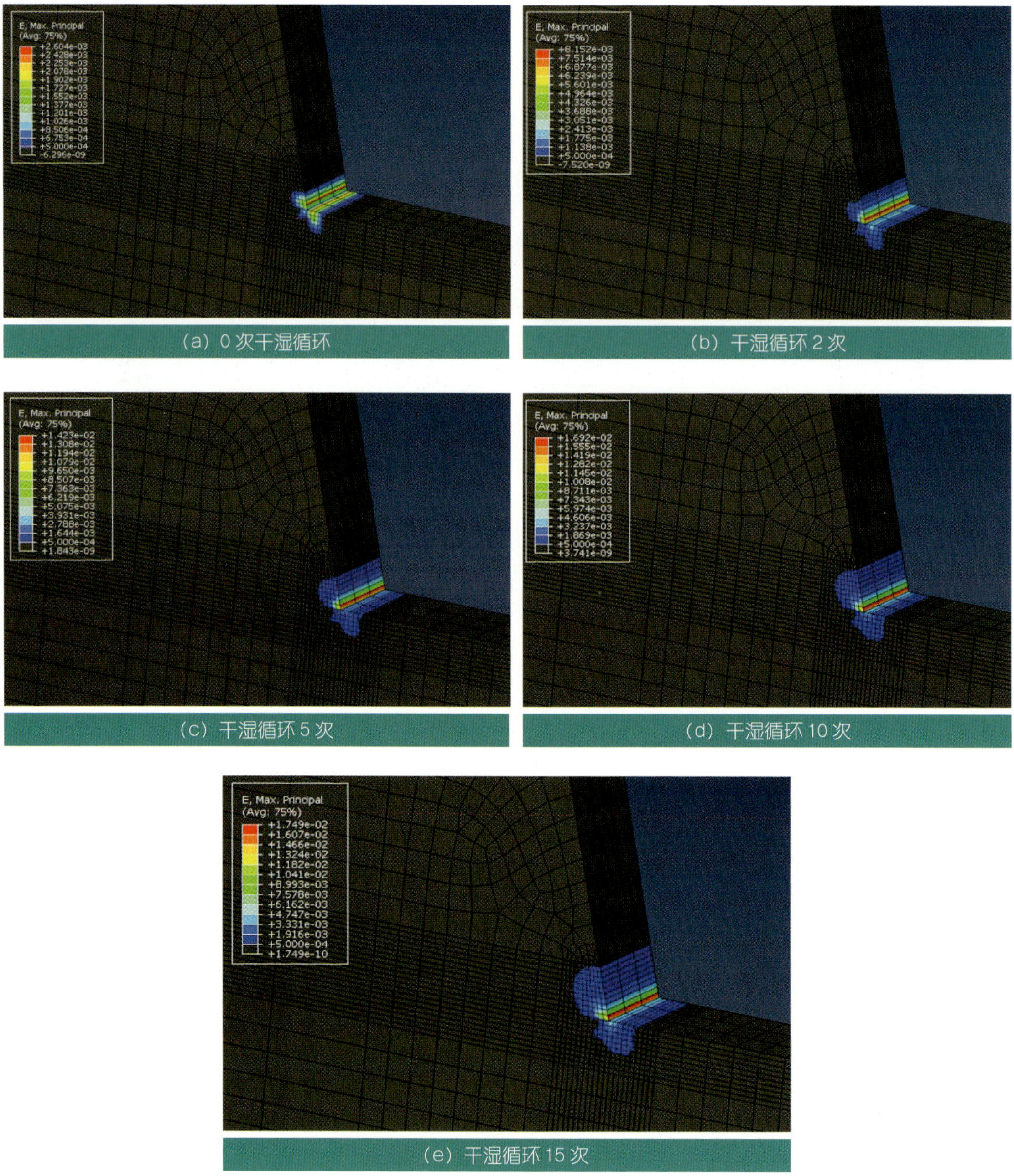

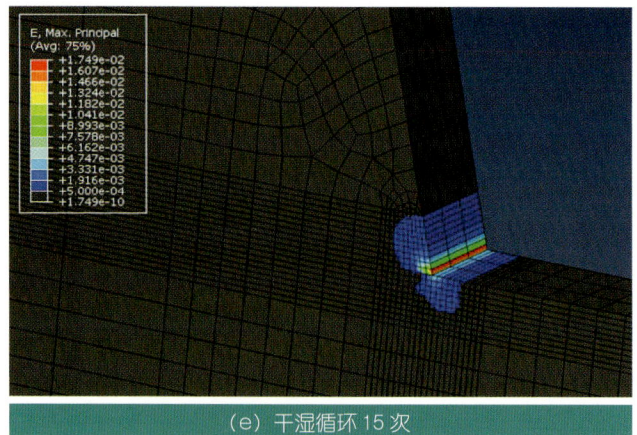

图6-12 断面1不同干湿循环次数下模型拉应变云图

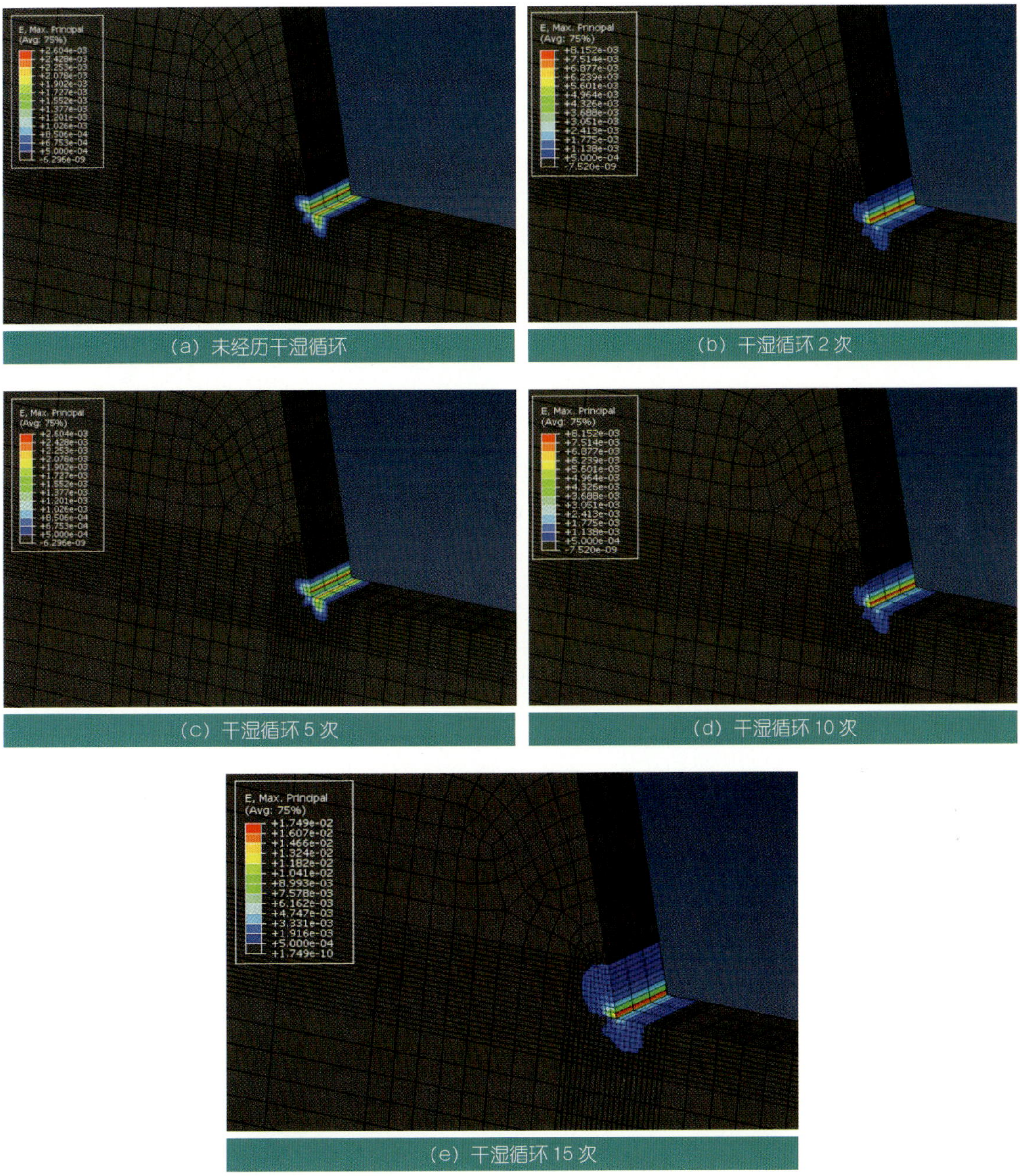

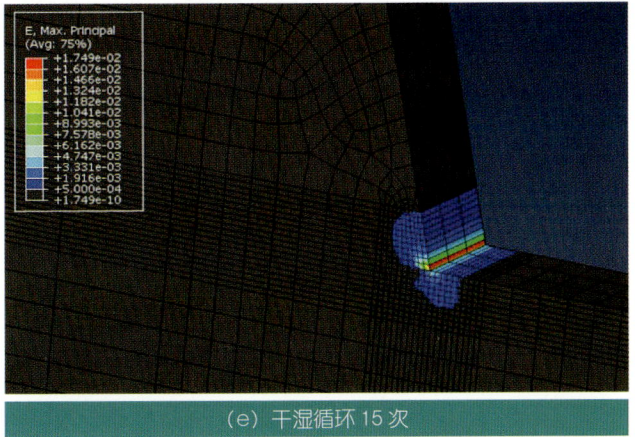

(a) 未经历干湿循环　　(b) 干湿循环 2 次
(c) 干湿循环 5 次　　(d) 干湿循环 10 次
(e) 干湿循环 15 次

图 6-13　断面 2 不同干湿循环次数下模型拉应变云图

6.5　掏蚀病害演化机制初探

基于上述城墙变形响应数值计算结果，发现城墙根部劣化区域呈现由下至上，由外至内的渐进发展规律，这与中原地区土遗址根部掏蚀类病害区域及发育特征吻合。

为有效预防粉土遗址根部病害发展及科学指导遗址修复工程，需对遗址根部掏蚀类病害演化机制进一步深入探讨。

对于土遗址掏蚀等根部病害机制的研究，崔凯等[207]参考边坡破坏演化机制，认为西北干旱地区掏蚀病害由遗址底部盐渍土所控制，随着盐渍劣化和风蚀损耗，遗址底部形成向内凹进的小规模空腔，进而随着盐渍化的进一步扩展，空腔规模扩大并导致土遗址局部或整体失稳。这对于揭示干旱地区土遗址掏蚀病害形成 – 发展机制，进而指导土遗址修复工程设计、施工等具有重要意义。

中原地区土遗址根部掏蚀类病害演化机制的研究较少，但土遗址可看作坡度较陡（坡角多在 70° 以上）的边坡，重塑黄土在颗粒级配等方面与粉土类似，因此可借鉴已有黄土边坡相关病害演化机制进行分析[208]。参考西北干旱地区土遗址根部掏蚀病害形成机制，认为粉土的强毛细吸水作用是中原地区土遗址根部掏蚀病害的本质因素，而根部积水 – 阳光辐射及地下水位的波动等是中原地区土遗址根部掏蚀病害的关键诱因。正确认知土遗址根部掏蚀病害演化机制，是合理评价其稳定性及进行预防性保护的关键。中原地区掏蚀病害发生在土遗址根部的另一个重要原因是土遗址自地面以上不同高度经历了不同次数和幅度的干湿循环作用，即在降雨或灌溉影响下，土遗址根部较小范围内出现饱和状态，且干湿循环次数较上部明显增多，土体力学特性劣化显著；而在极端暴雨积水等影响下，土遗址距地面一定高度范围内均达到了近似饱和状态，距土遗址根部越近，其前期损伤越大，故掏蚀病害最早从土遗址根部开始发育。

就中原地区的气候特点而言，夯土遗址的根部掏蚀病害主要表现为两种宏观形态，根据其形成过程及破坏形式，可将其演化机制分为遗址形态改变（图 6-14）和遗址浅层滑塌破坏（图 6-15）两类。

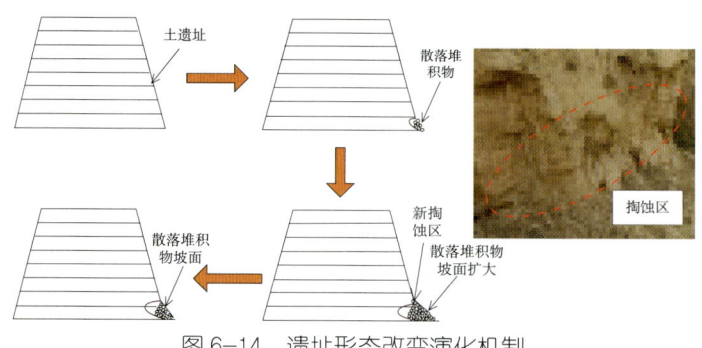

图 6-14 遗址形态改变演化机制

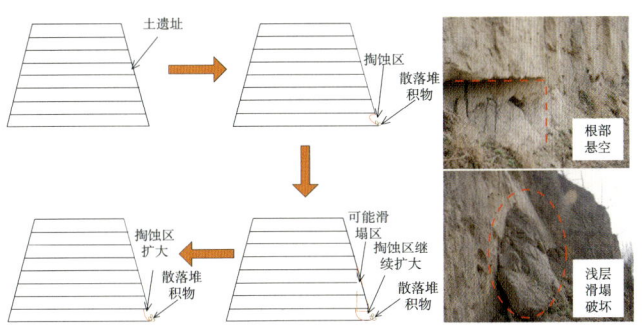

图 6-15 遗址浅层滑塌演化机制

①遗址形态改变。中原地区雨季集中，在根部积水作用下，土遗址根部土体经历较大的吸湿稳定含水率（近饱和状态），进而在阳光辐射等影响下，水分不断蒸发，土遗址根部土体含水率持续下降，基质吸力增大，土颗粒间距减小，导致土体呈现收缩变形，距离表层越近，收缩作用越剧烈。虽然粉土颗粒中黏粒含量较少，在饱和—干燥干湿循环过程中未发现明显较大裂隙，但干密度及压汞、扫描电镜试验均证明，在粉粒与黏粒界面及黏粒内部会形成一定的微裂隙，土体结构产生一定程度的破坏，为进一步的水分入渗与蒸发提供了有利通道。在进一步的降雨作用下，根部积水后，土遗址根部土体由外表面至内部含水率逐渐降低，表层土体在水分楔入压力作用下，微裂隙会进一步产生扩展，微裂隙加深、加大。试验结果也表明在经历多次大幅度干湿循环后，土体黏聚力 c 大幅下降，土颗粒间的联结作用大大减弱；由此，颗粒联结能力下降与大幅度干湿循环作用相互作用，如此循环，致使土颗粒间微裂隙进一步增多。陈开圣[209]也认为，土体在收缩过程中的变形是不可逆的，其收缩应力大于土颗粒间最薄弱部分的黏聚力时微裂隙产生。同时，粉土中的黏粒矿物也会在吸湿过程中出现崩解、软化、强度降低，粒状结构体系骨架破坏，甚至出现土颗粒及团聚体的脱落等现象。土遗址根部土体在反复较大幅度干湿循环作用下，抗剪强度下降，微裂隙扩展，当某一优势裂隙面出现部分贯通，其强度不足以支撑土体重力作用时，土遗址根部掏蚀初始区域形成，随着时间演化，会出现部分散落堆积物。而在根部积水影响范围以上区域，由于其受干湿循环次数较少且干湿循环幅度较小，干湿循环作用对其结构损伤较小甚至会出现强化作用，土颗粒间黏聚力较强，不会出现掏蚀等病害。根据雨季现场调研，结合室内土柱模型试验，发现其影响区域主要集中于 0.5 m 以内。因此，中原地区土遗址根部掏蚀区域的影响范围在 0.5 m 以内。新密古城寨遗址根部掏蚀区域多分布在 0.5 m 高度范围内，以 0.2～0.4 m 居多。

西北干旱地区土遗址由于盐分劣化影响出现掏蚀后，散落土体材料在夹沙风的作用下被带走，掏蚀区空腔效果明显。与之不同的是，由于中原地区夹沙风少，掏蚀区材料塌落后随着时间堆积，将掏蚀区域空腔部分或全部掩盖，在没有足够的外界应力扰动时，堆积土颗粒逐渐增多，此时其对下部掏蚀区起保护作用，类似于边坡的坡脚反压；但由于堆积土颗粒相对较松散，在降雨时其更易形成积水且富集时间增长，从而引起新堆积体以上土遗址的掏蚀现象，即掏蚀区上移。但其仍分布在遗址本体表层，并未深入本体形成悬空区域。故该种掏蚀作用对土遗址稳定性影响较小，但其严重影响土遗址本体形态。

②遗址根部悬空与浅层滑塌破坏。与上述掏蚀区形成机制类似，不同的是，掏蚀所形成的散落堆积物会在人为扰动或降雨径流影响下被冲运走，仅残留小部分堆积物，从而在土遗址根部形成悬空区域，其继续扩展后，当掏蚀区以上土体的黏结作用不足以支撑其重力时，会产生局部的浅层滑塌破坏。

6.6 本章小结

针对第五章建立的考虑强度非线性特征和干湿循环影响效应的遗址粉土本构模型，利用 ABAQUS 提供的二次开发接口，基于 Visual Studio 开发工具平台，采用带误差控制的改进 Euler 积分算法，对模型进行了数值化。主要结论如下：

①利用这一数值模型对室内单元试验进行了计算，计算结果与实测结果对比表明，该数值模型可较好地反映遗址粉土的强度非线性特征及干湿循环效应，初步验证了数值模型的合理性。

②数值计算表明，随着干湿循环次数的增加，墙体变形影响范围增大，干湿循环影响区域及邻近土体的拉应变逐渐增大且范围也不断变大。这与中原地区土遗址根部掏蚀类病害发育过程较为吻合。

③基于数值计算结果，对土遗址根部掏蚀形成机制进行了探讨。认为遗址形态改变、遗址根部悬空与浅层滑塌破坏是半湿润地区土遗址根部掏蚀病害的主要特征，与土遗址经历的干湿循环过程紧密相关。

第七章 结论与展望

7.1 主要结论

赋存环境及遗址本体土性是影响土遗址病害特征及发育机制的重要因素。中原地区大部分处于湿润-半湿润地区，土遗址多为临水修筑，周边多为农田。加之遗址粉土毛细作用显著，中原地区土遗址病害机制及保护的研究更加困难。土遗址暴露在自然环境中且与大地直接接触，在根部积水及地下水位升降等反复的毛细水干湿循环作用下，遗址本体根部一定范围内土的强度及变形特性将发生变化，进而影响土遗址根部掏蚀等病害的发育过程。首先，从试验角度出发，系统研究了不同干密度、制样方法及制样含水率下遗址粉土饱和三轴排水剪切力学特性，详细分析了制样条件对应力-应变关系、峰值抗剪强度、黏聚力及内摩擦角等的变化规律的影响，指出了静力压实与动力压实方法下遗址粉土强度及其参数的差异性，结合微观试验手段探讨了其形成机制，并对实际工程应用中力学参数的选取提出建议；其次，根据土遗址修筑及修复过程中施工工艺的要求，结合新密古城寨赋存环境，以其根部病害的形成及发育机制为主要着眼点，通过自制土柱试验装置模拟真实水环境，对其不同干湿循环次数与幅度下的固结排水剪切力学性状进行了深入分析，借助扫描电镜、压汞及核磁共振等试验手段探究其干湿循环过程中的孔隙分布演化规律及其形成机制；最后，以工程应用广泛的邓肯-张模型为基础，建立了考虑非线性强度准则和干湿循环次数的改进邓肯-张模型。进一步，利用ABAQUS提供的二次开发接口，基于Visual Studio开发工具平台，采用带误差控制的改进Euler积分算法，对模型进行了数值化，对其合理性进行了验证，并对中原地区土遗址掏蚀等根部病害发育过程进行了研究。主要有以下几点结论：

①不同制样条件下遗址粉土的直接剪切特性与三轴剪切特性存在显著区别。直接剪切试验中，压实试样抗剪强度及黏聚力 c 高于击实试样，变化幅度随压实度的增加而增大，且均在最优含水率下最大。而三轴剪切试验结果则表明，静、动力制样方法及制样含水率对土样应力-应变关系的影响与围压有关。低围压及低含水率下的动力击实土样应力-应变关系曲线多呈应变软化型和脆性破坏，而静力压实土样则在试验围压范围内均呈应变硬化型和塑性破坏；较大围压时其应力-应变关系曲线则基本重合。制样方法和制样含水率对粉土抗剪强度的影响主要集中于低围压（50~100 kPa）范围。在试验含水率范围内，粉土抗剪强度及黏聚力 c 值在最优含水率时达到最大值。在进行粉土填筑类工程设计及施工时，强度参数的选择需结合现场施工方法及可能出现的破坏形式综合考虑。

②压汞试验结果表明，制样方法对粉土样孔隙分布有一定影响。与动力击实样相比，静力压实样的孔径分布曲线呈整体向右平移趋势，峰值孔径及分布密度增大，其主要孔径范围由动力击实样的 0.4~5 μm（颗粒间孔隙）变化为静力压实样的 5~60 μm（团粒内孔隙）。制样条件除对土样孔隙分布有影响外，静、动力加载方式还会影响不同含水率粉土中颗粒的定向排列程度。静力压实和动力击实粉土样力学性状差异受其孔隙分布与颗粒定向排列程度的综合控制。

③在干湿循环次数的影响方面，土柱试样应力-应变关系在1次干湿循环后软化性明显增强，随后逐渐减弱，9次循环后软化特征不明显。土体强度呈现先增大后逐渐减小，最后趋于稳定的变化规律，稳定值低于初始土样；初始土样应力-应变关系受围压影响较小，土样基本呈应变硬化型发展；经历1次干湿循环作用后，土体应力-应变关系围压效应明显，但随着干湿循环的继续作用，应力-应变关系的围压效应又逐渐减弱，15次干湿循环作用后，土的应力-应变关系曲线形态基本不受围压影响，均呈硬化型发展。干湿循环过程中土的抗剪强度参数 c、初始模量 E_i 先增大后逐渐减小并趋于稳定。低应力条件下（σ_3=10~40 kPa）所得强度参数最小，其次为全应力范围（σ_3=10~400 kPa），常规应力条件下（σ_3=100~400 kPa）强度参数最大，线性 Mohr-Coulombs 强度准则难以准确描述该类土的强度特征。实际工程中，如果采用常规高应力条件下的抗剪强度参数将不利于工程安全，有必要结合土遗址的实际应力状态，探究土体强度特性的合理描述方法。

④土的团粒内孔隙体积在 1 次循环后有所降低，随后逐渐增大；15 次干湿循环后颗粒间孔隙体积大幅增加；总孔隙体积呈现先减小后逐渐增大的趋势。孔径分布的差异能够合理解释其力学特性的变化规律。干湿循环作用下核磁共振试验结果与压汞试验所反映的孔隙结构变化规律整体趋于一致，1 次干湿循环后土的总孔隙体积减小，随后逐渐增大；较小孔径孔隙体积逐渐增大，较大孔径孔隙体积随着干湿循环次数的增加，呈现先增大后逐渐减小的趋势。遗址粉土的干湿循环作用机制与黏土存在本质差异，主要受黏粒"三维网架"控制。1 次干湿循环后"网架"的均匀收缩致使粉粒趋于密实；后续循环中，"网架"结构破坏，不平衡的"推拉应力"致使粉粒间距增大，孔隙体积增加。

⑤粉土样的抗剪强度受干湿循环幅度影响显著，其变化规律与固结围压及干湿循环幅度紧密相关。在围压范围 10~40 kPa 内，与 0 次干湿循环土样相比，随着干湿循环幅度的增大，抗剪强度呈先小幅增大后显著减小的变化规律。无论何种围压作用，吸湿含水率增大至 6% 以内，抗剪强度大于未经历干湿循环土样，但继续增大至 11% 以后，抗剪强度小于未经历干湿循环土样。结合土柱高度，分析发现根部掏蚀高度范围与不同干湿循环幅度下粉土强度劣化区域是一致的。

⑥随着干湿循环幅度增大，最大进汞量逐渐增大。与未经历干湿循环作用相比，当干湿循环幅度在缩限（7.1%）以下时，其最大进汞量均稍小于未经历干湿循环土样，而当干湿循环幅度在缩限（7.1%）以上时，其最大进汞量均稍大于未经历干湿循环土样。核磁共振试验所得 T_2 分布曲线也得到了类似结论。吸湿含水率是否大于缩限对土体结构影响显著。随着干湿循环幅度的增加（1%~16%、1%~20%），大孔隙显著增加，然而，在干湿循环幅度较小时（1%~1%、1%~6%），其孔隙分布曲线与未经历干湿循环类似，且大孔隙消失。从非饱和土力学和干湿循环过程中微裂隙扩展角度，对吸湿含水率大小对土体力学特性的影响存在阈值效应进行了合理解释。

⑦遗址粉土具有一定的非线性特征。按直线破坏准则，以常规应力推算低围压粉土破坏强度均大于试验值。按照常规应力进行三轴剪切试验所得结果分析计算土体浅层病害是不可靠的。Baker 所提出的广义幂函数强度准则，能够较好地描述遗址粉土的强度特性，强度准则参数 A 值随干湿循环次数的增加呈现先增大后逐渐减小并趋于稳定的趋势，n 值与循环次数的相关性不明显。利用基于非线性强度准则的邓肯-张模型对土的应力-应变关系进行描述，得到了各干湿循环次数下土的模型参数 a、b、

R_f 值。根据干湿循环作用的主要影响参数,建立了典型模型参数与干湿循环次数的相关函数,给出了可考虑干湿循环效应的非线性邓肯–张模型表述方法。

⑧针对建立的考虑强度非线性特征和干湿循环影响效应的遗址粉土本构模型,利用 ABAQUS 提供的二次开发接口,基于 Visual Studio 开发工具平台,采用带误差控制的改进 Euler 积分算法,对模型进行了数值化。随后,利用数值模型对室内单元试验进行计算,验证了数值模型的合理性。最后,通过对新密古城寨典型断面的计算分析,发现该数值模型可较好地反映遗址粉土的强度非线性特征及干湿循环效应。基于此,对中原地区遗址粉土根部掏蚀类病害形成机制进行了探讨。

7.2 创新点

①发现了静、动力制样方法下遗址粉土直接剪切与三轴剪切力学特性的差异性,基于粉土孔隙分布与各向异性特性对其机制进行了解释。

②研发了可分层取样试验装置,揭示了干湿循环次数和幅度对遗址粉土力学特性的影响机制。

③建立了考虑强度非线性特征和干湿循环效应的改进邓肯–张模型并数值化,探讨了中原地区粉土遗址根部掏蚀类病害形成机制。

7.3 展望

针对中原地区古城寨遗址在干湿循环条件下的力学特性进行了试验研究并在本构模型方面做了积极的探索,取得了一些有益的研究成果。为了进一步掌握遗址粉土的力学特性及土遗址病害形成机制,今后尚需从以下几个方面开展研究工作:

①遗址粉土干湿循环备样过程均在小型土柱中完成,这与现场土遗址的实际情况仍存在一定差异。下一步将采用等比例或大尺寸试验等方法,真实模拟土遗址现场工况,开展相关试验研究,揭示中原地区土遗址掏蚀病害演化机制。同样,室内击实制样与现场击实或压实方法下土样的颗粒分布差异的定量评价也是需要考虑的问题。

②干湿循环试验中的土柱均是在一定烘干温度(45 ℃)下进行的,而不同干湿循环幅度(尤其是循环过程中温度的变化幅度)对于遗址粉土力学特性的影响不得而知。开展考虑温度幅度的粉土力学干湿循环效应研究也是下一步的研究内容。

③中原地区土遗址本体夯筑主要采用粉土和粉质黏土,不同土类间的力学特性有

所不同。今后有必要对中原地区不同类别土遗址开展研究工作，建立中原地区土遗址的数据库，为工程应用提供有力参考。此外，土遗址历经千年，如何通过合适的室内试验方法模拟其长期效应，预测较长时间尺度内土遗址的劣化程度，进而提出合理有效的预防措施，对于土遗址保护工程而言也是一个难点。

④邓肯-张模型虽然参数较少且物理意义明确，但应用范围有限。如何将干湿循环过程中的宏微观参数，如孔隙、黏粒网架及微裂隙等引入模型，增加模型的普适性也是下一步研究的重点。

参考文献

[1]《国家文物事业发展"十三五"规划》发布[N]. 中国文化报，2017-02-22（6）.

[2] 孙满利. 土遗址保护研究现状与进展[J]. 文物保护与考古科学，2007，19（4）：64-70.

[3] 王兴亚. 中原地域称谓的由来及其地域范围的嬗变[J]. 石家庄学院学报，2015，17（4）：17-28.

[4] 张新斌，李立新. 中原文化解读[M]. 郑州：文心出版社，2007.

[5] 杨强义，李承蔚. 毛细水干湿循环对土遗址风化影响的试验研究[J]. 地下空间与工程学报，2012，8（3）：517-525.

[6] 周双林. 土遗址防风化保护概况[J]. 中原文物，2003（6）：78-83.

[7] 田林. 大遗址遗迹保护问题研究[D]. 天津：天津大学，2004.

[8] 赵海英，李最雄，韩文峰，等. 西北干旱区土遗址的主要病害及成因[J]. 岩石力学与工程学报，2003，22（增刊2）：2875-2880.

[9] 王旭东. 中国干旱环境中土遗址保护关键技术研究新进展[J]. 敦煌研究，2008（6）：6-12.

[10] 刘园园，周顺武，吴裴裴，等. 近45a郑州夏季大气可降水量及其降水转化率分析[J]. 干旱气象，2013，31（3）：486-490.

[11] 竹磊磊，常军，张善强. 河南夏季干旱气候特征分析[J]. 气象与环境科学，2012，35（1）：49-55.

[12] LI M，ZHANG H Y. Hydrophobicity and carbonation treatment of earthen monuments in humid weather condition[J]. Sci China Tech Sci，2012，55（8）：2313-2320.

[13] 张明泉，张琳，王旭东，等. 考古现场土遗址保护中环境干湿度判定指标体系的

建立与应用[J]. 兰州大学学报（自然科学版），2013，49（4）：465-469.

[14] 范文远. 黄泛区粉性土工程特性试验研究[J]. 铁道勘察，2007，33（6）：14-17.

[15] 贾朝霞，朱海波，商庆森，等. 黄泛区粉性土路基基本特性与施工技术探讨[J]. 公路交通科技，2008，25（9）：52-57，62.

[16] 张虎元，严耿升，赵天宇，等. 土建筑遗址干湿耐久性研究[J]. 岩土力学，2011，32（2）：347-355.

[17] 崔凯，关喜鹏，谌文武，等. 干旱区土遗址掏蚀区土盐渍劣化与风蚀损耗效应（Ⅱ）[J]. 岩土工程学报，2017（10）：30-37.

[18] 陈爱兰. 河南省文物志[M]. 北京：文物出版社，2009.

[19] ALLAM M M，SRIDHARAN A. Effect of wetting and drying on shear strength[J]. Journal of the geotechnical engineering division，1981，107（4）：421-438.

[20] GUAN G S，RAHARDJO H，CHOON L E. Shear strength equations for unsaturated soil under drying and wetting[J]. Journal of geotechnical and geoenvironmental engineering，2010，136（4）：594-606.

[21] 孙文静，韦广，崔玉军，等. 粉土干化过程中微观结构的演变[J]. 岩石力学与工程学报，2017，36（10）：2544-2550.

[22] 崔凯，谌文武，韩琳，等. 干旱区土遗址掏蚀区土盐渍劣化与风蚀损耗效应[J]. 岩土工程学报，2011，33（9）：1412-1418.

[23] 高游，孙德安. 制样方法对非饱和土力学特性的影响[J]. 岩土工程学报，2016，38（8）：1529-1534.

[24] SEED H B，CHAN C K. Structure and strength characteristics of compacted clays[J]. Journal of soil mechanics and foundation division，1959，85（5）：87-127.

[25] ODA M. Deformation mechanism of sand in triaxial compression tests[J]. Soils and foundations，1972，12（4）：45-63.

[26] 郭莹，王跃新. 原状与重塑粉土固结不排水剪切特性的对比试验[J]. 水利学报，2011，39（1）：68-75.

[27] 刘延志，胡敏云，沈映，等. 杭州市粉土的各向异性室内试验研究[J]. 浙江工业大学学报，2012，40（2）：188-192.

[28] DELAGE P，AUDIGUIER M，CUI Y J，et al. Microstructure of a compacted silt[J].

Canadian geotechnical journal, 2011, 33 (1): 150-158.

[29] FIÈS J C, BRUAND A. Particle packing and organization of the textural porosity in clay-silt-sand mixtures[J]. European journal of soil science, 1998, 49 (4): 557-567.

[30] FIÈS J C. Analysis of soil textural porosity relative to skeleton particle size using mercury porosimetry[J]. Soil Science Society of America journal, 1992, 56 (4): 1062-1067.

[31] BRUAND A, D ACQUI L P, NYAMUGAFATA P, et al. Analysis of porosity in a tilled "crusting soil" in Zimbabwe[J]. Geoderma, 1993, 59 (1/4): 235-248.

[32] 中华人民共和国水利部. 土工试验方法标准: GB/T 50123—1999[S]. 北京: 中国计划出版社, 1999.

[33] 杨予川. 应用PS材料对三门峡虢国墓地车马坑的加固保护[J]. 敦煌研究, 1997(3): 177-181.

[34] 全国文物保护标准化技术委员会. 土遗址保护工程勘察规范: WW/T 0040—2012[S]. 北京: 文物出版社, 2012.

[35] 杨予川. 戚城古代夯土城墙的病害调查与保护对策研究[J]. 中原文物, 2008 (1): 91-96.

[36] 杨予川. 土遗址文物保护中多学科的作用[J]. 文物建筑, 2007 (1): 167-173.

[37] 王思敬, 王彦兵, 邵明申, 等. PS溶液渗透对非饱和土的增强效应研究[J]. 工程地质学报, 2011, 19 (2): 219-224.

[38] 崔凯, 谌文武, 王旭东, 等. 干旱区土遗址盐渍带风蚀损耗效应微观机制研究[J]. 岩土力学, 2012, 33 (4): 1167-1172.

[39] 张金风, 游红旗. 河南宝丰清凉寺汝官窑遗址本体加固保护试验研究[J]. 文物保护与考古科学, 2014, 26 (2): 81-89.

[40] SEED H B. Structure and strength characteristics of compacted clay[J]. Proceeding of American Society of Civil Engineers, 1960 (85): 87-128.

[41] PAPADIMITRIOU A G, DAFALIAS Y F, YOSHIMINE M. Plasticity modeling of the effect of sample preparation method on sand response[J]. Soil and foundations, 2005, 45 (2): 109-124.

[42] 李广信. 高等土力学[M]. 2版. 北京: 清华大学出版社, 2016.

[43] SIVAKUMAR V, WHEELER S J. Influence of compaction procedure on the

mechanical behavior of an unsaturated compacted clay. Part 1: Wetting and isotropic compression[J]. Geotechnique, 2000, 50 (4): 359-368.

[44] AHMED S, LOVELL C W, DIAMOND S. Pore sizes and strength of compacted clay[J]. J Geotech Engng Div ASCE, 1974 (100): 407-425.

[45] EKWUE E I, BIRCH R, CHEWITT J. Effect of dynamic and static methods of compaction on soil strength[J]. West Indian journal of engineering, 2015, 37 (2): 74-78.

[46] KENAI S, BAHAR R, BENAZZOUG M. Experimental analysis of the effect of some compaction methods on mechanical properties and durability of cement stabilized soil[J]. Journal of materials science, 2006, 41 (21): 6956-6964.

[47] SEED H B. Stability and swell pressure characteristics of compacted clays[J]. Clays & clay minerals, 1954, 3 (1): 483-504.

[48] CRISPIM F A, LIMA D C D, SCHAEFER C E G R, et al. The influence of laboratory compaction methods on soil structure: mechanical and micromorphological analyses[J]. Soils & rocks, 2011, 34 (1): 91-98.

[49] 李春清, 梁庆国, 吴旭阳, 等. 重塑黄土抗拉强度试验研究 [J]. 地震工程学报, 2014, 36 (2): 233-238.

[50] 左巍然, 杨和平, 刘平. 确定膨胀土残余强度的试验研究 [J]. 长沙交通学院学报, 2007, 23 (1): 23-27.

[51] 李新明, 张昊, 孙玉周. 基质吸力作用下非饱和粉土强度特性研究 [J]. 信阳师范学院学报（自然科学版）, 2017, 30 (3): 478-483.

[52] 宋修广, 张瑜洪, 张海忠, 等. 黄泛区粉土路基强度衰减对路面结构的影响分析 [J]. 公路交通科技, 2010, 27 (5): 30-35.

[53] 彭丽云, 刘建坤, 肖军华, 等. 压实粉土非线性应力-应变关系的试验研究 [J]. 工程地质学报, 2007, 15 (1): 50-55.

[54] 宋修广, 张宏博, 王松根, 等. 黄河冲积平原区粉土路基吸水特性及强度衰减规律试验研究 [J]. 岩土工程学报, 2010, 32 (10): 1594-1602.

[55] 贾付春. 中原地区潮湿土遗址保护理念探索与对策研究：以河南内黄三杨庄汉代聚落遗址为例 [D]. 郑州：郑州大学, 2016.

[56] 王旭东. 潮湿环境土遗址保护理念探索与保护技术展望 [J]. 敦煌研究, 2013 (1):

1-6，125.

[57] BARZEGAR A R，OADES J M，RENGASAMY P. Soil structure degradation and mellowing of compacted soils by saline-sodic solutions[J]. Soil science society of America journal，1996，60（2）：583-588.

[58] 彭兴黔，施维娟，花长城. 土楼夯土风雨侵蚀机理及侵蚀损耗量研究[J]. 四川大学学报(工程科学版)，2015，47（1）：105-111.

[59] 杨善龙，王旭东，郭青林，等. 中国西北地区土遗址盐害阈值试验研究[J]. 兰州大学学报（自然科学版），2018，54（1）：1-8.

[60] 陈雨. 西北干旱区土遗址盐害室内试验研究[D]. 兰州：兰州大学，2013.

[61] 孙满利，李最雄，王旭东，等. 干旱区土遗址病害的分类研究[J]. 工程地质学报，2007，15（6）：772-778.

[62] LIU Y，CHEN Z，ZHOU L. Research on prevention countermeasure and main geoenvironmental cause of large-scale ancient sites in south China[J]. Chinese journal of rock mechanics & engineering，2009，28（增刊2）：3795-3800.

[63] 王石斌. 北方土遗址的病害成因与环境区划研究[D]. 兰州：兰州大学，2009.

[64] 张虎元，李敏，王旭东，等. 潮湿土遗址界定及病害分类研究[J]. 敦煌研究，2011（6）：70-75.

[65] 孙满利，王旭东，李最雄. 西北地区土遗址病害[J]. 兰州大学学报（自然科学版），2010，46（6）：41-45.

[66] 郑越，张颀. 世界遗产保护发展趋势下我国建筑遗产保护策略初探：基于UNESCO亚太文化遗产保护奖研究[J]. 建筑学报，2015（5）：33-37.

[67] 段晓彤，陈波，张刚，等. 高湿度密闭环境中的土柱模拟实验[J]. 文博，2017(6)：92-96.

[68] 刘伟佳，吴军虎，裴青宝，等. 不同地下水埋深条件下均质土壤毛管上升水运动特性试验研究[J]. 水资源与水工程学报，2010，21（1）：67-70.

[69] 王丁，费良军. 层状土壤上升毛管水运移特性试验研究[J]. 地下水，2009，31(1)：35-37.

[70] 崔凯，谌文武，匡静，等. 干湿交替与盐渍双重作用下干旱和半干旱地区土遗址劣化效应[J]. 中南大学学报（自然科学版），2012，43（6）：361-367.

[71] 张景科，谌文武，和法国，等．高陡濒倾土遗址边坡加固后的变形行为 [J]．文物保护与考古科学，2012，24（1）：56-61．

[72] IRAVANIAN A，BILSEL H. Tensile strength properties of sand-bentonite mixtures enhanced with cement[C]//Procedia engineering，2016：111-118.

[73] 孙满利，王旭东，李最雄，等．交河故城的裂隙特征研究 [J]．岩土工程学报，2007，29（4）：612-617．

[74] 孔令伟，李雄威，郭爱国，等．脱湿速率影响下的膨胀土工程性状与持水特征初探 [J]．岩土工程学报，2009，31（3）：335-340．

[75] 张家俊，龚壁卫，胡波，等．干湿循环作用下膨胀土裂隙演化规律试验研究 [J]．岩土力学，2011，32（9）：2729-2734．

[76] 张涛，乐金朝，张俊然．干湿循环对豫东粉土路基强度的影响及其预测 [J]．公路，2016（4）：200-206．

[77] 孟庆明，彭兴黔，梁兰娣．福建土楼夯土试块在干湿循环的抗压强度试验研究 [J]．青岛理工大学学报，2015，36（1）：41-45．

[78] LU NING，LIKOS W J. Suction stress characteristic curve for unsaturated soil[J]. Journal of geotechnical and geoenvironmental engineering，2006（132）：131-142.

[79] TSE E Y M，NG C W W. Effects of drying and wetting cycles on unsaturated shear strength[C]//European Conference on Unsaturated Soils，2008.

[80] SUN D A，SUN W，XIANG L. Effect of degree of saturation on mechanical behaviour of unsaturated soils and its elastoplastic simulation[J]. Computers and geotechnics，2010，37（5）：678-688.

[81] 龚壁卫，周小文，周武华．干－湿循环过程中吸力与强度关系研究 [J]．岩土工程学报，2006，28（2）：207-209．

[82] 张俊然，许强，孙德安．吸力历史对非饱和土力学性质的影响 [J]．岩土力学，2013（10）：2810-2814．

[83] MELINDA F，RAHARDJO H，HAN K K，et al. Shear strength of compacted soil under infiltration condition[J]. Journal of geotechnical and geoenvironmental engineering，2004，130（8）：807-817.

[84] 李宣，孙德安，张俊然．吸力历史对非饱和粉土动力变形特性的影响 [J]．岩土力

学，2018，39（8）：2819-2836.

[85] NING L, LIKOS W J. Unsaturated soil mechanics[M]. Hoboken：John Wiley & Sons, Inc., 2004.

[86] 张芳枝，陈晓平. 反复干湿循环对非饱和土的力学特性影响研究 [J]. 岩土工程学报，2010，32（1）：41-46.

[87] 刘文化，杨庆，孙秀丽，等. 干湿循环条件下干燥应力历史对粉质黏土饱和力学特性的影响 [J]. 水利学报，2017，48（2）：203-209.

[88] 张俊然，许强，孙德安. 多次干湿循环后土-水特征曲线的模拟 [J]. 岩土力学，2014，35（3）：689-695.

[89] ROMERO E, GENS A, LLORET A. Water permeability, water retention and microstructure of unsaturated compacted Boom clay[J]. Engineering geology, 1999, 54（1-2）：117-127.

[90] ROMERO E, VECCHIA G D, JOMMI C. An insight into the water retention properties of compacted clayey soils[J]. Géotechnique, 2011, 61（4）：313-328.

[91] SUN D A, ZHANG J, GAO Y, et al. Influence of suction history on hydraulic and stress-strain behavior of unsaturated soils[J]. International journal of geomechanics, 2016, 16（6）：17-23.

[92] 叶万军，赵志鹏，杨更社，等. 土体含水状态对黄土边坡剥落病害产生的影响 [J]. 中国公路学报，2015，28（7）：18-24.

[93] 吕海波，曾召田，赵艳林，等. 膨胀土强度干湿循环试验研究 [J]. 岩土力学，2009，30（12）：3797-3802.

[94] 穆坤，孔令伟，张先伟，等. 红黏土工程性状的干湿循环效应试验研究 [J]. 岩土力学，2016，37（8）：2247-2253.

[95] 李新明，孔令伟，郭爱国，等. 基于工程包边法的膨胀土抗剪强度干湿循环效应试验研究 [J]. 岩土力学，2014，35（3）：675-682.

[96] 徐锴，耿之周，李雄威. 脱湿速率对膨胀土堑坡稳定性的影响分析 [J]. 岩土工程学报，2017，39（增刊）：131-134.

[97] 马田田，韦昌富，魏厚振，等. 不同水力路径下非饱和粉质土的破坏与变形特性 [J]. 山地学报，2013，31（1）：108-113.

[98] 冯欣，孔令伟，郭爱国. 不均匀收缩方式对膨胀土工程性状影响试验研究 [J]. 岩土力学，2009（增刊2）：208-213.

[99] 陈毅，张虎元，杨龙. 遗址土劣化进程中微观结构变化的类比研究 [J]. 岩土力学，2018，39（11）：4117-4124，4141.

[100] 黄强兵，刘悦，彭建兵. 黄土路堑边坡变形破坏机理的三轴试验研究 [J]. 工程地质学报，2007，15（6）：806-811.

[101] 肖杰，杨和平，李晗峰，等. 膨胀土边坡浅层破坏稳定性分析 [J]. 交通运输工程学报，2014，14（2）：21-27.

[102] 连继峰，罗强，蒋良潍，等. 雨水浸润软化下路基土质边坡浅层稳定分析 [J]. 铁道学报，2017，39（4）：101-108.

[103] MAKSIMOVIC M. Nonlinear failure envelope for soils[J]. Journal of geotechnical engineering，1989，115（4）：581-586.

[104] 季李通. 非饱和土强度与非线性模型研究 [D]. 南京：河海大学，2007.

[105] 吕海波，赵艳林，孔令伟，等. 利用压汞试验确定软土结构性损伤模型参数 [J]. 岩石力学与工程学报，2005，24（5）：854-858.

[106] 穆彦虎，马巍，李国玉，等. 冻融作用对压实黄土结构影响的微观定量研究 [J]. 岩土工程学报，2011，33（12）：1919-1925.

[107] 何伟朝. 基于数字图像处理技术压实黄土微观结构研究 [D]. 长春：吉林大学，2013.

[108] GRIFFITHS F J，JOSHI R C. Changes in pore size distribution due to consolidation of clays[J]. Geotechnique，1989（39）：159-167.

[109] 张先伟，孔令伟，郭爱国，等. 基于SEM和MIP试验结构性黏土压缩过程中微观孔隙的变化规律 [J]. 岩石力学与工程学报，2012，31（2）：406-412.

[110] 沙爱民，陈开圣. 压实黄土的湿陷性与微观结构的关系 [J]. 长安大学学报（自然科学版），2006，26（4）：1-4.

[111] 雷胜友，唐文栋. 黄土在受力和湿陷过程中微结构变化的CT扫描分析 [J]. 岩石力学与工程学报，2004，23（24）：4166-4166.

[112] 雷胜友，许瑛. 原状膨胀土三轴剪切过程的损伤力学特性 [J]. 岩石力学与工程学报，2004，23（增刊1）：4392-4395.

[113] 谷天峰，王家鼎，郭乐，等. 基于图像处理的Q_3黄土的微观结构变化研究 [J].

岩石力学与工程学报，2011，30（增刊1）：3185-3192.

[114] 吴凯，倪万魁，刘海松，等.压实黄土强度特性与微观结构变化关系研究[J].水文地质工程地质，2016，43（5）：62-69.

[115] 徐世民，吴志坚，赵文琛，等.基于Matlab和IPP的黄土孔隙微观结构研究[J].地震工程学报，2017，39（1）：80-94.

[116] 欧阳慧敏，卢力强.天津滨海新区固化软土强度与微结构特征研究[J].天津城市建设学院学报，2008，14（3）：159-162.

[117] OUALMAKRAN M，MERCATORIS B C N，FRANÇOIS B. Pore size distribution of a compacted silty soil after compaction, saturation and loading[J]. Canadian geotechnical journal, 2016, 53（12）：1902-1909.

[118] MAGISTRIS F，TATSUOKA F. Effects of moulding water content of the stress-strain behaviour of a compacted silty sand[J]. Soils and foundations, 2004, 44（2）：85-101.

[119] 王海礁.成样方法对多种土体三轴试验结果的影响对比[D].大连：大连理工大学，2014.

[120] LAMBE T. The engineering behaviour of compacted clay[J]. Journal of soil mechanics and foundations division, 1958, 84（2）：1-35.

[121] 孙德安，高游.不同制样方法非饱和土的持水特性研究[J].岩土工程学报，2015，37（1）：91-97.

[122] 陈宝，朱嵘，常防震.不同压应力作用下黏土体积变形的微观特征[J].岩土力学，2011（增刊1）：95-99.

[123] 申爱琴，郑南翔，苏毅，等.含砂低液限粉土填筑路基压实机理及施工技术研究[J].中国公路学报，2000（4）：14-17.

[124] 谈云志，郑爱，吴翩，等.初始状态对粉土强度的影响试验研究[J].公路，2012（10）：148-150.

[125] BURTON G J，PINEDA J A，SHENG D，et al. Microstructural changes of an undisturbed reconstituted and compacted high plasticity clay subjected to wetting and drying[J]. Engineering geology, 2015（193）：363-373.

[126] NOWAMOOZ H，JAHANGIR E，MASROURI F，et al. Effective stress in swelling soils during wetting drying cycles[J]. Engineering geology, 2016（210）：33-44.

[127] 尹松，孔令伟，张先伟.炎热多雨气候影响下残积土小应变刚度特性试验研究[J].岩土工程学报，2017，39（4）：743-751.

[128] ALDAOOD A，BOUASKER M，AL-MUKHTAR M. Impact of wetting–drying cycles on the microstructure and mechanical properties of lime-stabilized gypseous soils[J]. Engineering geology，2014，174（1）：11-21.

[129] HOSSEIN N，FARIMAH M. Influence of suction cycleson the soil fabric of compacted swelling soil[J]. Comptes rendus geoscience，2010，342（12）：901-910.

[130] 赵立业，薛强，万勇，等.干湿循环作用下高低液限黏土防渗性能对比研究[J].岩土力学，2016，37（2）：446-464.

[131] 彭小平，陈开圣.干湿循环下红粘土力学特性衰减规律研究[J].工程勘察，2018，46（2）：1-7.

[132] KAY B D，DEXTER A R. The influence of dispersible clay and wetting/drying cycles on the tensile strength of a red-brown earth[J]. Soil research，1992，30（3）：297-310.

[133] 朱建群，龚琰，胡大为，等.干湿循环作用下红黏土收缩特征研究[J].冰川冻土，2016，38（4）：1028-1035.

[134] 姚志华，陈正汉，朱元青，等.膨胀土在湿干循环和三轴浸水过程中细观结构变化的试验研究[J].岩土工程学报，2010，32（1）：68-76.

[135] 谈云志，胡莫珍，周玮韬，等.荷载–干湿循环共同作用下泥岩的压缩特性[J].岩土力学，2016，37（8）：2165-2171.

[136] 张祖莲，梁谏杰，黄英，等.干湿循环作用下红土抗剪强度与微结构关系研究[J].水文地质工程地质，2018，45（3）：84-91.

[137] KONG L，SAYEM M H M，TIAN H. Influence of drying-wetting cycles on soil-water characteristic curve[J]. Canadian geotechnical journal，2018，55（2）：208-216.

[138] 陈留凤，彭华.干湿循环对硬黏土的土水特性影响规律研究[J].岩石力学与工程学报，2016，35（11）：2337-2344.

[139] 江强强，刘路路，焦玉勇，等.干湿循环下滑带土强度特性与微观结构试验研究[J].岩土力学，2019，40（3）：1005-1012.

[140] TIAN H，WEI C，WEI H，et al. An NMR-based analysis of soil-water characteristics[J]. Applied magnetic resonance，2014，45（1）：49-61.

[141] 王建锋. 非线性强度下的边坡稳定性 [J]. 岩石力学与工程学报, 2005, 24（增刊2）: 5896-5900.

[142] CHARLES J A. Correlation between laboratory behavior of rockfill and field performance with particular reference to scammonden dam[D]. London: London University, 1973.

[143] 张晓曦, 何思明, 周立荣. 基于非线性破坏准则的边坡稳定性分析 [J]. 自然灾害学报, 2012（1）: 53-60.

[144] 程展林, 李青云, 郭熙灵, 等. 膨胀土边坡稳定性研究 [J]. 长江科学院院报, 2011, 28（10）: 102-111.

[145] LEFEBVRE G. Strength and slope stability in Canadian soft clay deposits[J]. Can Geotech J, 1981（18）: 420-442.

[146] DE MELLO V F B. Reflections on design decisions of practical significance to embankment dams[J]. Géotechnique, 1977, 27（3）: 281-355.

[147] CHARLES J A, SOARES M M. Stability of compacted rockfill slopes[J]. Geotechnique, 1984（34）: 61-70.

[148] CHARLES J A, WATTS K S. The influence of confining pressure on the shear strength of compacted rockfill[J]. Geotechnique, 1980（30）: 353-367.

[149] COLLINS I F, GUNN C I M, PENDER M J, et al. Slope stability analyses for materials with a nonlinear failure envelope[J]. Int J Numer & Analyt Meth Geomech, 1988（12）: 533-550.

[150] PERRY J. A technique for defining non-linear shear strength envelopes, and their incorporation in a slope stability method of analysis[J]. Quarterly journal of engineering geology and hydrogeology, 1994, 27（3）: 231-241.

[151] BAKER R. Nonlinear mohr envelopes based on triaxial data[J]. Journal of geotechnical and geoenvironmental engineering, 2004, 130（5）: 498-506.

[152] 罗汀, 罗小映. 适用于冻土的广义非线性强度准则 [J]. 冰川冻土, 2011, 33（4）: 772-777.

[153] 肖杰, 杨和平, 王兴正, 等. 南宁外环膨胀土抗剪强度非线性特征及影响因素分析 [J]. 中国公路学报, 2014, 27（10）: 1-8.

[154] 朱建明，赵琦，吴则祥，等. 基于广义非线性强度准则下地基承载力的计算 [J]. 地下空间与工程学报，2013，9（3）：523-529.

[155] 何利军，吴文军，孔令伟. 基于FLAC3D含SMP强度准则黏弹塑性模型的二次开发 [J]. 岩土力学，2012，33（5）：1549-1556.

[156] 张晓曦. 边坡工程稳定性极限分析 [D]. 成都：西南交通大学，2011.

[157] 吕玺琳，黄茂松，王蓉. 基于非线性强度准则的城市固废本构模型 [J]. 同济大学学报（自然科学版），2015，43（9）：1308-1312.

[158] 吕玺琳，翟新乐. 考虑固废强度非线性的填埋场地基承载力分析 [J]. 地下空间与工程学报，2018（3）：672-677.

[159] BAKER R，FRYDMAN S. Upper bound limit analysis of soil with nonlinear failure criterion[J]. Soils and foundations，1983，23（4）：34-42.

[160] ZHANG X J，CHEN W F. Stability analysis of slopes with general nonlinear failure criterion[J]. International journal for numerical and analytical methods in geomechanics，1987，11（1）：33-50.

[161] 方薇. 一种非饱和土的非线性抗剪强度包络壳模型 [J]. 岩石力学与工程学报，2018，37（11）：2601-2609.

[162] 李丽民，张国祥，王恭兴. 基于非线性破坏准则的挡土墙被动土压力上限分析 [J]. 铁道学报，2011，33（10）：91-96.

[163] 孙玉进，宋二祥，杨军. 基于非线性强度准则的土工结构安全系数有限元计算 [J]. 工程力学，2016，33（7）：84-91.

[164] 中华人民共和国水利部. 土工试验规程：SL 237—1999[S]. 北京：中国水利水电出版社，1999.

[165] 中华人民共和国建设部. 岩土工程勘察规范（2009版）：GB 50021—2001[S]. 北京：中国建筑工业出版社，2009.

[166] 高国瑞. 近代土质学 [M]. 2版. 北京：科学出版社，2013.

[167] 高大钊. 岩土工程勘察与设计 [M]. 北京：人民交通出版社，2010.

[168] LEONARDS G A. Engineering properties of soils[M]. New York：McGraw-Hill book Company，Inc.，1962.

[169] 蔡全法，马俊才，李玉山，等. 河南新密市古城寨龙山文化城址发掘简报 [J]. 华

夏考古，2002（2）：53-82.

[170] 肖军华，刘建坤，彭丽云，等. 黄河冲积粉土的密实度及含水率对力学性质影响 [J]. 岩土力学，2008，29（2）：409-414.

[171] LADD R S. Preparing testing specimen using under compaction[J]. Geotechnial testing journal，1978，1（1）：16-23.

[172] ZEH R M，WITT K J. The tensile strength of compacted clays as affected by suction and soil structure[M]//Experimental unsaturated soil mechanics. Berlin：springer Berlin Heidelberg，2007.

[173] 王洪瑾，张国平，周克骥. 固有和诱发各向异性对击实粘性土强度和变形特性的影响 [J]. 岩土工程学报，1996，18（3）：1-10.

[174] KODIKARA J，BARBOUR S L，FREDLUND D G. Changein clay structure behaviour due to wetting and drying[C]//Proceedings of 8th Australian-Zealand conference on geomechanics. Hobart，1999：179-185.

[175] SHEAR D L，OLSEN H W，NELSON K R. Effects of desiccation on the hydraulic conductivity versus void ratio relationship for a natural clay[R]. Washington DC：National Academy Press，1993：1365-1370.

[176] 贾敏才，王磊，周健. 砂性土宏细观强夯加固机制的试验研究 [J]. 岩石力学与工程学报，2009，28（增刊1）：3282-3290.

[177] 施斌. 粘性土击实过程中微观结构的定量评价 [J]. 岩土工程学报，1996，18（4）：57-62.

[178] 刘先珊，董存军. 砂土介质中土压力盒的力学响应特性 [J]. 土木建筑与环境工程，2012，34（4）：12-18.

[179] 商玉洁，李婕，白晓红. 黄土击实过程中土压力的变化研究 [J]. 施工技术，2017，46（13）：95-97，102.

[180] 胡再强，于淼，李宏儒，等. 人工制备遗址土力学特性试验研究 [J]. 岩石力学与工程学报，2016，35（9）：1914-1923.

[181] 吴燕锋，巴克，托合提，等. 1958—2012年郑州市极端气温和极端气温事件年际变化特征 [J]. 中国农学通报，2014，30（23）：259-265.

[182] 刘文化. 干湿循环对非饱和土力学特性影响及非饱和土本构关系探讨 [D]. 大连：

大连理工大学，2015.

[183] 殷宗泽. 土工原理（精装本）[M]. 北京：水利水电出版社，2007.

[184] 万勇，薛强，吴彦，等. 干湿循环作用下压实黏土力学特性与微观机制研究 [J]. 岩土力学，2015，36（10）：2815-2824.

[185] COATES G R，XIAO L L，PRAMMER M G. NMR logging principles and application[M]. Houston：Halliburton Energy Services Publication，1999.

[186] 程允，韦昌富，牛庚. 干湿循环作用对岩溶区红黏土剪切强度的影响 [J]. 岩土力学，2017，38（增刊2）：191-196.

[187] 许健，牛富俊，牛永红，等. 等温过程路基土体水分迁移特征分析 [J]. 土木建筑与环境工程，2011，33（4）：113-119.

[188] 周奇，陈太红，朱振南，等. 黄土路基毛细水上升规律试验模拟研究 [J]. 烟台大学学报（自然科学与工程版），2015（1）：54-60.

[189] 朱赞成，孙德安，王小岗，等. 基于膨润土微观结构确定土水特征曲线的残余含水率 [J]. 岩土工程学报，2015，37（7）：1211-1217.

[190] FLEUREAU J M，VERUGGE J C，HUERGO P J，et al. Aspects of the behavior of compacted clayed soils on drying and wetting paths[J]. Canadian geotechnical journal，2002（39）：1341-1357.

[191] ZHANG F. Soil water retention and relative permeability for full range of saturation [R]. Pacific northwest national laboratory，2010.

[192] 龚晓南，熊传祥，项可祥，等. 粘土结构性对其力学性质的影响及形成原因分析 [J]. 水利学报，2000，31（10）：43-47.

[193] 李作勤. 有结构强度的欠压密土的力学特性 [J]. 岩土工程学报，1982，20（1）：100-110.

[194] MORETTO O. Effect of natural hardening of the unconfined compression strength of remoulded clay[C]. Rotterdam：Proc. 2nd Int. conf. soil mech. fdn engng，1948：137-144.

[195] 徐筱，赵成刚. 高吸力下黏性土的抗剪强度和体变特性 [J]. 岩土力学，2018，39（5）：61-73.

[196] WHEELER S J，SHARMA R S，BUISSON M S R. Coupling of hydraulic hysteresis and stress-strain behaviour in unsaturated soils[J]. Geotechnique，2003，53（1）：41-54.

[197] 王军, 高玉峰, 高红珍. 结构性软土地基施工扰动定量分析 [J]. 岩土力学, 2005, 26（5）: 789-794.

[198] 涂义亮, 刘新荣, 钟祖良, 等. 干湿循环下粉质黏土强度及变形特性试验研究 [J]. 岩土力学, 2017, 38（12）: 3581-3589.

[199] 叶为民, 万敏, 陈宝, 等. 干湿循环条件下高压实膨润土的微观结构特征 [J]. 岩土工程学报, 2011, 33（8）: 1173-1177.

[200] 谈云志, 喻波, 刘晓玲, 等. 压实红黏土失水收缩过程的孔隙演化规律 [J]. 岩土力学, 2015, 36（2）: 369-375.

[201] 唐朝生, 施斌, 刘春, 等. 影响黏性土表面干缩裂缝结构形态的因素及定量分析 [J]. 水利学报, 2007, 38（10）: 1186-1193.

[202] 唐朝生, 施斌, 崔玉军. 土体干缩裂隙的形成发育过程及机理 [J]. 岩土工程学报, 2018, 40（8）: 1415-1423.

[203] 朱百里, 沈珠江. 计算土力学 [M]. 上海: 上海科学技术出版社, 1990.

[204] 庄茁. ABAQUS 非线性有限元分析与实例 [M]. 北京: 科学出版社, 2005.

[205] 孙明星, 党进谦, 康顺祥. 原状黄土单轴抗拉特性研究 [J]. 水利与建筑工程学报, 2006, 4（3）: 43-44.

[206] 路立娜, 樊恒辉, 陈华, 等. 分散性土单轴抗拉强度影响因素试验研究 [J]. 岩土工程学报, 2014, 36（6）: 1160-1166.

[207] 崔凯, 朱彦鹏, 谌文武, 等. 高陡层状土质边坡风蚀失稳过程及机理研究 [J]. 工程地质学报, 2011, 19（2）: 187-192.

[208] 叶万军, 杨更社, 常中华, 等. 黄土边坡剥落病害的发育特征及其发育程度评价 [J]. 工程地质学报, 2011, 19（1）: 37-42.

[209] 陈开圣. 干湿循环下红黏土裂隙演化规律及对抗剪强度影响 [J]. 水文地质工程地质, 2018, 45（1）: 89-95.

附录　UMAT 子程序

```fortran
      SUBROUTINE UMAT(STRESS,STATEV,DDSDDE,SSE,SPD,SCD,
     1 RPL,DDSDDT,DRPLDE,DRPLDT,
     2 STRAN,DSTRAN,TIME,DTIME,TEMP,DTEMP,PREDEF,DPRED,CMNAME,
     3 NDI,NSHR,NTENS,NSTATV,PROPS,NPROPS,COORDS,DROT,PNEWDT,
     4 CELENT,DFGRD0,DFGRD1,NOEL,NPT,LAYER,KSPT,JSTEP,KINC)
C
      INCLUDE 'ABA_PARAM.INC'
C
      CHARACTER*80 CMNAME
      DIMENSION STRESS(NTENS),STATEV(NSTATV),
     1 DDSDDE(NTENS,NTENS),DDSDDT(NTENS),DRPLDE(NTENS),
     2 STRAN(NTENS),DSTRAN(NTENS),TIME(2),PREDEF(1),DPRED(1),
     3 PROPS(NPROPS),COORDS(3),DROT(3,3),DFGRD0(3,3),DFGRD1(3,3),
     4 JSTEP(4)

C
      DIMENSION DSTRESS(NTENS),DSTRESS1(NTENS),DSTRESS2(NTENS)
      DIMENSION STRESS1(NTENS),STRESS2(NTENS),ESTRESS(NTENS)
      DIMENSION DSTRAN1(NTENS),DSTRAN2(NTENS),PS(3)
      INTEGER  SWITCH

      REAL*8
```

```
      EA0,EA,EB,EN,ET,EK0,EC,ED,EL,ERF,EB0,EE,EF,EM,ECOF,ENN
      REAL*8    S3O,S,SSS,QF,PA,RHS,FBETA,SBETA,EKU,AA,AK,AKB
      REAL*8
      EMOD,BMOD,ENU,EBULK3,EG,EG2,ELAM,SMISES1,SMISES2
           PARAMETER (ZERO=0.D0,ONE=1.D0,TWO=2.D0,THREE=3.D0,
     &          SIX=6.D0,COF=0.75D0)
      DATA      TOLER/1.D-3/

           EA=PROPS(1)
           EB=PROPS(2)
           EA0=PROPS(3)
           EN=PROPS(4)
           ET=PROPS(5)
           EC=PROPS(6)
           ED=PROPS(7)
           EK0=PROPS(8)
           EL=PROPS(9)
           ERF=PROPS(10)
           EE=PROPS(11)
           EF=PROPS(12)
           EKB0=PROPS(13)
           EM=PROPS(14)
           ECOF=PROPS(15)
           ENN=PROPS(16)
           SWITCH=PROPS(17)

           S3O=STATEV(1)
       QF=STATEV(2)
       SSS=STATEV(3)

       FBETA=1.0D0
       SBETA=0.0D0
       PA=1.D2

       IF (SWITCH .NE. 0) THEN
         IF(TIME(2) .GT. (ONE-TOLER)) THEN
            ENN=TIME(2)+1.0D0
         ELSE
            ENN=1.0D0
         ENDIF
       ENDIF
```

```
        AA=(ENN+EA)/(ENN**EB+EA/EA0)
        AK=(ENN+EC)/(ENN**ED+EC/EK0)*1.D3
        AKB=(ENN+EE)/(ENN**EF+EE/EKB0)*1.D3
        EKU=AK*ECOF

        IF(TIME(2) .LT. (ONE-TOLER) .AND. S3O .LT. 5.0D0) THEN
           S3O=5.0D0
        ENDIF

      DO I1=1,NTENS
        DSTRAN2(I1)=DSTRAN(I1)
      ENDDO
C------------------------------------------------------------------
 1000   CALL GETPS(STRESS,PS,NTENS)
        CALL
 GETEMOD(PS,AA,EN,ET,AK,EL,AKB,EM,ERF,EKU,PA,EMOD,BMOD,S,
     $              SSS,S3O,QF,COF)

           ENU=0.5D0-EMOD/BMOD/SIX
           IF(ENU .GT. 0.49D0) THEN
              ENU=0.49D0
           ELSEIF(ENU .LT. 0.01D0) THEN
              ENU=0.01D0
           ENDIF

      EBULK3=THREE*BMOD
         EG2=EMOD/(ONE+ENU)
         EG=EG2/TWO
         ELAM=(EBULK3-EG2)/THREE
      CALL GETDDSDDE(DDSDDE,NTENS,NDI,ELAM,EG2,EG)

      DSTRESS1=ZERO
      DO I1=1,NTENS
           DSTRAN1(I1)=DSTRAN2(I1)*FBETA
         ENDDO

      CALL GETSTRESS(DDSDDE,DSTRESS1,DSTRAN1,NTENS)

         DO I1=1,NTENS
           STRESS1(I1)=STRESS(I1)+DSTRESS1(I1)
         ENDDO
```

```
C-----------------------------------------------------------------
      CALL GETPS(STRESS1,PS,NTENS)
      CALL GETEMOD(PS,AA,EN,ET,AK,EL,AKB,EM,ERF,EKU,PA,
     &             EMOD,BMOD,S,SSS,S3O,QF,COF)

         ENU=0.5D0-EMOD/BMOD/SIX
      IF(ENU .GT. 0.49D0) THEN
         ENU=0.49D0
      ELSEIF(ENU .LT. 0.01D0) THEN
         ENU=0.01D0
      ENDIF

      EBULK3=THREE*BMOD
      EG2=EMOD/(ONE+ENU)
      EG=EG2/TWO
      ELAM=(EBULK3-EG2)/THREE
      CALL GETDDSDDE(DDSDDE,NTENS,NDI,ELAM,EG2,EG)

      DSTRESS2=ZERO
      CALL GETSTRESS(DDSDDE,DSTRESS2,DSTRAN1,NTENS)
C-----------------------------------------------------------------
      DO I1=1,NTENS
         DSTRESS(I1)=0.5D0*(DSTRESS1(I1)+DSTRESS2(I1))
         ESTRESS(I1)=0.5D0*(DSTRESS2(I1)-DSTRESS1(I1))
         STRESS2(I1)=STRESS(I1)+DSTRESS(I1)
      ENDDO

      CALL GETFEI(ESTRESS,SMISES1,NTENS,NDI)
      CALL GETFEI(STRESS2,SMISES2,NTENS,NDI)

      IF(SMISES2 .GT. ZERO)THEN
         RHS=SMISES1/SMISES2
      ELSE
         RHS=ZERO
      END IF

      IF(RHS .LT. TOLER)THEN
        DO I1=1,NTENS
           STRESS(I1)=STRESS2(I1)
        ENDDO
        SBETA=SBETA+FBETA*(ONE-SBETA)
      ELSE
```

```
            FBETA=FBETA*(0.8D0*SQRT(TOLER/RHS))
         GOTO 1000
      END IF


      IF((-SBETA+ONE).GE.1.D-6)THEN
         DO I1=1,NTENS
            DSTRAN2(I1)=DSTRAN(I1)*(1-SBETA)
         ENDDO
         FBETA=1.0D0
         GOTO 1000
      END IF
C-----------------------------------------------------------------
      CALL GETPS(STRESS,PS,NTENS)
          CALL
            GETEMOD(PS,AA,EN,ET,AK,EL,AKB,EM,ERF,EKU,PA,EMOD,BMOD,
     &         S3O,QF,COF)

      ENU=0.5D0-EMOD/BMOD/SIX
         IF(ENU .GT. 0.49D0) THEN
            ENU=0.49D0
      ELSEIF(ENU .LT. 0.01D0) THEN
      ENU=0.01D0
         ENDIF

         IF (NOEL.GE.37 .AND. NOEL.LE.45) THEN
           WRITE(6,*) int(ENN),NOEL,EMOD,ENU
         ENDIF

         EBULK3=THREE*BMOD
         EG2=EMOD/(ONE+ENU)
         EG=EG2/TWO
         ELAM=(EBULK3-EG2)/THREE
         CALL GETDDSDDE(DDSDDE,NTENS,NDI,ELAM,EG2,EG)

      IF(((PS(3)+PS(2))/TWO) .GT. S3O) S3O = (PS(3)+PS(2))/TWO
      IF(S.GT.SSS) SSS=S

      STATEV(1)=S3O
         STATEV(2)=QF
      STATEV(3)=SSS
      STATEV(4)=TIME(2)
      RETURN
```

```
      END

      SUBROUTINE GETPS(STRESS,PS,NTENS)
      INCLUDE 'ABA_PARAM.INC'
          DIMENSION PS(3),STRESS(NTENS)

      CALL SPRINC(STRESS,PS,1,3,3)
      DO I=1,2
        DO J=I+1,3
           IF(PS(I).GT.PS(J))THEN
              PPS=PS(I)
              PS(I)=PS(J)
              PS(J)=PPS
            END IF
          ENDDO
         ENDDO

      DO K1=1,3
           PS(K1)=-PS(K1)
        ENDDO
         RETURN
      END

      SUBROUTINE GETFEI(STRESS,SMISES,NTENS,NDI)
      INCLUDE 'ABA_PARAM.INC'
      DIMENSION STRESS(NTENS)

         SMISES=STRESS(1)**2+STRESS(2)**2+STRESS(3)**2
     &      +STRESS(4)**2+STRESS(5)**2+STRESS(6)**2
        SMISES=SQRT(SMISES)

      RETURN
      END
      SUBROUTINE GETDDSDDE(DDSDDE,NTENS,NDI,ELAM,EG2,EG)
      INCLUDE 'ABA_PARAM.INC'
      DIMENSION DDSDDE(NTENS,NTENS)
C    ELASTIC STIFFNESS
      DO K1=1,NTENS
         DO K2=1,NTENS
          DDSDDE(K2,K1)=0.0D0
         ENDDO
        ENDDO
```

```
      DO K1=1,NDI
       DO K2=1,NDI
        DDSDDE(K2,K1)=ELAM
       ENDDO
       DDSDDE(K1,K1)=EG2+ELAM
      ENDDO

      DO K1=NDI+1,NTENS
       DDSDDE(K1,K1)=EG
      ENDDO

RETURN
END


SUBROUTINE GETSTRESS(DDSDDE,STRESS,DSTRAN,NTENS)
INCLUDE 'ABA_PARAM.INC'
C    CALCULATE STRESS FROM ELASTIC STRAINS
DIMENSION
           DDSDDE(NTENS,NTENS),STRESS(NTENS),DSTRAN(NTENS)

DO K1=1,NTENS
    DO K2=1,NTENS
      STRESS(K2)=STRESS(K2)+DDSDDE(K2,K1)*DSTRAN(K1)
ENDDO
    ENDDO

RETURN
END

SUBROUTINE
           GETEMOD(PS,AA,EN,ET,AK,EL,AKB,EM,ERF,EKU,PA,EMOD,
&          BMOD,S,SSS,S3O,QF1,COF)
INCLUDE 'ABA_PARAM.INC'
PARAMETER (ZERO=0.D0,ONE=1.0D0,TWO=2.0D0,THREE=3.0D0)
DIMENSION PS(3)
REAL*8 QF1,PSFEI
IF(((PS(3)+PS(2))/TWO) .LT. ZERO) THEN
    PSFEI=0.1D0
ELSE
    PSFEI=(PS(3)+PS(2))/TWO
END IF
```

```
        CALL GETQF(PSFEI,AA,EN,ET,QF1)
        S=(PS(1)-(PS(3)+PS(2))/TWO)/QF1

        IF(S.GE.(0.99D0/ERF)) THEN
             S=0.99D0/ERF
        END IF

        EMOD1=AK*PA*((S3O/PA)**EL)*((ONE-ERF*S)**TWO)
        EMOD2=EKU*PA*((S3O/PA)**EL)
        S=S*(PSFEI/PA)**0.25D0

        IF(S .GE. SSS) THEN
             EMOD = EMOD1
        ELSEIF(S .LE. COF*SSS)THEN
             EMOD = EMOD2
        ELSE
             EMOD = EMOD1+(EMOD2-EMOD1)*(ONE-S/SSS)/(ONE-COF)
        ENDIF

        BMOD=AKB*PA*(S3O/PA)**EM

        RETURN
        END


        SUBROUTINE GETQF(PSFEI,AA,EN,ET,QF2)
             INCLUDE 'ABA_PARAM.INC'
   C    CALCULATE QF BY NEWTON ITERATION METHOD

             EXTERNAL F,G
             REAL*8 X0,X1,X2,F,G,QF2
             REAL*8 FF1,FF2,FF3,FF4
             PARAMETER (ONE=1.0D0,TWO=2.0D0,THREE=3.0D0,PA=100.0D0)

             X0=PSFEI
             X1=X0

             DO
              X2=X1-F(X1,X0,AA,ET,EN)/G(X1,AA,ET,EN)
              IF(ABS(F(X2,X0,AA,ET,EN))<1.0D-6) EXIT
              X1=X2
             END DO
```

```
      FF1=(X2/PA+ET)
      FF2=PA*AA*FF1**EN
      FF3=ONE+(EN*AA)**TWO*FF1**(TWO*EN-TWO)
      FF4=SQRT(FF3)
      QF2=TWO*FF2*FF4

      RETURN
      END


      FUNCTION F(XX,XX0,AA,ET,EN)
      INCLUDE 'ABA_PARAM.INC'
      REAL*8 F1,F2,F3,F4,F5,F
      PARAMETER (ONE=1.0D0,TWO=2.0D0,THREE=3.0D0,PA=100.0D0)

      F1=(XX/PA+ET)
      F2=PA*EN*AA**TWO*F1**(TWO*EN-ONE)
      F3=PA*AA*F1**EN
      F4=ONE+(EN*AA)**TWO*F1**(TWO*EN-TWO)
      F5=SQRT(F4)
      F=XX-XX0+F2-F3*F5
      RETURN
      END


      FUNCTION G(XX,AA,ET,EN)
      INCLUDE 'ABA_PARAM.INC'
      REAL*8 G1,G2,G3,G4,G5,G6,G7,G
      PARAMETER (ONE=1.0D0,TWO=2.0D0,THREE=3.0D0,PA=100.0D0)

      G1=(XX/PA+ET)**(EN-ONE)
      G2=(TWO*EN-ONE)*EN*AA**TWO*G1**TWO
      G3=EN*AA*G1
      G4=ONE+(EN*AA*G1)**TWO
      G5=SQRT(G4)
      G6=EN**TWO*(EN-ONE)*AA**THREE*G1**THREE
      G=ONE+G2-G3*G5-G6/G5

      RETURN
      END
```